RECHERCHES
HISTORIQUES
SUR LES DERNIERS JOURS
DES ROIS DE FRANCE,

LEURS FUNÉRAILLES, LEURS TOMBEAUX;

SUIVIES

D'UNE NOTICE SUR SAINT-DENIS,

LE SACRE DES ROIS ET LEUR COURONNEMENT.

Par BERTHEVIN

Quando interrogaverint vos filii vestri cras, dicentes : quid sibi volunt isti lapides? Respondebitis eis.

Quand vos neveux vous interrogeront et vous demanderont que signifient ces monumens? Vous leur répondrez.

Josué. Ch. 4. v 6.

A PARIS,

CHEZ FRANÇOIS LOUIS, LIBRAIRE,
RUE HAUTEFEUILLE, N°. 10.

1825.

RECHERCHES
HISTORIQUES
SUR LES DERNIERS JOURS
DES ROIS DE FRANCE.

Ouvrages du même auteur :

ESSAI HISTORIQUE SUR LE RÈGNE DE CHARLES II, par Jules Berthevin ; pouvant faire suite à l'Histoire de Cromwell ; un volume in-8°. ; *prix*, broché, 6 f.

ÉLÉMENS D'ARITHMÉTIQUE COMPLÉMENTAIRE, ou Méthode nouvelle, par laquelle, à l'aide des complémens arithmétiques, on exécute toutes les opérations du calcul ; par MM. Berthevin et Treuil ; in-8° ; *prix*, broché, 2 fr.

PARIS. — IMPRIMERIE DE FAIN,
RUE RACINE, N°. 4, PLACE DE L'ODÉON.

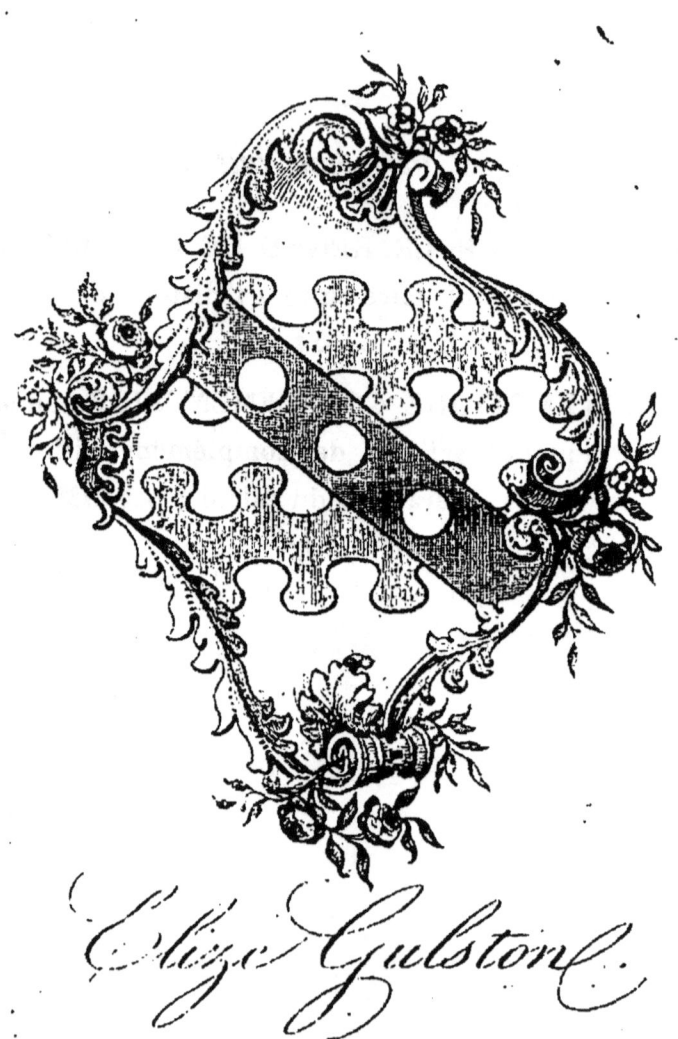

Eliza Gulston.

DISCOURS PRÉLIMINAIRE.

Ce que Florus dit de l'empire Romain (1), il nous est donné de le pouvoir répéter de la France, avec plus de vérité encore. Les variations de son gouvernement ont toutes servi à sa grandeur. Chaque roi a été pour elle un élément de prospérité ; et la fortune a paru lui assigner des destinées telles que les bornes de sa gloire seraient l'univers ; celles de ses temps, celui de la durée du globe que nous habitons. Dès la première race, on aperçoit ces signes ca-

---

(1) Le peuple Romain, dans l'espace de sept siècles qui se sont écoulés depuis *Romulus* jusqu'à *Auguste*, a fait tant de choses dans la paix et dans la guerre, que si l'on comparait la grandeur de son empire avec cet intervalle de temps, on la croirait l'ouvrage d'une plus longue suite d'années.

FLORUS, livre Ier.

ractéristiques qui laissent entrevoir le mélange et de la grandeur et de la force. Fertilité de territoire, valeur, activité, inquiétude, ambition dans les chefs, force, besoin de la gloire, amour de tout ce qui est grand dans les peuples, voilà ce que furent les Français dans le commencement de la monarchie; et voilà encore les qualités des Français de nos jours.

Guerriers par essence, jamais ils n'ont démenti la noble énergie qu'exigeaient les temps: gouvernés sous la première race par des rois invisibles, les maires du palais les appellent dans les plaines de Poitiers; et, sous la conduite de Charles-Martel, ils délivrent l'Europe du joug du Koran, en écrasant plus de sept cent mille hommes, en combattant quatre contre un, prodige qu'ils ont pris l'habitude de renouveler.

Pepin recueillit le fruit des victoires de son père, et sa race fut appelée à régner.

Son fils, encore plus grand que lui, soumet à ses armes la presque totalité de l'Europe : la Saxe, la Bavière lui obéissent, la Bohême, l'Italie reconnaissent ses lois ; l'Espagne, l'Esclavonie, les Pays-Bas sont des provinces de son royaume ; et si le système de la monarchie universelle eût pu exister, Charlemagne en eût réalisé le rêve.

Ce prince, qu'aucun autre depuis ne surpassa, fut à la fois conquérant au milieu des nations les plus belliqueuses ; législateur, lorsque l'anarchie féodale ne reconnaissait pas de lois ; maître de l'univers, lorsque le moindre feudataire ne voulait rendre à son souverain que les vains témoignages d'une foi équivoque ; il sembla qu'il était appelé à recueillir tous les genres de gloire et de prospérité, comme il retraçait dans sa personne l'image des vertus opposées. Mais l'instant de sa mort fut celui de la décadence de son empire. Gloire, force, énergie, instinct de puissance, tout fut enseveli avec lui dans son tombeau; et son héritage fut pour sa race dégénérée une semence de discorde, une suite d'infortunes plus terribles que toutes celles qu'aucune partie de notre histoire a depuis retracées. A peine un siècle et demi s'est-il écoulé, qu'une nouvelle famille est appelée au trône, et n'a plus à gouverner que quelques villes dont le territoire ne surpassait guère l'étendue d'un de nos départemens.

La source de ces malheurs fut l'indulgence paternelle de Charlemagne, qui, par le partage de ses vastes états, créa pour ainsi dire ces guerres impies et funestes, où les pères armés contre les fils, les frères contre les frères, donnèrent à la nation le douloureux spectacle d'un empire qui s'écroule.

Tandis que la seconde dynastie de nos

rois préparait, par l'ambition, par des fautes sans nombre, par la faiblesse, l'anéantissement de sa puissance; s'élevait une maison auguste qui devait avec éclat réparer tous ces désastres.

Le système de partage est abandonné; et, depuis la troisième race, chaque souverain laisse à son successeur la portion d'héritage qu'il a reçue, celle du territoire qu'il a conquise. En adoptant ce nouveau principe de succession; en substituant l'apanage à la souveraineté partielle; la valeur, la sagesse, l'intrépidité soutenue, un esprit remarquable dans les chefs, la docilité, l'activité, l'amour des rois dans le peuple, ont ramené pour la France cette constance de prospérités, qui, lorsqu'elle se prolonge, est plus que du bonheur, puisqu'elle ne peut être que le fruit de la prudence et de la force.

Le Rouergue, l'Auvergne, la Bourgogne,

le Roussillon, l'Artois, la Bretagne, rentrent sous la domination de la France, et forment cette puissante nation, qu'il est si beau de commander parce qu'elle entend si bien la voix de la gloire, qu'il est si aisé de conduire au bonheur, qui, dans tous les temps, sera l'union indissoluble du prince et du peuple.

Mais ce n'est pas le tableau de l'ensemble de notre histoire que nous sommes appelés à tracer; il ne nous est pas donné de montrer les élémens de prospérité que la France renferme dans son sein. Nous ne choisirons que les traits les plus marqués de la vie de ses rois dans les instans où la nature défaillante abandonne les autres hommes, et où le courage de l'héroïsme a soutenu nos princes, et les a fait apparaître au-dessus de l'espèce humaine.

RECHERCHES HISTORIQUES

SUR LES DERNIERS JOURS

DES ROIS DE FRANCE.

PREMIÈRE PARTIE.

INTRODUCTION.

Ce n'est pas un flatteur des rois celui qui choisit, pour présenter les actions de leur vie au pinceau de l'histoire, l'instant où, sur un lit de douleur, privés de l'éclat et de la pompe accoutumée du trône, ils luttent contre les horreurs de la mort.

Cependant, si dans leurs dernières paroles se retrouve cette reconnaissance solennelle qu'ils n'ont été que des *hôtes et des voyageurs passagers sur cette terre*; s'ils jettent loin d'eux le manteau, insigne de leur puissance, pour se revêtir de celui de la douleur; s'ils ont dans ces momens terribles la force de la sagesse, le courage de la résignation, l'éloquence d'une expérience qu'eux seuls ont pu faire de ce qui est réellement bien; cette situation est-elle sans intérêt, sans héroïsme?

Que peut offrir la puissance de plus grand que cette abnégation de l'ambition et de l'orgueil du pouvoir ? Sont-ils moins élevés alors les princes de la terre quand ils le sont par eux-mêmes, que lorsqu'ils empruntaient cette élévation au faste dont ils étaient entourés ?

Toujours les dernières paroles des mourans ont un accent sacré. Quand elles sont animées par la religion, élan de l'âme, elles ont quelque chose de cette voix céleste qui se fait obéir sur la terre. Les répéter, c'est s'associer, pour ainsi dire, au charme de ce langage touchant et solennel. Combien l'intérêt de cette éloquence ne s'accroît-il pas, quand elle est celle des rois, en ce moment, où leurs mains débiles qui cherchent encore à nous bénir, ne peuvent déjà plus soutenir cette épée qui nous protégea, ce sceptre qui nous rendit heureux.

O Louis XVIII, prince si long-temps désiré, toi que Dieu légua à la France pour être sa providence dans des momens si pénibles, toi qui fus pour nous un gage de réconciliation, *avec le ciel*, en nous donnant la religion ; *avec la terre*, en nous rendant un rang parmi les nations de l'Europe ; *avec le bonheur*, en faisant fleurir au milieu de nous la paix, les bonnes mœurs, les beaux-arts, la gloire de ton aïeul, et cette industrie, le besoin de l'âge, l'intérêt du siècle où tu vécus! Une longue maladie a lentement épuisé en toi les sources de la vie; mais jamais la douleur n'a pu te soustraire à l'accomplissement des pénibles devoirs de la royauté; ton courage fut plus fort que tes maux; ta résignation plus grande que la maladie; et, plus que l'orgueilleux stoïcien, tu as acquis le droit d'insulter à la douleur, et de lui dire: *Non, tu n'es pas un mal....* Ton peuple en contemplant ta vie croyait avoir assez de tant de sagesse dont elle fut remplie, pour épuiser son admiration; quand ce calme héroïque et chrétien que tu as montré dans une souffrante et longue agonie est venu le surprendre et l'attendrir. Tes dernières heures ont été comme soutenues de son religieux respect; et les Français, empressés autour de ton char funèbre, ont dit de toi: « Il a vécu comme les fils de Henri IV doivent vivre; et il est mort comme un Bourbon sait mourir. »

Mais n'anticipons pas sur les temps; et remontons au berceau de la monarchie. Cherchons dans les dernières actions et les dernières paroles de nos rois, ces utiles leçons que leur vie publique, et soumise au jugement de l'histoire, peut seule présenter aux princes et aux autres hommes.

CHAPITRE PREMIER.

DES ROIS DE LA PREMIÈRE RACE.

486 — 755.

L'histoire des rois de la première race n'est qu'incertitude et chaos. Les vacillations du pouvoir, l'existence éphémère des princes, la variation des récits sur les événemens principaux, les changemens de limites, la mobilité des principes, donnent à la narration des historiens les plus exacts, une ambiguïté qui rend pénible le soin de démêler la vérité à travers ces assertions contradictoires.

Le roi le plus cruel de la première race, sans même excepter Chilpéric Ier, fut Clotaire Ier. Son règne ne fut qu'un tissu de trahisons, d'incestes, d'adultères; rien ne coûta à son ambition pour parvenir à régner seul; quand il eut atteint ce but, la révolte d'un de ses fils lui offrit l'occasion de signaler sa cruauté, et il la saisit.

Chramne, ce fils bien-aimé, s'étant mis en rébellion ouverte, et ayant secondé contre son père les efforts du comte de Bretagne, vit bientôt Clotaire à la tête de son armée, attaquer les forces combinées des deux princes; elles sont détruites par le vieux roi; leur chef, le comte de Bretagne, est tué. Chramne et sa famille, poursuivis à outrance, se retirent dans une chaumière; le barbare Clotaire les atteint; il brûle et son fils et sa famille dans la retraite même qu'ils ont choisie.

Clotaire éprouva après cette horrible vengeance l'effet d'un pouvoir inconnu; le remords entra dans cette âme jusqu'alors insensible; la tristesse, le chagrin, l'ennui, le dévorèrent; il ne survécut que d'une année à son crime. C'est une fin bien remarquable que celle de Clotaire, et quelle leçon terrible ne présente-t-elle pas? Vaincu par la maladie, dominé par la force du mal, prêt à expirer, à une année de là, le même jour, à la même heure, où il avait fait périr l'infortuné Chramne, terrassé par un sentiment affreux, il reconnaît le néant de sa puissance, et dans l'irritation de la douleur et du remords il s'écrie : « Quel est donc le roi du ciel? et que doit-on penser de celui qui fait ainsi mourir les rois de la terre? »

On chercherait vainement parmi les rois de la première race qui régnèrent depuis 420 jusqu'en 751, un trait qui pût honorer un seul d'entre eux; deux noms historiques seulement échappent à cette obscurité pendant la période dont nous venons de parler, celui de Dagobert, et celui de Charles-Martel. Le premier célèbre par son zèle pour le christianisme, ses libéralités envers les églises et la fondation de l'abbaye de St.-Denis, où il mourut en 638; le deuxième fameux par ses victoires sur les Sarrazins, son élévation au trône de France, et sa vénération pour ce monastère où il fut enterré, déjà marqué pour servir de sépulture aux rois de France.

CHAPITRE II.

DES ROIS DE LA DEUXIÈME RACE.

755 — 778.

Pepin le Bref, fut le fondateur de la deuxième race; les détails de sa mort nous apprennent que ce prince, épuisé par les fatigues de la guerre, plutôt qu'accablé du poids des ans, dans l'espérance de devoir sa guérison à l'intercession de saint Martin, se fit conduire sur son tombeau; mais comme cette guérison ne s'opérait pas, il se fit transporter à Saint-Denis où il mourut. Ainsi qu'il l'avait demandé, il fut enterré le visage contre terre. On lisait sur son tombeau cette épithaphe remarquable : *Cy gist le pere de Charlesmagne.* C'était le plus précieux titre à sa gloire ; mais pour compléter l'éloge, ainsi que le remarque le père Daniel, on eût dû y ajouter : *et le fils de Charles Martel.* Un autre historien a dit de ce prince : « Il eût été assez grand par lui-même, s'il n'eût pas été surpassé et par son père et par son fils. »

Charlemagne réunit dans sa personne tout ce que le génie de l'homme peut avoir de plus vaste dans ses conceptions, de plus fort dans les moyens d'exécution, de plus flexible dans l'application de ses facultés aux plus nombreux détails. Sa vie fut belle, soit qu'on le considère comme conquérant, comme politique, comme protecteur éclairé des arts, comme législateur. Dans ses travaux, dans ses guerres, dans ses règlemens, il captive l'admiration. Sa mort fut digne de sa vie; nous en empruntons à Velly les circonstances.

« Le religieux monarque cependant donnait
» le reste de sa vie au bonheur de ses peuples.
» Il faisait tenir des parlemens pour les affaires
» de l'état, et des conseils pour rétablir la dis-
» cipline ecclésiastique, fort altérée par les
» guerres. Mille prodiges, disent les historiens,
» semblaient annoncer sa fin. On ne voyait de-
» puis quelque temps qu'éclipses de lune et de
» soleil, phénomènes tout naturels; mais que le
» peuple prenait pour des présages trop cer-
» tains d'une perte qu'il craignait. On ne se rap-
» pelait qu'avec douleur ce qui lui était arrivé
» lorsqu'il marchait contre le roi de Danemarck.
» Une flamme, descendue du ciel, passa de sa
» droite à sa gauche; au même instant son che-
» val tomba mort, et lui-même fut renversé

» par terre. Le pont de Mayence, ouvrage de
» dix ans, et qui passait pour une merveille de
» l'art, fut entièrement brûlé en trois jours. On
» croyait entendre dans son appartement une
» espèce de tremblement ou de bruit semblable
» à celui d'un édifice qui menace ruine. La su-
» perbe galerie qui faisait la communication
» entre la chapelle et le palais, s'écroula tout à
» coup; la chapelle même fut frappée de la fou-
» dre, qui abattit le globe d'or qu'il avait fait
» placer au sommet. On lisait dans l'église une
» inscription où était gravé le nom du fonda-
» teur; CHARLES, PRINCE : le dernier mot, quel-
» ques mois avant sa mort, parut tellement ef-
» facé, qu'on n'en distinguait plus aucune let-
» tre. Il était instruit de toutes les réflexions
» qu'on faisait sur tant d'accidens extraordi-
» naires : il n'en parut ni touché ni inquiet. Son
» âge et ses infirmités étaient un pronostic plus
» assuré de sa mort prochaine. Il la vit appro-
» cher avec cette même intrépidité avec laquelle
» il l'avait affrontée dans les combats. Il travail-
» lait sur l'écriture sainte, et en corrigeait un
» exemplaire qu'on lui avait donné, lorsque la
» fièvre le surprit. Sept jours de maladie et une
» prodigieuse abstinence l'affaiblirent extrême-
» ment. Il reçut l'extrême-onction, ensuite le
» viatique, suivant la pratique de ce temps-là;

» et, se sentant mourir, il fit le signe de la croix
» sur son front et sur son cœur, posa les mains
» sur son estomac, ferma les yeux, et expira en
» prononçant distinctement ces paroles du psal-
» miste : *Seigneur, je mets mon esprit entre vos
» mains.*

» Ainsi mourut, en 814, ce héros de la France
» et de l'univers, le modèle des grands rois,
» l'ornement et la gloire de l'humanité. »

Louis I*er*, qui par sa faiblesse perdit l'ascendant de puissance que Charlemagne avait conquis, qui par sa bonté enhardit la révolte de sa famille, l'indocilité de ses enfans, l'excessive prétention du clergé sur les rois, fut attaqué, en 839, d'une maladie de langueur causée par ses malheurs domestiques ; la superstition vint accroître ses craintes. Dans une même année, par un concours bien rare de plusieurs phénomènes astronomiques, s'étaient rencontrées deux comètes, présages qui, comme on le croyait alors, avaient marqué dans les cieux les destins de la terre. Il y eut ensuite une éclipse de soleil si considérable, qu'en plein midi l'on vit les étoiles. L'astrologie interpréta ces signes naturels contre le prince; Louis les crut funestes pour lui. Tombé malade tout à coup, il fut transporté dans une de ces îles que forme le Rhin aux environs de Mayence, où il se livra à l'excès de son chagrin; il ne prit pendant six jours que le saint-viatique.

Peu de jours avant sa mort il fit savoir à Lothaire la situation fâcheuse où il se trouvait; il lui recommanda de tenir à l'impératrice et au roi Charles les promesses qu'il leur avait faites. Il lui envoya cependant un sceptre et une riche épée, signes certains qu'il le regardait comme son successeur. Pressé à sa dernière heure de pardonner au roi de Bavière qui avait été la première cause de ses maux, Louis laissa entendre ces paroles douloureuses : « Hélas ! il » a fait descendre ma vieillesse au tombeau ; » puisse Dieu lui pardonner comme je lui par- » donne ! mais dites lui que Dieu, vengeur des » pères, punit dans sa colère les enfans re- » belles. » Il mourut en 840.

L'auteur des annales de Metz appelle l'attention de ses lecteurs sur un trait de bonté qui honore Carloman, frère et successeur de Louis III, et trop connu par le traité honteux qui introduisit les Normands au milieu de la France, en leur accordant à jamais les terres qu'ils avaient envahies. Ce prince aimait passionnément la chasse ; l'ardeur, avec laquelle il poursuivait un jour un sanglier, l'entraîna trop loin ; un des piqueurs de la suite s'aperçut de son danger ; et voulant percer la bête d'un javelot, il atteignit

Carloman à la cuisse. Le prince se hâta de répandre le bruit qu'il avait été blessé par le sanglier, évitant par cette pieuse feinte une punition à ce domestique maladroit mais innocent.

Carloman mourut quelque temps après des suites de sa blessure, le 6 décembre 884.

CHAPITRE III.[1]

DES ROIS DE LA TROISIÈME RACE.

§ Ier.

987 — 1328.

Il est à regretter que les historiens ne nous aient pas laissé de détails sur les derniers instans des premiers rois de la deuxième race : il eût été instructif de voir quelle fut la pensée de ce Hugues Capet, mort en 966, dont la politique adroite, pour consacrer les droits de son fils à la couronne, le fit sacrer dès son vivant, et le présenta à la vénération des peuples. La piété, la science de Robert, son fils bien-aimé, mort en 1031, nous eussent montré ce

---

(1) Ce chapitre comprendra quatre sections.

La première traitera des rois de la branche directe, jusqu'à Philippe IV.

La deuxième, des rois de la branche des Valois et de celle d'Orléans, qui ne compta qu'un roi.

La troisième, de celle des rois de la deuxième branche des Valois.

La quatrième, de celle des rois de la branche des Bourbons.

roi digne de l'éloge qui lui fut donné de son vivant et qui a été répété par tous les historiens, que ce roi *était plus roi encore de ses passions qu'il ne l'était de ses peuples.* Henri Ier et Philippe Ier eussent offert à notre méditation quelques-uns des traits caractéristiques de leur vie ; mais l'histoire, avare de détails, est restée muette ; et il faut arriver à Louis VI, surnommé le Gros, pour trouver sur la mort des rois une seule anecdote.

Ce prince fut pénétré profondément de la nécessité où sont les rois de consacrer tous leurs momens aux devoirs qui leur sont imposés. La France lui doit l'affranchissement des communes, et surtout la gloire d'avoir soumis les vassaux rebelles ; il fut toujours, dit un historien du temps, *guerroyé ou guerroyant.* Ses démêlés et ses guerres avec l'Angleterre ont puissamment contribué à l'affermissement de l'autorité royale. Suger dut à ce prince son élévation ; il fut son ministre, et son historien. Ce moine honora le choix de Louis, qui fit de riches présens à l'abbaye de Saint-Denis, et rendit à ce monastère la couronne de son père, *qu'il retenait injustement,* dit Suger ; *car de toute antiquité, notre maison a eu droit sur les couronnes des rois après leur mort* (1). Louis le

---

(1) Velly, tome 3, page 111.

Gros fut le premier de nos rois qui alla prendre à Saint-Denis l'oriflamme sur l'autel.

Il se préparait à la guerre contre le roi d'Angleterre, pour faire rentrer le duché de Normandie dans l'apanage de la France, lorsqu'il fut attaqué de la maladie dont il mourut. C'était une dyssenterie ; le mal fit de violens progrès. On entendit souvent Louis se plaindre que la plus malheureuse condition des souverains était de ne pouvoir réunir à la fois et la science et le pouvoir. Les résolutions les plus pieuses occupèrent ses soins ; il reçut avec une ferveur admirable le saint-viatique ; il voulait, mais il n'effectua pas son projet, échanger les ornemens de la royauté contre l'humble vêtement d'un moine de Saint-Benoît. Sa maladie alarma les peuples, et lorsqu'il se fit transporter de Melun où il était, à l'abbaye Saint-Victor, la foule se pressait sur son passage, les peuples voulaient voir le roi qui les rendait heureux. Arrivé à sa destination, les chaleurs excessives de l'été de 1137, dans lequel il cessa de vivre, augmentèrent la violence de son mal; sentant approcher sa fin, le pieux roi fit étendre un tapis qu'il couvrit de cendres, sur lesquelles on le coucha ; il fit le signe de la croix et mourut. Les dernières paroles de ce prince à son successeur le peignent tout entier : *Souvenez-vous, mon fils, que la royauté n'est qu'une charge publique dont vous rendrez un compte rigoureux à Dieu, qui seul dispose et des sceptres et des couronnes.*

Avant Louis le Jeune, fils et successeur de Louis le Gros, les rois étaient sacrés dans l'église de la ville où se tenaient les assemblées qui avaient reconnu le roi. A son avénement, en 1179, ce prince, voulant faire sacrer et couronner son fils Philippe Auguste, donna, par un édit perpétuel, à la ville de Reims la prérogative du sacre. Nous voyons cependant plusieurs exceptions à cette coutume; et Henri IV, entre autres, fut sacré à Chartres. Les chagrins qu'avait éprouvés Louis le Jeune, le conduisirent au tombeau; il mourut en 1180. Il fut enterré à l'abbaye de Barbeau, qu'il avait fondée.

Philippe II, surnommé Auguste, naquit lorsque les Français n'avaient plus l'espoir de voir revivre la race de leurs rois; il fut *octroyé*, disent les historiens, *aux prières de la France*, et reçut le nom de Dieudonné (1). Après avoir illustré les quarante-deux années que dura son règne; après avoir agrandi la France de plusieurs provinces enlevées aux Anglais; après avoir protégé les savans et fait régner la justice, il fut ravi

---

(1) Comme Louis XIV, dont le règne fut aussi une époque de gloire et de grandeur.

à l'amour, à la vénération de la France, en 1223, âgé de 57 ans. Sa maladie dura plus d'une année; c'était une fièvre tierce qui, étant dégénérée en fièvre continue, causa sa mort.

Lorsque Louis VIII monta sur le trône de Philippe Auguste, il était déjà l'objet de l'espérance de la nation française. A son couronnement le peuple se signala par les marques d'attachement et d'amour les plus vives. La joie était universelle. Ce n'était qu'allégresse dans toute la capitale, qui, pendant quinze jours, offrant des festins, des danses à tous les Parisiens, semblait respirer un air de fête. Même les idéologues, les métaphysiciens du temps, dit Velly, interrompirent leurs disputes pour quelques instans: *Aristote se tut, et Platon fit silence.*

Blanche, la reine, qui par son mérite personnel et par le bonheur d'avoir eu saint Louis pour fils, mérita les éloges de tous, fut associée à son trône. Le roi ne s'y assit qu'un moment sur ce trône. Il était occupé, dans la guerre des Albigeois, à soumettre le Languedoc révolté; la saison avancée le força de reprendre la route de sa capitale. Il était déjà à Clermont lorsqu'il fut atteint de la maladie qui le conduisit au tombeau.

Les historiens se taisent sur la nature des souffrances du roi; Mézeray seul dit « qu'il fut
» empoisonné par le comte de Champagne qui

» était amoureux de la reine Blanche de Castille.
» Mais on raconte que les médecins lui propo-
» sèrent un remède réprouvé par la loi de Dieu :
» on imagina, pendant son sommeil, de placer
» près de lui, dans son lit, une jeune demoiselle
» qui, à son réveil, lui exposa le motif pour le-
» quel elle y avait été placée : *Non, ma fille*, lui
» dit Louis, *j'aime mieux mourir que de sauver ma
» vie par un péché mortel*. Il appelle en même
» temps Archambaud de Bourbon qui avait con-
» duit cette intrigue, et lui ordonne de marier
» honorablement cette jeune personne.

» Comme il voyait, ajoute Mézeray, les dis-
» positions prochaines à de grandes brouilleries
» après sa mort, il prit le serment et le seing de
» douze seigneurs, qu'ils feraient couronner son
» fils aîné Louis. Ce fut son dernier acte. Il
» mourut au château de Montpensier en Au-
» vergne, en 1226. »

Voltaire en louant saint Louis ne saurait être suspect; ainsi, donner le portrait qu'il fait de ce roi qui fut un ange aux pieds des autels, un héros dans les combats, sur le trône un père pour ses sujets, c'est être assuré de tous les suffrages.

« Louis IX paraissait un prince destiné à ré-
» former l'Europe, si elle avait pu l'être; à ren-
» dre la France triomphante et policée, et à être

» en tout le modèle des hommes. Sa piété, qui
» était celle d'un anachorète, ne lui ôta point
» les vertus royales. Sa libéralité ne déroba rien
» à une sage économie. Il sut accorder une po-
» litique profonde avec une justice exacte, et
» peut-être est-il le seul souverain qui mérite
» cette louange. Prudent et ferme dans le con-
» seil, intrépide dans les combats, sans être
» emporté; compatissant comme s'il n'avait ja-
» mais été que malheureux; il n'est pas donné
» à l'homme de porter plus loin la vertu. »

Animé du désir de convertir les mahomé-
tans par la force de ses armes, le saint roi
entreprit une croisade en 1270. Tunis fut le
point où il fit diriger sa flotte, et où il aborda.
La campagne fut très-malheureuse, et l'armée
française eut à la fois à combattre et contre une
multitude de fanatiques, et contre les ardeurs
d'un climat dévorant. Tunis, bâtie sur les ruines
mêmes de Carthage, avait une citadelle très-forte;
les troupes la prirent d'assaut, et le premier
soin du roi fut de la nettoyer des cadavres que
l'ennemi laissait, et dont l'air était infesté. La
trahison, la surprise, les attaques de vive force
furent employées contre les Français; mais le
courage des croisés surmonta tous les obstacles.

Cependant, la maladie faisait chaque jour de
grands progrès dans le camp. Elle moissonnait

plus de guerriers que le fer de l'ennemi. L'eau douce manquait ; on trouvait difficilement des vivres sains ; le flux de ventre et plusieurs indices de dyssenterie se manifestèrent. Un fils du roi fut d'abord attaqué et perdit la vie ; le roi lui-même tomba malade. Il eut une sorte de pressentiment de son heure dernière ; car il fit transcrire pour Philippe, son autre fils, ces admirables instructions connues sous le nom de *Testament* de saint Louis, et que Joinville et Guillaume de Nangis caractérisent bien mieux par le mot *enseignemens* (1).

Après qu'il lui eut remis ce testament, son mal parut s'augmenter ; avec lui s'accrut sa vive piété ; il voulut recevoir les sacremens pendant qu'il lui restait encore assez de force.

Pendant les premiers jours de sa maladie, il s'était contenté de s'aliter ; il récitait, chaque jour, son office, avec ses chapelains, et entendait la messe. Une croix, placée par ses ordres au pied de son lit, fixait à la fois et sa pensée et ses regards ; il se la faisait souvent approcher, et l'embrassait avec ardeur.

Cependant, au milieu de ses souffrances, il

---

(1) Il lui recommande surtout de maintenir les franchises et les libertés des villes du royaume ; *car, plus elles seront riches et puissantes*, ajoute-t-il, *plus les ennemis et adversaires douteront de les assaillir.*

ne perdait pas de vue le but de son expédition. « Pour Dieu, dit-il quelquefois, étudions comment la foi chrétienne peut-être prêchée à Tunis, et qui il sera convenable de l'envoyer prêcher. »

Il communia plusieurs fois. La première, au moment où le prêtre entra dans sa tente, le saint roi sortit de son lit, se jeta à terre, où il resta long-temps en oraison; mais il n'eut pas la force de rentrer dans son lit. Il fallut l'y reporter. Pendant quatre jours la parole lui manqua ; ses yeux n'en étaient pas moins levés vers le ciel. Il joignait quelquefois les mains, quelquefois il frappait sa poitrine. Sentant sa fin prochaine, il se fit placer sur un lit de cendres. Ses derniers mots furent: « O Jérusalem ! Jérusalem ! beau sera, Dieu, que tu » ayes merci de ce peuple qui ici demeure ! qu'il ne » tombe en la main de ses ennemis, et ne soit » pas contraint de renier ton saint nom ! » Un moment après, et ce furent ses dernières paroles, il s'écria : « Mon Dieu, je mets mon esprit entre tes mains. » Il s'éteignit sans angoisses. Comme le remarque l'historien Joinville, il eut le bonheur de mourir, le 25 d'août 1270, à trois heures après midi, heure où son divin maître Jésus-Christ avait rendu le dernier souffle.

Tout le monde le pleura; les soldats comme un père, la noblesse comme son chef, les prélats comme le gardien de la foi, tous les Français en général comme le prince le plus grand qui eût régné sur eux. Il fut canonisé par le pape Boniface VIII à Orvietto, le 11 août 1297. Un édit de Louis XIII ordonna que sa fête anniversaire, fixée au 25 août, serait chômée dans toutes les églises du royaume.

Philippe III, son fils, occupa le trône; mais avec lui n'y montèrent pas l'héroïsme, l'amour de la justice, et surtout cet esprit de conduite qui avaient rehaussé la piété et la foi de saint Louis. *Cette leçon du père, reçue par le fils à moult larmes, ces promesses à son débonnaire père, qu'à ses admonestemens et commandemens accomplir il mettrait telle peine qu'elle devait être à Dieu plaisante, et aux hommes agréable, il les eut bientôt oubliées.*

Ce prince, soit parce que les circonstances lui manquèrent ou parce qu'il manqua aux circonstances, éprouva les plus grands malheurs. Guerrier courageux, ses armes n'eurent point de succès. Son expédition contre Pierre-le-Cruel ne fut qu'une suite d'échecs, qui en deux mois détruisirent la presque totalité de son armée. Les maladies qui régnaient dans le camp l'atteignirent; il mourut, disent les chroniques, en bon chrétien, à l'exemple de son père, à Perpignan, le 6 octobre 1285.

Les démêlés de Philippe le Bel avec Boniface VIII, et la scandaleuse conduite de sa fille remplirent sa vie d'amertume; mais ce fut surtout la destruction de l'ordre des templiers, et le supplice de soixante-quatre d'entre eux et de leur grand-maître de Môlay, qui devint pour lui une source de cruels chagrins. Ce prince fut réduit à créer l'impôt du sel, à se permettre l'altération des monnaies, à employer toutes sortes de vexations pour obtenir des confiscations. Tant d'événemens fâcheux; de si tristes résultats, accumulés pendant un règne de vingt-neuf ans, ne peuvent point toujours être mis sur le compte de la fortune.

Sans vouloir donner une entière créance à un fait universellement rapporté, nous devons cependant raconter la prédiction du chef des templiers, grand-maître, Jacques de Môlay, qui fut brûlé avec Guy, frère du Dauphin. Au milieu des flammes il jura, à la face du Ciel, que les crimes imputés aux templiers, que les accusations d'impiété portées contre son ordre, étaient une horrible calomnie. Mézeray dit que s'adressant au roi, il l'ajourna à comparaître devant Dieu dans l'année; et que, d'une voix étouffée, s'adressant à Clément V, il s'écria : «Clément, juge inique, cruel bourreau, je t'ajourne à paraître dans quarante jours devant le juge souverain.» Les historiens du temps ont remarqué que l'une et l'autre prédiction avaient été accomplies. Philippe le Bel mourut en 1314.

Les trois fils de Philippe régnèrent après lui ; mais ces règnes éphémères n'occupent dans l'histoire qu'un faible espace. Louis X, dit le Hutin, poursuivit les usuriers, qu'il appellait *des loups dévorans*, et leur imposa de fortes amendes.

On ne sait sur ses derniers instans qu'un mot consacré dans l'histoire. Étant à jouer à la paume, comme il était extrêmement échauffé, il se retira dans une grotte, où il fut saisi d'un froid que les uns attribuent au poison, dont quelques usuriers auraient usé contre lui, et les autres à la fraîcheur du lieu. Il dit en mourant : *J'étais volentif du bien, je regrette de n'avoir pu le faire.* Il mourut en 1316.

Une mort prématurée enleva aux sciences qu'il protégeait, aux mœurs qu'il avait voulu réformer, aux espérances de la France entière, en 1322, Philippe V, à l'âge de vingt-huit ans, après un règne de cinq ans.

Charles IV, surnommé le Bel, lui succéda. Ce prince fut un de ceux qui, par sa sage conduite, contribua le plus, pendant son règne, à faire le bonheur de ses sujets. S'il eût vécu long-temps, il eût mérité le titre de grand ; la paix qu'il procura à la France, et la douceur de son administration, le firent universellement regretter. Il fut enlevé au milieu de sa carrière, à trente-quatre ans, au château de Vincennes, le 1er. février 1328.

La reine, sa femme, étant enceinte, il avait déclaré aux seigneurs de sa cour que, si elle n'accouchait que d'une fille, il s'en remettait aux princes et aux barons sur le choix de son successeur ; et nomma Philippe de Valois, son cousin germain, régent du royaume ; dispositions imprudentes qui auraient pu appeler de grands malheurs sur la France.

C'était le dernier héritier de Philippe-le-Bel, dont les trois fils, les plus beaux princes qui se fussent jamais vus dans tout l'empire français, disparurent en moins de quatorze ans. On a dit de lui qu'il tenait plus par sa sagesse du philosophe que du prince ; mais sa conduite et la renommée qu'il s'est acquise, prouvent que sur le trône un prince peut conserver les mœurs et les principes d'un sage.

Une particularité bien remarquable appelle sur lui l'attention. Dans les lettres qu'il donna pour l'érection en duché-pairie de la baronnie de Bourbon, il inséra cette phrase que l'on peut regarder comme une espèce de prédiction en faveur de l'auguste maison régnante : *J'espère que les descendans du nouveau duc* (1)

---

(1) Louis, petit fils de saint Louis.

contribueront, par leur valeur et leurs vertus, à maintenir la dignité de la couronne.

§. II.

DE LA PREMIÈRE BRANCHE DES VALOIS.

1328 — 1498.

Appelé au trône, d'après la loi salique, contrairement aux prétentions d'Édouard III, roi d'Angleterre, Philippe de Valois n'éprouva que des malheurs. Ils n'affligèrent pas seulement son règne, mais se prolongèrent jusqu'à celui de Louis XI. Les guerres les plus désastreuses, la ruine des finances, l'altération des monnaies, la famine, la peste, réunirent leurs fléaux pour accabler la France pendant les vingt-deux années du règne de ce prince. Si la plupart de ces maux peuvent être attribués au peu de caractère et d'habileté de Philippe, on peut lui rendre cette justice, qu'il a montré un courage supérieur aux circonstances.

Il est éminemment français, ce mot du prince qui, forcé de fuir et de chercher un asile, après la funeste journée de Crécy, en 1346, arrive inopinément au château de Broye. Il frappe ; on lui demande son nom : *Ouvrez*, répond-il, *c'est la fortune de la France.*

Il ne survécut pas long-temps à cette terrible défaite, qui permit aux Anglais, pendant quatre-vingts ans, de fouler en vainqueurs le sol de notre patrie. Tandis cependant que les fiers insulaires occupaient plusieurs de nos provinces, l'Artois, une portion de la Flandre, nous nous agrandissions vers le midi, par l'acquisition du territoire de Montpellier, de la Cerdaigne et du Roussillon, surtout par la cession précieuse faite à la France du Dauphiné, par Humbert Dauphin, sous la condition à jamais remarquable, que les aînés des fils de France auraient le titre de Dauphins. Peu de temps après, le 22 août 1350, le roi tomba malade. Étant sur le point d'expirer, il fait appeler ses deux enfans, le duc de Normandie et le duc d'Orléans. En les engageant l'un et l'autre à la concorde fraternelle, il recommande à Jean, son aîné, d'entretenir l'union entre les divers corps de l'état, et de faire jouir ses peuples de la paix et surtout de la justice. « Défendez, ajouta-t-il, mon fils, les droits du trône; les vôtres ont été solennellement reconnus par tout ce que la religion a de plus éclairé. » Il leur montra ensuite les décisions des plus célèbres docteurs, qui prouvaient qu'Édouard n'avait aucun droit à la couronne. Il termina cette allocution solennelle en leur remontrant que s'ils éprouvaient quelques revers, à la fin la justice triompherait. Il mourut, en 1350, à l'âge de cinquante-sept ans.

La conduite de Jean sur le trône ne répondit pas aux espérances que les Français avaient conçues de lui; ce prince, peu fait pour régner, puisque la faiblesse et l'irrésolution gâtaient en lui le meilleur naturel, loin de réparer les maux de la patrie, eut le malheur de voir s'augmenter encore les désastres qui l'accablaient. Les états généraux de cette époque se livrèrent à toutes les fureurs de la démagogie; la perte de la bataille de Poitiers, où Jean fut fait prisonnier, les trahisons de plusieurs de ses sujets, sont des événemens déplorables.

On ne connaît pas les détails de la mort de Jean, qui eut lieu à Londres, en 1367 (1).

Son fils, Charles V, fut appelé à lui succéder. Il fut surnommé le Sage, et sa conduite pendant les seize années de son règne justifie ce titre. Jamais la France ne fut plus heureuse que sous ce monarque, dont la maxime

---

(1) La colère, la plus mauvaise conseillère des princes, ternit l'éclat de quelques vertus de Jean; il aimait les lettres, montra toujours beaucoup de courage personnel, et surtout une bonne foi au-dessus de toute épreuve; c'est de lui la pensée sublime : « Si la bonne foi et la justice étaient bannies de la terre, on devrait les retrouver dans le cœur des rois. »

favorite était. « Je ne trouve les rois heureux qu'en ce qu'ils ont le pouvoir de faire du bien. »

Il n'entre pas dans notre plan de retracer le tableau de l'état prospère de la France quand il mourut, comparé au point de détresse où il l'avait prise ; c'est sur son lit de mort que nous contemplerons ce grand roi.

Ce prince avait, dans sa jeunesse, été empoisonné par Charles le Mauvais. L'activité du poison lui avait fait tomber les ongles et les cheveux ; long-temps ses jours avaient été menacés ; il n'avait dû sa guérison qu'aux soins assidus d'un médecin de l'empereur Charles IV, qui avait conseillé un cautère au bras et prescrit le régime à suivre, en annonçant que quand le cautère cesserait de couler, sa vie serait en danger, et qu'il mourrait peu de temps après.

Ce fut en 1380 que Charles s'aperçut de cette suppression, triste présage de sa fin. En roi prudent, en père tendre, il fit les dispositions recommandées par la sagesse. Ses jours pleins de gloire allaient lui être ôtés ; il adora la Providence, qui nous donne ou nous retire à sa volonté le souffle de la vie. Il vit tous les dangers de l'avenir pour le royaume et pour sa famille ; il tâcha de remédier aux maux qu'il prévoyait. Déjà, par un édit, il avait fixé à quatorze ans l'âge de la majorité des rois ; mesure destinée à prévenir les désordres causés par une longue régence, toujours agitée, ainsi que par les fautes de l'inexpérience d'un prince enfant, qui s'égarerait au milieu des difficultés dont la couronne est environnée. Malheur au pays dont le roi est un enfant (1)! Cette maxime était présente à sa mémoire dans cet instant solennel. Il fit venir le duc de Bourgogne et le duc de Berri, et leur tint ce discours, que rapporte Froissard, historien contemporain.

« Mes biaux frères, par l'ordonnance de la
» nature, je sens bien et reconnais que je ne puis
» longuement vivre. Je vous recommande mon
» fils Charles; usez-en envers lui comme bons
» oncles doivent en user envers leurs neveux;
» couronnez-le après ma mort le plus tôt que
» vous pourrez; et le conseillez dans ses affaires
» loyalement; toute ma confiance est en vous.
» L'enfant est jeune et de léger esprit, et aura
» bien besoin d'être conduit et gouverné. J'ai eu
» long-temps un astronomien qui disait et affir-
» mait qu'en sa jeunesse il aurait moult affaire,
» et échapperait de grands périls et aventures;
» sur quoi j'ai moult pensé et réfléchi comment
» cela pourrait arriver, si ce n'est de la partie de

---

(1) *Væ tibi, terra cujus rex est puer!*   ECCLÉSIASTE.

» la Flandre; car, Dieu merci, les besognes de
» notre royaume sont en bon point. Le duc de
» Bretagne est moult cauteleux et divers, et a
» toujours eu le cœur plus anglais que français.
» Il faut donc que vous teniez les nobles de Bre-
» tagne et bonnes villes en amour; c'est ainsi
» que vous pourrez rompre ses ententes. Je me
» loue des Bretons, car toujours ils m'ont servi
» loyalement et aidé à garder mon royaume
» contre mes ennemis. Or, faites le sire de Clis-
» son connétable; car, tout bien considéré, je
» n'y vois nul plus propre que lui. »

Il demanda ensuite à ses beaux-frères l'abolition d'un impôt qui pesait sur le peuple; il fit
dresser l'édit, le signa, et mourut le même jour.
Un historien et Édouard III ont, par deux mots
différens, peint ce prince tout entier. *Jamais,*
dit Mézerai, *prince n'écouta plus volontiers, et ne
suivit plus fermement sa volonté.* Quant au prince
anglais, il avoue que; *sans tirer l'épée, sans sortir de son cabinet, il avait plus fait la guerre, plus
reconquis de provinces, qu'il ne l'aurait fait en
vingt batailles rangées.* Il mourut en 1386, âgé
de quarante-quatre ans.

Son fils, Charles VI, après trente années
d'un règne malheureux, victime d'une aliénation
mentale, et des intrigues d'hommes placés
sous l'influence de l'étranger, qui se trouvait

alors maître de son royaume, mourut âgé de cinquante-quatre ans, en 1422, sans qu'aucun prince du sang fermât ses yeux, et sans avoir dans son épargne de quoi suffire aux plus modestes funérailles.

Ainsi les cent soixante-deux millions laissés par Charles V avaient été dissipés, et une dette immense pesait sur nous. Ainsi tout ce qui avait été fait de bien sous le règne de ce sage monarque n'était plus qu'une utopie sous le règne de son imbécile successeur. Ainsi Charles VII n'avait pour héritage qu'un royaume à reconquérir, la France à venger, un trône à relever, ou plutôt à arracher à l'Anglais, qui se prévalait de l'acte par lequel Charles VI venait de l'adopter et de le déclarer son héritier, au préjudice du dauphin.

Il fallait un miracle pour opérer ces merveilles, et le miracle eut lieu. Brillante époque de notre histoire ! nous étions accablés sous le poids des revers ; nos belles provinces étaient envahies. C'en était fait de notre liberté ; tout à coup, à la voix d'une femme, le Français retrouve son énergie; l'Anglais est frappé de terreur ; et le royaume renaît, pour ainsi dire, au milieu de ses ruines.

Charles VII languissait au milieu de douces mais coupables voluptés, aux pieds d'Agnès de

Sorel, quand la France était menacée de périr. Mais digne d'être chérie d'un roi, puisqu'elle aimait la gloire et la patrie, Agnès le réveille de sa mollesse en lui reprochant l'oubli de sa couronne. Ce prince avait une âme sensible à l'honneur; il rougit de sa honteuse oisiveté. A la vue de Jeanne d'Arc, de Dunois, de la Hyre, de Richemont, il se dépouille de ces ornemens, parure frivole de sa galanterie, et ceint l'épée royale; il quitte les fêtes qui plaisaient à sa jeunesse, pour la pompe sévère des camps; son courage s'exalte au bruit des armes; et la France, qui, sous ses drapeaux l'aperçoit plus grand que ses malheurs, applaudit à ses généreux et brillans efforts.

Cependant, la providence, qui avait été si généreuse pour Charles VII, lui refusa ce qui seul pouvait le rendre heureux, un fils dont il pût faire son ami. Il rencontra dans le Dauphin un de ces êtres appelés aux grandes choses, mais qui ne trouvent pour les produire que des moyens repoussés par la morale et par l'honneur; un de ces princes pour qui tromper toujours fut un besoin, et qui ne s'épargnèrent jamais un crime quand il put leur être utile; Louis XI, en un mot, le plus grand comme le plus vicieux des rois qui aient régné dans le quinzième siècle.

Encore Dauphin, Louis XI s'était depuis long-temps éloigné de la cour, sous le prétexte de ne vouloir point avoir de démêlés avec les ministres de son père; il alla intriguer chez le duc de Bourgogne, qui lui-même était bien malheureux par le caractère impétueux de Charles le Téméraire, son fils (1). En vain son père désirait le rapprocher de son cœur et de son trône. Il était indigne du premier; le second eût été sans attraits pour lui s'il ne l'avait obtenu par un crime. Le plus grand de tous, le parricide, avait été tenté par ce coupable fils.

Depuis long-temps la santé de ce roi était chancelante; une cause légère en apparence, donna les plus vives inquiétudes. On avait arraché une dent au roi; il était survenu une fluxion dont les suites furent une fièvre continue qui alarma les médecins. Le dépérissement du roi nécessita l'assemblée générale des ministres. Le résultat fut une de ces nobles résolutions qui naissent rarement au milieu des hommes réunis; il fut arrêté que, si le roi revenait de sa maladie,

---

(1) Charles, fils du duc de Bourgogne, voulut aussi se soustraire à la domination de son père, et demanda un asile au roi de France, qui refusa de le lui accorder. Sa noble réponse fut : *Pour deux royaumes comme le mien, je ne consentirais un vilain fait.*

le ministère emploirait tous ses efforts pour opérer le rapprochement du Roi et du Dauphin. Ces généreux ministres n'ignoraient pas qu'objet de la haine de Louis, qui ne pardonnait jamais, ils avaient tout à craindre de son ressentiment. Ce fut le comte du Maine qui le premier en donna l'avis ; et l'assentiment fut unanime. Le comte de Foix écrivit une lettre à Louis XI, où il raconte ainsi ce trait généreux. « Monsieur du Maine
» jura qu'il promettait à Dieu de le faire ainsi ;
» si fis-je de la mienne, de la sienne et de tous
» les autres pareillement, auquel temps encore
» espérons la guérison du roi votre père. »

Charles laissait à peine quelque espérance de retour à la vie, lorsqu'il fut informé du projet de son fils d'attenter à ses jours. Cette horrible pensée l'assiégea sans cesse, et la crainte de mourir empoisonné domina son âme ; il s'abstint de manger pendant plusieurs jours : cependant, vaincu par la voix de l'amitié et de la religion, il prit quelque nourriture ; mais inutilement ; car sa fin approchait. Il vit la mort avec courage, puisa dans la religion les consolations qu'elle ne refuse jamais à qui l'implore, dicta ses volontés, et mourut après un règne de trente-neuf années, âgé de cinquante-huit ans, en 1461, le 22 juillet.

Que devaient espérer les Français de l'administration d'un homme qui, dans le moment où Charles VII triomphait des armées rivales, s'était placé à la tête des factieux et des rebelles (1)? Ils ne voyaient pas sans inquiétude l'avénement à la couronne d'un prince, à la vérité plein d'esprit et de valeur, déjà célèbre par ses exploits; mais d'un génie assez turbulent pour avoir fui la cour et bravé son père sous la protection des ennemis déclarés du royaume; d'un cœur assez timide, pour avoir fait présenter au roi, avec les expressions de son repentir, les vœux pour son pardon; et d'un caractère méfiant assez inexplicable, pour repousser un racommodement, qu'il n'espérait pas, quand Charles VII lui ouvre ses bras! ferme et constant dans sa haine contre Agnès, il n'avait jamais envisagé sans frémir, ses faiblesses, ennoblies par la valeur à sa voix victorieuse, et son pouvoir sur le monarque justifié par sa gloire et l'amour des sujets. Sa sévérité inflexible comme son ressentiment, ne l'avait pas abandonné même

---

(1) Cette guerre de rebelles fut appellée le praguerie. Louis demanda pardon. Il menaçait de se retirer. « Les portes sont ouvertes, dit le roi; et si elles ne sont pas assez grandes, je ferai abattre vingt toises de mur pour vous laisser passer. Partez, nous trouverons des princes de notre sang qui nous serviront mieux que vous n'avez fait. »

quand l'auteur de ses jours avait rendu le dernier soupir. Le courrier qui lui avait annoncé la mort de Charles VII avait été richement récompensé; et les courtisans s'étaient étonnés de recevoir l'ordre de ne pas paraître devant ses yeux en habit de deuil.

On attendait de lui un gouvernement bizarre et despotique. Son règne fut marqué par la vigueur. Il abaissa les grands; qui portaient encore ombrage à la couronne, et sut protéger le peuple, en favorisant l'industrie et le commerce.

Ce que Louis XI avait été toute sa vie, il le parut encore dans la dernière maladie dont il mourut. Malgré les souffrances qui tourmentaient son corps, maître de ce génie qui lui seul était son conseil, prévoyant, plein de prudence, inépuisable de ressources dans son habileté pour le maniement des affaires, attentif aux intérêts de sa couronne, jaloux d'en maintenir les droits auprès des grands, qu'il sut mettre, selon l'expression de François Ier, *hors de page*, sans scrupule sur les moyens d'agrandir son autorité, doué de cet esprit de négociation qui acquit à la France une partie de la Provence, de la Flandre et de la Bourgogne; superstitieux comme son siècle, cruel comme la superstition, jusqu'au dernier moment il garda ce caractère ombrageux, dur, bizarre et méfiant, qui faisait trembler ses sujets, et conserva ce merveilleux talent de ruse et de dissimulation, pour lui le seul art des rois. Il était prêt à périr, et il abusait ses médecins sur l'état de sa santé, faisait aux saints invoqués par lui des promesses qu'il n'était résolu d'accomplir que selon les circonstances, et aurait trompé la mort elle-même s'il eût été possible de la tromper.

Il avait eu en 1481, à Thouars, plusieurs attaques d'épilepsie violentes et longues; une surtout qui avait fait craindre pour sa vie.

« Fut bien deux heures qu'on cuidoit qu'il fût
» mort ; étoit en une galerie couché sur une
» paillasse. Mon seigneur Dubouchage et moi,
» dit Comines, le vouâmes à saint Claude, et
» tous les autres qui étoient présens l'y vouèrent
» aussi. Incontinent la parole lui revint, et, sur
» l'heure, alla par la maison très-foible, et alloit
» par le pays comme devant. Il fut chez moi, à
» Argenton, là où il séjourna un mois, et fut
» fort malade; et de là à Thouars, où sembla-
» blement fut malade, et de là entreprit le
» voyage de Saint-Claude. » Pèlerinage important dont le but secret et politique était de pacifier les États de la maison de Savoie.

Le pèlerinage de Saint-Claude ne le guérit point ; sa santé, au contraire, empirait de jour en jour ; il arriva à un état si déplorable, que la vie n'était plus pour lui qu'un triste fardeau. Méfiant au temps de sa jeunesse et de sa prospérité, il devait l'être bien davantage au moment où sa vie était menacée ; aussi ne marchait-il plus qu'accompagné d'un corps de troupes et de trains d'artillerie ; un épieu ne le quittait ni la nuit ni le jour ; mais, hélas ! ses mains étaient trop faibles pour le défendre. Il craignait le sort des Médicis, et le Plessis-les-Tours, devenu si célèbre depuis le séjour qu'il y a fait, lui sembla le seul asile inaccessible où les complots ne pourraient pas l'atteindre.

Un large et profond fossé creusé autour de son enceinte, un pont-levis, des grilles et des barrières treillagées en fer, des murailles hérissées de longues pointes, des portes protégées par des bastions et des guérites en fer, quatre cents archers veillant continuellement autour de cette demeure, dix-huit mille chausses-trapes qui en éloignaient toute cavalerie, de grosses chaînes dans les cours intérieures, attachées à des boulets, que le peuple, pour les désigner comme les instrumens de ses jeux terribles, appelait gaiement *les fillettes du roi*, des potences plantées en avenues, destinées aux objets des suspicions du monarque, tels sont les moyens que Louis XI avait imaginés pour se mettre à l'abri d'une conspiration, fantôme dont s'épouvantaient ses esprits, et dont lui seul avait conçu la fatale pensée...

Louis avait relégué au château d'Amboise le dauphin, prince faible, et que par ses appréhensions contre ce fils, supplice mérité de celui qui s'était révolté contre son père, il avait fait élever dans l'ignorance. Il le tenait près de lui, mais hors de ses yeux. Nul n'approchait du Plessis, pas même les princes de son sang, s'ils n'étaient mandés ; et lorsque la jeune dauphine, fille de Maximilien de Flandre, lui fut présentée, il s'effraya de son nombreux cortége, et fit examiner si ses officiers n'avaient pas des armes.

Mais ces précautions que peuvent-elles contre la terreur qui l'agite ? Vainement le glaive frappe à ses portes de malheureuses victimes ; vainement elles sont attachés à ses horribles *fillettes*, ou enfermées dans des cages de fer, dans l'intérieur de ses cours. Vainement Tristan l'Hermite, seul juge dévoué à ses ordres, seul bourreau, presse, active, multiplie des exécutions dont Louis est le cruel témoin. Vainement ils inventent des supplices nouveaux; vainement tombent sous le fer d'une soldatesque effrénée tous ceux qui échappent aux embûches, rien n'apaise les implacables alarmes du prince. Les cadavres sont entassés dans la campagne; des traces sanglantes, et l'aspect des oiseaux de carnage acharnés sur leur proie, indiquent au voyageur le palais que la terreur habite ; vainement chacun s'éloigne en frémissant, en disant : *C'est la retraite ordinaire du roi* ; rien ne peut lui rendre la sécurité qui le fuit ; il ne peut échapper à lui-même.

Cependant, qui le croirait ? mais tant de choses étaient opposées dans ce caractère si bizarre ! la vue naïve d'une foule de bergers et de jeunes bergères dansant dans la plaine, aux sons des instrumens champêtres, charme l'âme de ce vieillard si farouche (1); de ses fenêtres il se plaît à voir les scènes innocentes de leurs folâtres amusemens, mais un instant seulement ; car, si quelques têtes se lèvent pour arrêter sur lui les regards, il se retire et donne l'ordre de

---

(1) « Il fit venir, dit la chronique, grand nombre de
» joueurs de bas et doux instrumens, qu'il fit loger à
» Saint-Cosme, près Tours, où ils s'assemblèrent jusques
» au nombre de six-vingts, entre lesquels y vint plusieurs
» bergers de Poitiers, qui souvent jouèrent devant le lo-
» gis du roi ; mais ils ne le voyaient point, afin qu'auxdits
» instrumens, le roi y print plaisir, et pour le garder de
» dormir ; et d'un autre côté, y fit venir aussi un grand
» nombre de bigots, bigottes, et gens de dévotion, comme
» ermites et saintes créatures, pour sans cesse prier à
» Dieu qu'il permît qu'il ne mourût point, et qu'il le lais-
» sât vivre. »

faire cesser les jeux; la foule joyeuse s'écarte, la tristesse et les ennuis rentrent dans l'affreux palais avec le sombre monarque, et le silence de la solitude couvre encore au loin la contrée.

Cependant plus il cherchait à éviter tous les yeux, plus il désirait qu'on ne le crût pas malade. Lui qui avait paru, au milieu de la magnificence somptueuse du roi de Castille, en habit de gros drap et la tête couverte d'un vieux chapeau sur lequel était une Notre-Dame de plomb, se revet des plus riches habits; il s'occupe des affaires de l'état lors même que ses mains se refusent à saisir les dépêches, et que ses yeux affaiblis les parcourant sans les voir, il les tient à rebours. Il fait des changemens dans les places de l'administration et les offices du royaume, et renouvelle chaque jour ses domestiques, disant que *nature se plaît en diversité* (1). Il envoie dans les cours étrangères des commissaires chargés de lui acheter

---

(1) Louis XI aimait la chasse. Dans le temps de sa maladie, lorsque ses forces le lui permettaient, il se livrait à l'ardeur de cette passion. Lorque l'intensité du mal lui eut rendu les longues courses impossibles, les courtisans l'amusèrent du spectacle des chats et des souris, dont la chasse se faisait dans la chambre. Il s'occupa quelque temps de ce jeu; mais il s'en lassa, comme de tout ce qui tendait à le distraire.

des objets de fantaisie bizarres comme lui, des mules, des chiens de chasse, des chevaux, des cuirasses d'Italie, des rennes, des élans, des fourrures du Nord, des lions et des animaux d'Afrique, dont, par une singularité vraiment inexplicable, il faisait donner, d'après je ne sais quelle politique, le prix le plus élevé, et qu'il ne daignait pas même regarder lorsqu'on les lui présentait.

Vains efforts de la prévoyance humaine, inutiles soins de la frayeur ! le manteau des rois ne les garantit pas du trait fatal. Si quelque précaution pouvait les en garantir, laquelle ce roi, si difficile à se résigner, n'a-t-il pas employée ! Les pèlerins de l'Italie qui lui apportent des reliques sont récompensés avec magnificence; la sainte-ampoule est avec pompe apportée de Rheims, et sert à le oindre une deuxième fois; l'anneau de saint Jobin vient de Marseille; les moines de Cologne, d'Aix-la-Chapelle, lui remettent les débris des saints les plus dignes de sa foi, et s'en retournent avec de riches donations; il cède au pape (1) les comtés de Valence

---

(1) Louis XI entretenait une correspondance active avec le pape. Ce dernier lui écrivait pour lever ses scrupules. Il l'engageait à faire gras tous les jours de sa vie, et de sacrifier tout à la santé, lui promettant de faire prier pour sa guérison, dans toute la chrétienté.

et de Die, pour le *corporal sur lequel chantait monseigneur Saint-Pierre*; et Bajazet, empereur des Turcs, lui offre de lui donner toutes les reliques trouvées dans la Grèce, s'il veut remettre entre ses mains Zizime son frère, alors réfugié en France. Maintenant enfin qu'il ne peut plus visiter les églises les plus renommées pour leurs miracles, il leur envoie des donations en profusion, ajoutant à ses familiers, et ce mot le caractérise: « Ah! si je ne meurs point, je casserai ces actes, car ils me ruineraient. »

Dans ce même temps vivait en Calabre un pieux anachorète, nommé François Mutorel, né à Paule, d'où il a retenu le nom de François de Paule, qui, depuis l'âge de douze ans, s'était retiré dans une caverne creusée dans le roc. Il était en grande réputation de sainteté. Louis espéra de ses prières son rétablissement. Il lui écrivit de sa main, pour lui demander sa présence. François s'y refusa long-temps; mais, sur l'ordre du pontife, il sortit de son ermitage pour se rendre en France (1). Louis l'attendait

---

(1) Comines, qui l'avait vu, vante sa vertu, son éloquence naturelle et sa piété. « Je ne pense, dit-il, avoir
» jamais vu un homme vivant d'une si sainte vie, et où il
» semblait mieux que le Saint-Esprit parlât par sa bouche;
» car il n'était clerc ni lettré, et n'apprit jamais rien : vrai

avec impatience, il lui envoyait courrier sur courrier, pour le hâter, et lorsqu'il arriva le roi se jeta à ses pieds en lui disant : « Saint » homme, si vous voulez, vous pouvez me » guérir. » Ce saint homme l'engagea à la résignation, et lui promit de prier pour lui.

Louis XI écrivait à Pierre Cadouet, prieur de Notre-Dame de Salles : « Maître Pierre, mon ami, » je vous prie tant que vous priez incessamment » Dieu et Notre-Dame de Salles pour moi, à ce » qu'il leur plaise m'envoyer la fièvre quarte ; » car j'ai une maladie dont les physiciens disent » que je ne puis être guéri sans l'avoir ; et quand » je l'aurai je vous le ferai savoir incontinent. »

Son chapelain invoquait un jour saint Eutrope pour *la santé de l'âme et du corps.* Il se hâta de l'interrompre : « Ne demandez pas tant de choses » à la fois ; vous troublerez le saint ; ne priez que » pour la santé du corps. »

Ordonnait-il des processions générales à Saint-Denis pour apaiser le vent du nord, fatal à sa santé, il recommandait de prier aussi pour la santé du Dauphin et la conservation des biens de la terre ; et tant il semblait, dit un auteur, qu'il voulût serrer et embrasser ce qu'il devait

---

» est, ajoute le même historien, que la langue italienne » lui aidait bien à se faire émerveiller. »

nécessairement quitter, sa superstition s'emparait de tout ce qui paraissait devoir lui attirer l'indulgence du ciel pour le prolongement de ses jours, comme sa cruauté de tout ce qui semblait menacer son pouvoir (1). La pensée de la mort lui était si pénible, que même dans les derniers jours de sa maladie, il avait défendu d'en prononcer le nom devant lui : « Quand je » serai bien en danger, disait-il, dites-moi: » Parlez peu; je saurai ce que cela veut dire. »

« Toutefois, le tout n'y fit rien; il fallait qu'il » passât par où les autres ont passé, » dit un chroniqueur.

Son heure était venue. Tout annonce le ravage de cette destruction qui travaille le monde. Tout s'affaiblit en lui; si ce n'est cette force de volonté que rien ne put fléchir; qui punit la trahison de la Balue par un emprisonnement, à Loches, dans une cage de fer, et à ses derniers jours faisait encore trembler M. Élie de

---

(1) Il avait entretenu des astrologues à la cour. Irrité contre une prédiction de l'un de ces imposteurs, il le fit venir; résolu de ne pas l'épargner. *Toi qui prévois tout*, lui dit-il, *quand mourras-tu ?* L'habile astrologue se sauva par cette réponse : *Je mourrai trois jours avant votre Majesté*. On prit grand soin de sa personne.

Bourdeille, archevêque de Tours, qui lui reprochait cette sévérité (1).

Il allait mourir, et ceux qui étaient près de lui ne ménageaient plus sa faiblesse. Olivier le Daim, et Cottier, son médecin, s'approchèrent; et l'un d'eux lui dit avec brusquerie: « Sire, il faut » que nous nous quittions. N'ayez plus d'espé- » rance en ce saint homme (François de Paule), » ni en autre chose; car sûrement il est fait de » vous. Et pour ce, pensez à votre conscience; » car il n'y a nul remède. » — « J'ai l'espérance » que Dieu m'aidera; car, par aventure, je ne » suis pas si malade que vous le pensez », répondit le malicieux vieillard. Louis XI cependant sentait la vie lui échapper; mais l'instinct de la dissimulation ne le quitta qu'avec son dernier souffle. Toutefois, il ordonna les mesures les plus sages; recommanda à ses ministres un système d'administration entièrement différent de celui qu'il avait suivi qu'à ce jour; réunit autour de son lit le sire de Beaujeu, le maréchal Desquerres et Madame Anne de France, leur déclara ses volon-

---

(1) Ses ordres étaient menaçans. Il écrivait au chef de la justice: « *Chancelier, vous avez refusé de sceller les lettres de mon maître-d'hôtel Boutelas. Je sais bien à l'appétit de qui vous le faites. Vous souvienne, beau sire, de la journée que vous prîtes avec les Bretons, et les dépêchez, sur votre vie.* »

tés, envoya ensuite une partie de sa cour au dauphin, avec cet ordre mémorable : « Allez trouver le roi, et servez-le fidèlement. » Il dit au maréchal d'oublier la mesure qu'il avait concertée pour l'enlèvement de Calais ; de laisser *en repos le duc de Bretagne ; ce qui aurait*, dit-il, *été avantageux de mon vivant. Le royaume*, ajouta-t-il, *a besoin de quelques années de paix pour se rétablir; seul, j'aurais pu conduire les événemens que je voulais amener.* Ensuite il se confessa, communia, et dit à ceux qui l'entouraient : « J'ai toujours eu une confiance particulière en la Sainte-Vierge ; et je ne mourrai que le samedi. » En effet le samedi, 30 août 1483, ce prince expira en répétant ces paroles : « Notre-Dame d'Embrun, ma bonne maîtresse, aidez-moi. » Ce prince avait soixante-deux ans et deux mois ; il en avait régné vingt-deux. Son corps fut porté dans l'église de Notre-Dame de Cléry, à laquelle il avait toujours eu une grande dévotion.

Charles VIII, âgé de douze ans, succède en 1483 à ce Louis que la morale nous représente comme le plus fourbe, et le plus cruel des princes ; mais que son adresse à la conduite des affaires a fait citer comme le plus grand politique de la troisième race (1). Charles était tout l'op-

---

(1) Cependant, à quoi lui ont servi souvent ses ruses !

posé de son père. « C'était, dit Comines, un
» petit homme de corps, et peu entendu ; mais
» il était si bon, qu'il n'est pas possible de voir
» de meilleure créature. »

Lorsque la mort vint le surprendre, il s'occupait de projets utiles pour le gouvernement, et paraissait résolu d'abandonner les projets de conquête qui causèrent tant de mal à l'état pendant son règne, et qui, après lui, ont entraîné Louis XII dans les guerres d'Italie, où la France vit s'enfouir ses trésors et s'engloutir des armées nombreuses.

Charles VIII s'adonnait aux arts, cherchait à faire fleurir au milieu de nous et l'architecture et la peinture ; il avait entrepris la construction du château d'Amboise, qu'il aimait, parce que c'était le lieu de sa naissance.

Dans un des voyages qu'il y fit avec toute la cour, il conduisit la reine Anne dans une galerie pour voir jouer à la paume. « A ce sujet ils partirent.
» En y allant, le roi se heurta contre une porte
» petite ; on le soutint, et il marcha quelque trois
» ou quatre pas en avant, puis il fut tout à coup
» entièrement atteint d'un catarrhe qui lui tomba

Jamais à commander un événement, et souvent à lui susciter des affaires fâcheuses. On a dit de lui, avec raison, qu'il savait mieux se tirer d'un mauvais pas que l'éviter.

» dans la gorge; après on le retira dans une cham-
» bre qui était là auprès; et furent tout inconti-
» nent mandez les médecins et apothicaires qui
» y firent ce qu'ils purent : la reine y vint, qui fai-
» soit un deuil merveilleux, et tel qu'elle faisoit
» grande pitié à ceux qui étoient présents; et ne
» savoient auquel entendre, ou au roi, ou à elle :
» pour le mieux il fallut que l'on l'emmenât en une
» autre chambre, voire contre sa volonté. Ce
» prince vesquit dans l'effort de ce catharre en-
» viron neuf ou dix heures. Toute personne
» entrait en ladite galerie qui vouloit, et le
» trouvoit-on couché sur une pauvre paillasse,
» dont jamais il ne partit jusqu'à ce qu'il eût
» rendu l'âme, et y fut neuf heures. Trois fois
» la parole lui revint, et à toutes les fois, il disoit :
» *mon Dieu, la glorieuse Vierge-Marie, Monsei-*
» *gneur Saint - Claude, et Monseigneur Saint-*
» *Blaise me soient aides!*

» Ainsi départit de ce monde, dans la vingt-
» huitième année de son âge, si puissant et si
» grand roi, et en si misérable lieu, qui tant
» avoit de belles maisons, et en faisoit une si
» belle; et si ne fut à ce besoin fixé dans une
» pauvre chambre. »

Il fut aimé des Français, et avait été digne
de l'être. Jamais il n'avait offensé aucun de
ses sujets; toujours il céda aux mouvemens

de son cœur avec cette effusion et cette sensibilité qui fait adorer un prince. Telle fut l'affliction des officiers de sa maison, que deux d'entre eux moururent en assistant à ses funérailles. La reine, inconsolable, se jeta sur son corps ; il fallut employer la force pour l'en arracher ; elle demeura plusieurs jours sans prendre de nourriture et sans changer de vêtement. Quand Brissonnet, envoyé par Louis XII pour la consoler, entra dans son appartement, il la vit couchée sur le carreau. Cette malheureuse princesse, en voyant le prélat que Charles affectionnait, trouva des larmes ; elle se leva et couvrit de ses pleurs le cardinal. Celui-ci ne put trouver un mot pour calmer la douleur de la reine ; les sanglots étouffaient sa voix ; mais, comme il était accompagné de l'évêque de Condom, qui lui parla le langage de la religion, il fit renoncer la reine au dessein qu'elle avait formé de se laisser mourir. Cette princesse fut la première des reines qui, pour signaler sa douleur, porta le deuil en noir. Les reines, avant elle, l'avaient toujours porté en blanc.

La mémoire de Louis XII, qui lui succéda, sera toujours chère aux Français. « Il ne courut » oncques, dit Saint-Gelais, du règne de nul des » autres, si bon temps qu'il a fait durant le sien. »

Ce prince, dont jamais on n'oubliera ce mot

mémorable : « Ce n'est pas au roi de France à » venger les injures du duc d'Orléans, » lorsque, arrivé à la couronne, ses flatteurs l'engageaient à se venger de ses ennemis; et cet autre plus touchant : « Je préfère voir mes courtisans rire de » mon économie, que de craindre les pleurs du » peuple, après ma mort, sur mes profusions, » était d'une santé faible, et âgé de cinquante-trois ans quand il épousa Marie, sœur de Henri VIII, roi d'Angleterre. Jaloux de donner un héritier de son sang à ses sujets, il oublia, près d'elle, qu'il n'était plus jeune. « Le bon roi, » à cause de sa femme, avoit abrégé de tout sa » manière de vivre; car, où il souloit dîner à » huit heures, il convenoit qu'il dînât à midi; où » il souloit se coucher à six heures du soir, sou- » vent il se couchoit à minuit. »

Au bout de deux mois et demi de mariage, il décéda, en 1515, en son palais des Tournelles.

Durant son règne, il avait diminué les impôts; à sa mort, il fut pleuré. Des crieurs jurés chargés d'en proclamer la nouvelle, oublièrent la formule : *Dites vos patenôtres pour le repos de l'âme de très-excellent, etc. Notre bon roi, le père du peuple, est mort*, fut leur cri; et le peuple qui en foule accompagnait son corps à Saint-Denis, répétait tristement : *Notre bon roi, Louis XII, est mort*. La postérité lui décerna le beau titre de *Père du peuple;* tant il est vrai que l'amour des peuples est la preuve de la vertu des rois (1).

§ III.

DE LA DEUXIÈME BRANCHE DES VALOIS.

1515 — 1574.

Ce gros garçon gâtera tout, disait Louis XII en voyant en quelles mains il laissait le royaume. C'était ainsi que devait s'exprimer le prince le plus économe de la France. Si on évalue les sommes immenses que les malheurs et les prodigalités de François Ier ont coûtées, la prédiction de Louis XII fut accomplie. Si l'on apprécie la fortune de François Ier par les événemens

---

(1) Fleurange dit en parlant de lui. « Ce bon roi maintient justice et nous fait vivre en paix. Il a ôté la pillerie des gens d'armes, et gouverné mieux qu'aucun roi ne fit. Prions Dieu qu'il lui donne bonne vie et bien longue. »
Louis XII avait choisi pour modèle de sa conduite l'empereur Trajan; pour règle le *Traité des devoirs, de Cicéron;* il était donné à Louis XII de réaliser cette idée, « qu'il est impossible de séparer le bon roi de l'homme vertueux. »

de son règne, il pourra être vrai que jamais prince ne fut plus malheureux. « Il y avait dans » son étoile quelque chose de si fâcheux, que » lors même qu'il prenait pour réussir tous » les moyens que la prudence suggère pour » arriver, l'événement trompait ses espérances. » Si on le considère enfin relativement à l'influence que son règne a eue par la suite, jamais prince n'a fait plus pour ses sujets et pour le trône, n'a eu des idées plus grandes pour l'avenir, n'a préparé plus heureusement les destinées dont nous nous enorgueillissons.

Les femmes, admises à la cour, en ont poli les mœurs, et introduit dans la vie ces qualités sociales qui font que la France, Paris, surtout, est la région recherchée des étrangers. Les lettres protégées, les arts encouragés, les savans accueillis, la bibliothéque et l'imprimerie royale fondées, ont fait de la capitale une nouvelle Athènes, et son règne a préparé celui de Louis XIV. Au comble de l'infortune, prisonnier du plus dissimulé des princes, il pouvait dire avec orgueil : *Tout est perdu fors l'honneur.*

François Ier, dans ses dernières années, avait acquis de la maturité. Il avait ajouté aux qualités brillantes de la jeunesse cette prudence qui, dans les affaires, en est l'âme, et qui, lorsqu'elle est unie à l'énergie de l'exécution, est la perfection du prince. Il n'avait conservé qu'un défaut, la passion immodérée des plaisirs ; elle lui fut fatale. Épris de la belle Féronière, il puisa dans ses caresses le fatal poison, mal alors rebelle à tout l'art de guérir, et qui mina sourdement sa vie.

Le chagrin qu'il eut de la mort de Henri VIII, roi d'Angleterre, sur le secours duquel il comptait pour une nouvelle guerre, vint augmenter la force du mal qui le dévorait. Huit mois après la mort du monarque anglais les symptômes devinrent si alarmans, que l'art, impuissant, ne put lui offrir que le vague conseil d'un changement de lieu. Le roi dépérissait à vue d'œil; et quand on lui parlait des moyens de le ramener à la santé, son esprit frappé ne lui présentait que cette réponse : « Mon frère Henry et moi » étions du même âge; je le suivrai bientôt. » Il fut arrêté au milieu des courses que lui faisait entreprendre le soin de sa santé. Un accès de fièvre violente le força de demeurer au château de Rambouillet, où il n'avait dessein que de passer un jour.

François Ier s'aperçut que sa fin approchait. Il envisagea la mort avec courage, s'y prépara en chrétien, et la supporta en héros; il demanda les secours de la religion et donna sur la conduite des affaires les plus utiles conseils. Après avoir reçu les sacremens, il adressa à son fils le discours suivant :

« Venez recevoir mes derniers embrassemens.
» Je n'ai qu'à me louer de votre conduite. Vous
» avez rempli à mon égard le devoir d'un bon
» fils ; Dieu vous en donnera la récompense.
» Puisque ma fin approche et que le ciel a permis
» que vous me succédiez, écoutez mes derniers
» avis :

« Craignez Dieu, mon fils, honorez l'église
» et opposez une barrière insurmontable aux
» dangereuses nouveautés qui pourraient altérer
» la religion. Tous les chrétiens, en quelque pays
» qu'ils existent, sont vos frères; vous devez les
» aimer ; mais cette bienveillance générale ne
» vous acquitterait pas envers le peuple que la
» Providence a spécialement confié à vos soins.
» Ce peuple, le plus fidèle, le plus généreux et
» le plus affectionné à ses rois, qui existe, et
» qui ait jamais existé sur la terre, a des droits
» tout particuliers sur votre cœur ; il mérite que
» vous l'aimiez par-dessus tout ce qui peut vous
» être cher, et que dans tous les instans de vo-
» tre vie, vous soyez prêt à lui sacrifier vos goûts,
» vos plaisirs et jusqu'à la dernière goutte de vo-
» tre sang. Si vous gagnez sa confiance, vous re-
» pousserez aisément toutes les attaques de vos
» voisins ; mais inutilement le feriez-vous triom-

» pher au dehors, si la paix et la concorde ne
» règnent pas au dedans : c'est l'union qui fait la
» force des empires; et l'union ne peut se trouver
» que dans un pays où la justice est respectée.
» Veillez donc attentivement à ce qu'elle préside
» à vos conseils, à ce qu'elle soit administrée
» d'une manière impartiale dans vos tribunaux,
» et ne souffrez point que pour quelque considé-
» ration que ce soit, on lui porte jamais, soit
» directement, soit indirectement, la moindre
» atteinte. Songez, mon fils, que vous arriverez
» au terme où vous me voyez parvenu, et que
» la plus grande consolation qui me reste main-
» tenant est de dire que je n'ai fait sciemment d'in-
» justice à personne. »

Il termina cette allocution en recommandant à son fils de ne point se servir du connétable de Montmorency, dont la dureté dans le commandement et la hauteur dans ses habitudes ternissaient les qualités militaires. « Il ne fut jamais heu-
» reux et oncques ne le sera pour le prince qui le
» mettra en besogne, » disait-il de lui. Il termina en lui désignant les Guises comme dangereux, comme des hommes dont il devait se défier; il lui signala comme les deux hommes les plus capables de le servir, l'amiral Annebaud, qui, loin de s'enrichir, s'était ruiné à son service, et le cardinal de Tournon. Il se recueillit ensuite

et expira, le 31 mars 1547, à Rambouillet. Son corps fut d'abord déposé à l'abbaye de Haute-Breyure, de là porté à Saint-Cloud, enfin à Saint-Denis, où on lui érigea un tombeau (1).

---

(1) Outre les diverses circonstances que l'on vient de rapporter, la perte de François, comte d'Enghien, affecta vivement le roi François Ier. Elle était imprévue; il eut le malheur de ne pouvoir la venger, et fut forcé d'attribuer au hasard un accident que de Thou et du Bellay ont qualifié de crime. Lorsque le comte d'Enghien mourut il n'avait pas encore vingt-huit ans. Le roi, cinq ans auparavant, avait fait choix du comte d'Enghien pour plusieurs expéditions; il justifia l'opinion de son roi, et eut toute la gloire de la bataille de Cerisolles, qu'il gagna à l'âge de vingt-trois ans. François de Bourbon, comte d'Enghien, illustra le premier ce beau nom, si souvent célébré dans nos fastes militaires, et naguère si célèbre encore par l'infortune de celui qui le porta le dernier. Voici comment est raconté l'événement qui nous occupe, par l'élégant historien de la maison de Bourbon. « Enghien échappé à tous les périls de la guerre et de la contagion, mourut, comme on va le voir, de la manière la plus funeste. La cour s'était rendue à la Roche-sur-Yon, maison Delveveuse, située sur les bords de la Seine. Une neige abondante couvrait la campagne; elle fournit aux jeunes gens de la cour, passionnés pour les combats, une occasion de se retracer l'image de la guerre. On élève à la hâte un fort, on assigne les postes. Au comte d'Enghien échoit le commandement de ce fort, qui devait être assailli par le dauphin, le comte d'Aumale, Saint-André et leurs compagnons. On se bat d'abord à coups de pelotes de

Le règne de Henri II, comme le remarquèrent les historiens du temps, avait commencé par un duel et finit par un combat, où ce prince trouva sa fin dans un tournoi. Ce genre de mort lui avait été prédit ; Louis Gauric, qui avait tiré son horoscope, avait trouvé que les années climatériques (1) lui seraient funestes, et en outre que s'il passait la soixantième année de son âge, il n'arriverait pas à la soixante-dixième. Il mourut à la quarante-unième.

Ce que Montluc rapporte de ses pressentimens est extraordinaire. Voici la citation du paragraphe de ses commentaires, où il raconte lui-même le songe qu'il eut en Guyenne, la veille du jour qui précéda le tournoi fatal qui enleva ce roi à la France : « Je songeois que je voyois le roi assis sur » une chaise, ayant le visage couvert de gouttes.

---

neige, comme on en était convenu ; mais échauffé par l'ardeur de l'action, on se sert bientôt d'armes plus dangereuses. Il arrivait rarement que ces sortes de jeu finissent sans accident ; mais le plus déplorable de tous attendait le comte d'Enghien. Après l'action, les combattans, las et fatigués, s'étaient séparés ; le jeune prince respirait assis sur un banc dans la cour du château, lorsqu'un coffre, jeté par la fenêtre, lui tomba sur la tête. Le coup fut mortel ; le prince mourut, après avoir langui trois jours. »

(1) Chaque septième année de la vie humaine, et particulièrement la soixante-troisième.

» de sang, et me sembloit que ce fût tout ainsi
» que l'on peint J.-C. quand les juifs lui mirent
» la couronne et qu'il tenoit les mains jointes. Je
» lui regardois, ce me sembloit, sa face; mais je
» ne pouvois voir autre chose que sang au visage,
» ne découvrant aucun mal. J'oyois, comme il me
» sembloit, les uns dire *il est mort*, les autres,
» *il ne l'est pas encore*. Je voyais les médecins et
» chirurgiens entrer et sortir dans la chambre; et
» cuide que mon songe ne dura longuement, car,
» à mon réveil, je trouvai une chose que je n'a-
» vois jamais pensée, c'est qu'un homme puisse
» pleurer en songeant : car je me trouvai la face
» tout en larmes et mes yeux qui en rendoient tou-
» jours; failloit que je les laissasse rire, car je ne
» puis garder de pleurer longuement. Ma femme
» me pensoit reconforter, mais jamais je ne pus
» prendre autre résolution, sinon de sa mort. »

Mézerai dit aussi avoir appris de gens de qualité qui l'avaient ouï raconter à Charles, duc de Lorraine, gendre du roi, que la nuit qui précéda le tournoi, une dame, logée près de la Bastille, avait vu en songe que Henri II avait été blessé et abattu par terre d'un coup de lance dans l'œil, et que l'éclat en avait rejailli dans l'oreille du dauphin, qui en avait été renversé mort auprès de son père; ce qui marquait que le dauphin François ne lui survivrait pas long-temps. La maladie dont ce dernier mourut commença par l'oreille.

Le roi Henri était occupé des fêtes qui devaient être célébrées à l'occasion du double mariage de sa fille, Élisabeth de France, avec Philippe II, et de sa sœur, Marguerite de Savoie; il était bien éloigné de croire qu'il faisait les apprêts de ses propres funérailles.

Le mariage d'Élisabeth eut lieu le 26 juin 1559. On dressa le 29, dans la rue Saint-Antoine, un magnifique tournoi. Tous les divertissemens étaient terminés, les courses finies, et le roi se retirait, lorsqu'il aperçut deux lances encore entières; il en prit une, et força Montgommeri, capitaine de ses gardes, de prendre l'autre pour la rompre en l'honneur des dames. Montgommeri était le plus habile jouteur de cette époque; il n'accepta qu'avec répugnance l'honneur du défi. Henri le força en lui donnant l'ordre formel de se mettre en défense. Le choc fut terrible et si impétueux, que la visière du casque du roi se détacha, et un éclat de lance lui brisa le front au-dessus de l'œil gauche. On emporta le prince dans son palais des Tournelles. La plaie ne parut pas d'abord mortelle; mais un abcès survint. Henri II succomba, le 10 juillet 1559, dans la quarante-unième année de son âge, et la treizième de son règne.

Il avait eu de Catherine de Médicis quatre fils et deux filles. Trois de ses fils occupèrent successivement le trône, et donnèrent, par les malheurs de leur règne, une sorte d'illustration à cette époque de notre histoire.

François II succéda à son père, et ne régna que dix-sept mois et quinze jours; pendant ce court espace de temps, la France fut en proie aux horreurs d'une guerre civile, et prête, sous les intrigues des Guises, à succomber victime de leurs démêlés avec la faction qui leur était opposée.

François II avait à l'oreille, depuis plusieurs années, une fistule; on regardait cet exutoire comme un moyen de salut; cependant le mal fit des progrès; et tout ce que la chirurgie pouvait offrir alors de ressources fut employé pour éviter que l'ulcère ne fût suivi d'un abcès.

Il convient de jeter un coup d'œil sur la situation de la France en 1560, pour apprécier les détails des derniers momens de François II.

Après qu'on eût découvert, par la confession de la Renaudie, la conjuration d'Amboise, les mesures prises procurèrent l'arrestation des conjurés, dont plus de six cents périrent de la main du bourreau. Cette vengeance ne suffisait pas aux Guises; ils résolurent d'y comprendre le roi de Navarre et le prince de Condé. La cour, par un motif de crainte réelle, ou sous le prétexte d'inquiétudes exagérées, quitte Blois pour se rendre à Orléans. Le prince de Condé est arrêté ; on mande le roi de Navarre ; et si François II ne fût pas mort sur ces entrefaites, ce prince eût partagé le sort de son frère. Un arrêt infamant eût conduit à l'échafaud une tête couronnée et un prince du sang. La courageuse fermeté du chancelier L'Hôpital suspendit seule la hache du bourreau.

Le 19 novembre, on tint un conseil à la suite duquel il résolut d'éloigner le roi d'Orléans, tandis que Grolot, bailli de cette ville, condamné à mort, et l'un des partisans du prince de Condé, serait exécuté. François II devait passer quelques jours à Chambord pour y chasser.

François fait demander le roi de Navarre à son lever, et l'invite au voyage de Chambord ; celui-ci s'excuse de se livrer au plaisir et à la dissipation, tandis que son frère, condamné, proscrit, gémissait dans les fers. « Ah ! » sire, ajouta-t-il, avec attendrissement, vous » m'avez tant promis de le laisser libre ! souve- » nez-vous de votre parole royale ; au nom de » Dieu, daignez vous en souvenir ! » Pour toute réponse, le roi, prenant un visage sévère, lui renouvela l'invitation de se tenir prêt à partir le lendemain avec lui. Dans l'après-dînée du même jour, étant à vêpres aux Jacobins, il tomba dans un long évanouissement ; quand il revint à lui, après quelques heures, il se plaignit d'un violent mal de tête. Les Guises espéraient que cet accident n'aurait pas de suites, et que le voyage de Chambord ne serait pas retardé; mais la fièvre étant survenue, accompagnée des symptômes les plus fâcheux, on fut obligé de renoncer à exécuter ce projet. Les médecins, consultés, ne dissimulèrent pas la position du roi. Un abcès s'était formé dans le cerveau ; et il ne s'agissait de rien moins que de le trépaner ; comme par sa faible constitution il ne pouvait supporter cette douloureuse opération, on eut recours à des palliatifs, qui furent inutiles.

Les Guises étaient au désespoir ; tantôt ils suppliaient les médecins de le guérir ; tantôt ils allaient jusqu'à les menacer du dernier supplice s'ils échouaient dans leur traitement. Pendant ce temps la gangrène gagna l'oreille : n'ayant plus de secours à espérer qu'un miracle, ils ordonnèrent des jeûnes, des prières qui ne furent point écoutées par le ciel. Alors les ministres, songeant à leur sûreté, tinrent un conseil. Les avis furent partagés ; les uns voulaient qu'on avançât l'exécution du prince de Condé, et qu'elle fût fixée au 26 novembre ; les autres, et surtout L'Hôpital, se déclarèrent pour une opinion contraire. Les Guises, ne pouvant pas abandonner leur vengeance, pressaient la reine Catherine de Médicis de hâter le supplice du prince et celui du roi de Navarre, non moins dangereux. Catherine recula devant l'idée de ce crime.

Le chancelier L'Hôpital fut mandé par la reine mère; il la trouva livrée au plus sombre désespoir, au milieu de ses femmes; elle lui fit part du projet des Guises, et de l'horrible conseil qui lui avait été donné par eux d'éteindre la famille des Bourbons.

Auguste maison de nos rois, le ciel veillait sur tes destinées; et ce fut lui qui inspira le discours suivant au vertueux chancelier :

« Quoi! on ose proposer à votre majesté d'aban-
» donner à la main du bourreau le premier
» prince du sang! une tête couronnée! Quel est
» donc son crime? sinon d'avoir un frère plus
» malheureux que coupable! Une fois arrêté,
» il doit périr; car, devenu libre, il venge-
» rait par des torrens de sang l'outrage de sa
» prison; mais, madame, faisons mieux; respec-
» tons son innocence et sa dignité; suspendons
» aussi l'exécution de l'arrêt rendu contre son
» frère : le sang de nos rois est trop précieux,
» pour le verser au gré de la haine, de la ven-
» geance et de l'ambition. Votre Majesté, en
» agissant ainsi, deviendra l'arbitre de tous les

5

» grands; elle tiendra la balance entre les fac-
» tions qui déchirent l'état, et les contiendra tou-
» tes. Le roi de Navarre, trop heureux d'obte-
» nir la vie de son frère, vous cédera sans re-
» gret ses droits à la régence; vous régnerez sans
» obstacles et sans contradiction. »

Ces derniers mots furent un trait de lumière pour Médicis; la duchesse de Montpensier acheva de l'adoucir en faveur d'Antoine de Bourbon, dont elle lui vantait la douceur, la modération, et peut-être la faiblesse; cependant avant de prononcer, Catherine voulut sonder ses dispositions, et n'attendit pas que le roi son fils eût rendu le dernier soupir, pour s'expliquer avec un rival dont la vie était entre ses mains; elle l'envoya chercher. La duchesse de Montpensier attendait Antoine de Bourbon à la porte du cabinet de la reine mère; elle lui dit à l'oreille : *Vous êtes mort si vous ne consentez à tout ce qu'on va exiger de vous.*

Catherine eut avec le roi de Navarre une conférence sévère et pleine de dignité ; elle allégua les motifs les plus puissans contre le prince de Condé et contre lui ; les accusa d'être la cause de la maladie du roi, d'avoir jeté l'état dans un dédale inextricable de malheurs; elle prit tour à tour le ton de la menace et de la persuasion. Le roi de Navarre répondit avec modération et fermeté à la fois, et consentit, pour le bien de la paix, à ce que la reine devînt régente; il se plaignit des menées des Guises; et termina en promettant, sur l'assurance qu'elle lui donnait de leurs bonnes intentions, d'oublier le passé, et de ne les pas poursuivre *par voyes d'armes, mais bien par voyes de justice.*

Ce sage discours désarma la colère de la reine; elle promit, elle régente, de faire déclarer le roi de Navarre lieutenant général du royaume. Les Guises étaient dans un cabinet voisin, attendant le dénoûment de cette scène; elle les introduisit dans son appartement, les présenta au roi de Navarre, qui les embrassa. On se sépara ensuite, après la signature par le roi de Navarre d'un acte de renonciation à la régence en faveur de la reine.

Le lendemain Catherine conduisit Antoine de Bourbon dans la chambre du roi son fils, qui, docile jusqu'aux portes du tombeau, déclara en présence d'un grand nombre de témoins, que le prince de Condé avait été fait prisonnier par son ordre, et sans que les princes ses oncles, et le cardinal de Lorraine y eussent part; déclaration dictée par la faiblesse, et qui ne porta pas dans l'esprit des spectateurs la persuasion que portent d'ordinaire avec elles les paroles des mourans.

L'abcès du roi étant crevé en partie par l'oreille gauche, sans produire de crise heureuse, il mourut à Orléans, le 26 novembre, âgé de près de dix-huit ans (1).

Le règne de Charles IX, objet éternel des déclamations philosophiques, a, surtout de nos jours, imprimé à sa mémoire une tache ineffaçable. On a vu en lui le prince qui avait ordonné, suivi et

---

(1) On trouve dans *Lelaboureur* un fait qui paraît très-vraisemblable. On prétend qu'un écossais, valet de chambre du roi, gagné ou par de l'argent, ou entraîné par le fanatisme de la religion, empoisonna son bonnet de nuit, ce qui envenima la *fistule* et causa sa mort. Le jour même qu'elle arriva, le prince de Condé jouait tranquillement dans la chambre, qui lui servait de prison, avec les officiers qui le gardaient. Son valet de chambre, qui en savait la nouvelle, lui fit des signes qu'il ne comprenait pas, quoiqu'il les eût très-bien aperçus. Le prince, pour se ménager un mot d'explication, laissa tomber une carte; comme il se baissait pour la ramasser, le valet de chambre lui dit à l'oreille : *Notre homme est croqué*. Le prince continua froidement sa partie, et s'excusa sur ce qu'il était incommodé, pour n'en pas recommencer une autre; resté seul avec son valet de chambre, il apprit en détail la maladie et la mort du roi. Maître de ses mouvemens, trop généreux pour se plaindre de l'honneur violé, il ne murmura point. La prison, la condamnation n'avaient pas abaissé cette âme fière; la circonstance nouvelle ne le montra pas sous un jour moins favorable.

presque exécuté par lui-même le massacre de la Saint-Barthélemy; un roi assassin de ses sujets; un prince qui, par une juste punition de Dieu, lequel a dit : *Celui qui tirera l'épée, périra par l'épée*, mourut d'une sueur de sang. Charles IX n'est apparu que tel qu'un monstre que toutes les couleurs les plus sombres de l'histoire ne pouvaient dépeindre sous un jour trop odieux

Le témoin des assassinats juridiques de nos jours, l'historien qui a pleuré et sur les massacres de Nîmes et sur ceux de la Glacière d'Avignon; celui qui a déploré les fureurs révolutionnaires, moissonnant tout ce que la France avait de grand, de généreux, de noble, d'illustre, dans toutes les classes de la société, ne saurait dévouer sa plume à l'apologie de la Saint-Barthélemy, et vouloir atténuer l'horreur que doit inspirer à tout bon Français l'idée de ses sanglans résultats.

Mais Charles IX n'eut-il pas pour malheur de naître à une époque de troubles, et de régner, enfant, dans un temps où la société, ébranlée par les factions, étant l'image du chaos, à l'aide des désordres, les grands, jaloux d'élever encore plus haut leur fortune, se font une politique des déchiremens de leur patrie, profitent de la faiblesse et de l'inexpérience du prince, pour satisfaire leurs vengeances ou abattre leurs ennemis, et sont habiles à multiplier ses fautes pour les faire servir à leurs desseins cachés.

D'ailleurs de quelle mère a-t-il reçu le jour ? L'histoire nous l'a peinte. Elle n'eut qu'une passion, l'ambition; qu'un but, la domination; qu'un seul moyen, celui de pousser tout à la dernière extrémité; faire de tout ce qu'elle rencontrait un utile instrument pour sa puissance, telle était sa pensée dominante. Aucune femme ne l'égala en dissimulation, en hypocrisie, en fausses vertus. A son gré, tantôt ferme, tantôt souple, elle prenait toutes les formes, et épuisait toutes les combinaisons; elle voulait régner; et pour régner, *diviser* était sa maxime. Mettre les partis en présence était son art. Le pouvoir était son unique vœu. Pour le saisir elle choisissait les plus odieux moyens, et se portait aux excès les plus honteux, comme si la puissance obtenue sans menée criminelle eût été pour elle sans attrait.

Que pouvait faire, élevé dans une cour corrompue, un enfant de dix ans, placé sur le trône? il devait être long-temps dans les mains de cette mère artificieuse un instrument docile; elle le façonna à l'idée du crime en le lui déguisant sous les fausses couleurs du plaisir (1); et surtout

---

(1) Quatre jours avant la Saint-Barthélemy elle lui donna une fête où étaient mêlés les anges, les diables,

en l'enveloppant du voile de la religion, qui servait à ses projets secrets de prétexte et d'appui.

Lorsque Charles fut arrivé à l'âge de l'adolescence, elle plaça près de lui, comme précepteurs, le brave et sage Sipierre, le vertueux et savant Amyot, qui, suivant Brantôme, « lui donnèrent une belle nourriture. » Pour balancer cette influence, elle lui donna pour gouverneur le maréchal de Retz, Florentin. N'était-ce pas déjà en avoir trop fait pour le corrompre ?

Alors la division était dans l'église, dans les peuples, dans l'état. Quels sont dans ces circonstances les hommes qui forment le conseil du prince, pour l'éclairer et le diriger vers un but généreux ? Les Guises (1), princes ambitieux, ne veu-

---

les nymphes ; récompense des chevaliers dont la vaillance conquérait le paradis représenté. Les vaincus étaient jetés dans les enfers. (Saint-Foix.)

(1) Les Guises étaient des princes de Lorraine. Oncles de Marie Stuart, qui avait épousé François II, ils prirent un grand ascendant sur toutes les affaires de France, à cette époque.

Le plus renommé des Guises, *le Balafré*, a eu pour apologiste le père Daniel, qui ne peut cependant disconvenir...
« que sa prudence mettait souvent en œuvre la fourbe et le
« mensonge ; que son manquement de parole lui fit souvent
» perdre de bons serviteurs. Il dit que, né sur le trône, il
» n'eût point eu de pareil parmi les souverains ; que s'il

ent tout pousser à l'excès que pour usurper le pouvoir. Quels sont dans les rangs inférieurs ceux qui sont appelés aux commandemens ? Des factieux, enhardis par l'impunité, des fanatiques, qui, sous le manteau des sentimens religieux, se livrent à tous les excès ; des hommes perdus pour qui le désordre est un besoin : fatales et tristes victimes, sans doute dévouées au crime, et qui naissent dans les révolutions, comme les monstres apparaissent sur la surface de la mer quand ses flots sont soulevés par la tempête.

Tous les historiens contemporains, même ses détracteurs les plus emportés, avouent que Charles aimait les lettres, qu'il les cultivait avec succès, qu'il protégeait les savans, se plaisait dans leur société ; et qu'il avait cette finesse de goût, apanage de tous les hommes d'une complexion délicate. Il était en sa jeunesse, *ouvert, souple, actif, éveillé, un peu songeard*, dit Brantôme. Il signale cependant aussi en lui deux vices qui gâtaient ces qualités ; l'opiniâtreté et la colère.

» se fût trouvé dans une situation moins relevée il eût pu
» rendre d'immenses services à l'état. » Cet historien n'en
avoue pas moins que « l'entre-deux où la destinée le plaça,
» lui fit concevoir de vastes desseins, et l'engagea dans des
» projets trop funestes à la France. »

Alors aussi L'Hôpital, qu'il appelait son père, était loin de la cour. Amyot s'était retiré ; Si-pierre, *le plus brave seigneur qui fut jamais, loyal, ouvert et de cœur et de bouche*, n'était plus auprès de lui.

Toutes ces circonstances ne diminuent-elles pas, aux regards de l'impartiale histoire, ses torts impardonnables ? Il eut la vertu qui fait la joie du ciel; il connut le repentir. Un Dieu de bonté lui dessilla les yeux. Il vit avec horreur les résultats funestes de cette exécrable action, qui n'avait jamais eu, et qui n'aura jamais de semblable.

Dès le moment même qu'il eut donné l'ordre fatal du massacre des protestans, il ne fut plus le même. « Ce prince, dit Brantôme, parut » tout changé depuis ce jour ; et on ne lui » voyait plus au visage cette douceur qu'on avait » accoutumé de lui voir (1). » Il éprouva le remords, et connut le malheur. Ah ! ne soyons pas plus intolérans que le ciel ; et voyons, avec pitié, les dernières douleurs d'un prince, qui, dans de meilleures mains, eût justifié les espérances qu'avaient données ses premières années.

Montgommeri, dont la lance avait malgré lui terminé les jours de Henri II; Montgommeri, objet de la haine de Catherine de Médicis, ve-

---

(1) La musique lui procurait quelquefois le sommeil.

nait de périr sur un échafaud. Les résultats de la faiblesse du règne de Charles IX se faisaient sentir partout, parce que partout on était obligé de punir, et que la sévérité, la justice même des punitions avaient l'air de la vengeance. Pendant ce temps Charles, ce roi infortuné, se livrait aux accès de la fureur et de la mélancolie. Sa conscience bourrelée ne lui laissait pas goûter un instant de repos ; sa maladie prenait une physionomie alarmante; une sueur de sang presque continuelle l'affaiblissait de plus en plus. Ses rêves étaient pénibles, douloureux ; des spectres, des scènes de carnage agitaient sans cesse pendant son sommeil son imagination troublée. Il entendait sans cesse les cris de joie des assassins, et les accens plaintifs des victimes ; il frémissait d'une horreur involontaire. Il avait toujours présente à sa mémoire la nuit de la Saint-Barthélemy. Se voyant baigné dans le sang qui lui sortait par tous les pores, il se regardait lui-même avec une sorte de compassion, et disait à sa nourrice, qui était protestante, et qu'il avait épargnée par affection pour elle : *Je n'ai tant rêvé trahison. Ah ! ma mie, que j'ai bien suivi un méchant conseil ! Mon Dieu, pardonnez-le moi, faites-moi grâce ! Soyez-moi en aide ! Je ne sais plus où j'en suis. Que deviendra tout ceci ? Que faire ? Je le sens bien, je suis perdu.*

En vain sa nourrice employait pour le consoler toutes les paroles les plus tendres. *Dieu*, lui dit-elle, *est bon et juste ; il sera touché de votre repentir. C'est à ceux qui les ont conseillés qu'il demandera compte de tant de meurtres ; et le funeste consentement que vous y avez donné, il le couvrira du manteau de sa miséricorde.*

Une pensée le consolait, c'est que le royaume ne serait plus en minorité. *Je n'ai pas de fils ; il y aura moins d'orages en France.* Il fit son testament, par lequel il établissait sa mère régente pendant l'absence de son frère Henri III, roi de Pologne; ensuite il voulut qu'on lui fît lecture de l'acte testamentaire, en présence du roi de Navarre, du duc d'Alençon, du cardinal et des ministres.

Après cette lecture tout le monde se retira, et le roi reposa un quart d'heure; ensuite, s'étant éveillé et apercevant sa mère : *Appelez mon frère*, lui dit-il. Aussitôt Médicis mande le duc d'Alençon. En le voyant, Charles répète encore : *Appelez mon frère.* — « Mais, monsieur, le voici, » répond Médicis étonnée. — *Non, ce n'est pas lui ; appelez mon frère, le roi de Navarre.*

On alla chercher Henri de Bourbon; on le fit passer sous les voûtes du château (1). Il trouva,

---

(1) De Vincennes; c'était là que le roi se trouvait, et où il mourut.

rangée en double haie, une garde nombreuse armée d'arquebuses et de piques. La vue de cette troupe armée troubla Henri; il recula de quelques pas; mais La Châtre de Nancey, capitaine des gardes, qui le conduisait, lui garantit, sur sa tête, que sa vie serait respectée. Il se rassura. Il vit d'ailleurs qu'à mesure qu'il passait, les gardes lui présentaient les armes avec les marques les plus respectueuses de déférence. Henri comprit que le message n'était point le résultat d'un de ces accès violens de colère où le roi tombait souvent.

Il arrive enfin dans la chambre de Charles IX, qui se tourne vers lui et lui tend la main. Bourbon s'était jeté à genoux en entrant dans la ruelle; il se traîna jusqu'au pied du lit, les yeux pleins de larmes, et le cœur gros de sanglots et de soupirs: « Mon frère, lui dit le roi,
» après l'avoir embrassé, vous perdez un bon
» maître, un bon ami. Je sais que vous n'êtes
» point du dernier trouble qui est survenu. Si
» j'eusse voulu croire ce qu'on m'en a dit, vous
» ne seriez plus au monde. Je vous ai toujours
» aimé; et j'ai tant de confiance en vous, que je
» vous recommande ma femme et ma fille : ayez-
» en bien soin, et Dieu vous gardera ; mais ne
» vous fiez pas.... » Médicis ne lui en laissa pas dire davantage; elle lui reprocha de vouloir ins-

pirer au prince des idées dangereuses et fausses. « Madame, reprit Charles IX, je ne dis que la » vérité (1). » Ensuite, recommençant à parler au roi de Navarre : « Croyez-moi, mon frère, et » aimez-moi; assistez ma femme et ma fille, et » priez Dieu pour mon âme. Adieu, mon frère, » adieu. » A peine le roi avait-il prononcé ces mots, qu'il entra dans son agonie. Il mourut, le 30 mai 1574, âgé de vingt-quatre ans (2).

Le règne de son frère ne fut pas plus heureux ; et la ligue et ses horreurs, pendant les quinze années qu'il dura, n'offrent au pinceau

---

(1) Il est horrible de penser que Charles IX ait pu être empoisonné par sa mère.

Bassompière rapporte qu'ayant représenté au jeune Louis XIII, qui donnait du cor, que cet exercice lui dessécherait les poumons, et lui causerait la mort comme à Charles IX : « Bon, bon, répondit le roi, sachez que Charles IX n'est mort que pour avoir dîné chez Gondi, la créature de Catherine de Médicis, immédiatement après une querelle qu'il eut avec sa mère. »

(2) On trouve dans l'oraison funèbre que Sabin, frère prêcheur, fit de ce prince, qu'au moment de son sacre il versa un torrent de larmes, par la difficulté qu'il avait de porter les ornemens royaux, trop pesans pour un enfant de dix ans ; *présage*, dit l'orateur; *des ennuis qui l'ont accompagné dans les temps de son règne, auquel il ne se peut vanter d'un mois entier de repos.*

de l'histoire que des scènes de perfidie, des rebellions sans cesse étouffées, sans cesse renaissantes : violences, fanatisme, assassins, victimes, misère, ruines, sont les seuls mots qui se retrouvent sans cesse sous la plume de l'écrivain.

Le plan suivi dans ce recueil nous dispense de tracer le tableau des maux de la France pendant le règne du dernier prince de la deuxième branche des Valois, et nous nous trouvons naturellement conduits à l'année 1589, qui vit finir cette Catherine de Médicis, qui, pendant un demi-siècle (1547 à 1589), influa si puissamment, par son mauvais génie, sur les destinées de la France.

Elle était allée, le lendemain de l'assassinat du duc de Guise, visiter le cardinal de Bourbon, détenu prisonnier par ordre du roi. Dès que le cardinal l'aperçut, il se mit à lui crier : « Ah! » ce sont bien là de vos tours! Vous nous menez » tous à la boucherie. » Elle ne méritait pas ce reproche. Guise avait été tué à son insu. Elle voulut détromper le cardinal, qui refusa de l'entendre, et se mit à verser des pleurs comme un enfant. Catherine rentre chez elle; la fièvre la prend; le chagrin de n'être plus rien dans les affaires de l'état l'augmente, et cette fièvre la conduit au tombeau.

Avant d'y descendre, elle eut le loisir, sur son lit de douleur, de se retracer les actes de sa vie ; les prestiges s'évanouirent, et elle envisagea les résultats de tant de crimes, de tant d'intrigues, de tant de trahisons, sous leur véritable point de vue; elle témoigna des regrets, et Cayet (1) dit que, lors de la visite que son fils lui fit dans le cours de sa maladie, elle lui tint ce discours remarquable par l'opposition où il se trouvait être avec toute sa vie:

« Mon fils, je vous laisse pour dernières
» paroles, lesquelles je vous prie de garder pour
» le bien de votre État, que vous aimiez les prin-
» ces de votre sang, et les teniez auprès de vous,
» et principalement le roi de Navarre. Je les ai
» toujours trouvés fidèles à la couronne, étant
» les seuls qui ont intérêt à la conservation du
» royaume, à la succession duquel la loi les ap-
» pelle. Souvenez-vous que, pour rendre à la
» France la paix qui lui est si nécessaire, il faut
» que vous accordiez la liberté de conscience à
» tous vos sujets. J'ai observé que les princes
» d'Allemagne et les autres souverains de mon
» temps n'ont jamais pu pacifier par la force des
» armes les troubles survenus en leurs pays au
» sujet de la religion. »

---

(1) Cayet, *Chronologie novennaire.*

La mort de Catherine, arrivée le 5 janvier 1589, ne fit aucune sensation ; car *le ciel se plaît très-souvent à étouffer la mémoire des ambitieux.*

Le 2 août, Jacques Clément exécuta le projet abominable qu'il avait conçu depuis long-temps, d'assassiner Henri III. Ce prince était réconcilié avec Henri de Bourbon, roi de Navarre. La veille on avait concerté des mesures nouvelles pour la sûreté du roi : inutiles précautions ! Le prince, dévoué à la mort, n'eut pas le temps de les établir. Un moine jacobin, frère Jacques Clément, fanatique et libertin, persuadé, par les doctrines trop long-temps professées, qu'il était utile et glorieux de tuer les tyrans, enflammé par les prédications incendiaires des ligueurs, sur le faux bruit qu'Henri III devait supprimer les monastères, résolut de faire périr le roi par le poignard, et proclama partout qu'il avait été destiné par Dieu à être le vengeur de la France. Ce fanatique trouva dans ses supérieurs des hommes assez pervers pour encourager cet infâme projet. Ils lui recommandèrent, pour sauver l'horreur du régicide, de ne se porter à cet acte que par pur dévouement à la cause de la religion et par amour de Dieu.

Cet homme, ainsi préparé, fut conduit à la duchesse de Montpensier, qui le combla de caresses, et lui promit, s'il échappait *aux dangers de sa mission, le chapeau de cardinal, où la couronne du martyre s'il succombait.*

Enivré de voluptés, d'espérances mensongères, d'illusions religieuses, Jacques Clément quitte Paris, se rend à Saint-Cloud, muni d'un bréviaire et d'un couteau, ayant des passe-ports que lui avait délivrés le comte de Brienne, et une fausse lettre de créance d'Achille de Harlai, premier président du parlement de Paris. Il se présente d'abord au duc d'Angoulême; *mais la méchante mine du moine* le fait repousser, et il est obligé de retarder d'un jour l'exécution de son funeste dessein. Le 1er août, il obtient une audience, au déjeuner du roi. Introduit, il présente ses lettres de créance. En même temps que le roi se retire dans une embrasure de fenêtre pour les lire, il fait signe à Clément d'approcher. Les courtisans s'éloignent par respect. Le monstre, profitant de cette disposition bienveillante du prince, le frappe d'un coup de couteau dans le bas-ventre, un pouce au-dessous du nombril. Henri fait un cri, arrache le couteau de sa plaie, et en blesse légèrement l'assassin au front et à la joue (1).

---

(1) Voici comme Henri III raconte lui-même cet événement, dans une lettre écrite à Louise de Vaudemont sa femme, deux heures après sa blessure :

Le procureur-général Laguesle, qui la veille allant de Vanvres à St.-Cloud, l'avait rencontré sur sa route, et qui sur la nouvelle qu'il avait des choses à dire au roi, l'avait mis en trousse derrière lui, le perce de son épée ; d'autres gen-

---

A Saint-Cloud, 1er jour d'août 1589.

« Ma mie, après que mes ennemis ont vu que tous leurs artifices s'en alloient dissipés par la grâce de Dieu, et qu'il n'y avoit plus de salut pour eux qu'en ma mort ; sachant bien le zèle et la dévotion que je porte à ma religion catholique, apostolique et romaine, et l'accès et libre audience que je donne à tous religieux et gens d'église quand ils veulent parler à moi, ils ont pensé n'avoir pas de plus beaux moyens pour parvenir à leur malheureux dessein, et cette maudite conspiration, violant toutes les loix divines et humaines, et la foy qu'on doist avoir en l'habit d'un ecclésiastique.

« Ce matin, étant à mes affaires, et le sieur de Bellegarde seul en ma chambre, mon procureur général m'a amené, par mon commandement, un jeune jacobin, qu'il disait avoir lettres du premier président de ma cour du parlement, et à me dire quelque chose de sa part.

« Après avoir salué et baillé des lettres fausses dudit premier président, feignant à avoir à me dire quelque chose de secret, j'ay fayct retirer le dict sieur de Bellegarde et mon procureur général ; lors ce méchant et malheureux m'a donné cinq coups de couteau, pensant me tuer ; mais Dieu, qui est le protecteur des rois, et qui n'a pas voulu que son très-humble serviteur perdît la vie sous la révérence

tilshommes, plus imprudens encore, le tuent sur la place, et précipitent son cadavre par les fenêtres (1).

Le roi de Navarre était à Meudon lorsqu'il reçut cette nouvelle. « Mon ami, dit-il à Rosni, le roi vient d'être blessé à Saint-Cloud d'un coup de couteau dans le ventre; allons voir ce que c'est : venez avec moi. » Il monte à cheval, et, suivi de vingt-cinq gentilshommes, se rend à Saint-Cloud.

S'étant approché du lit du roi mourant, il lui

---

qu'il apporte à l'habit de ceulx qui se disent vouez à son service, me l'a conservée par sa sainte grâce, et tellement destourné le coup, que grâce à Dieu, ce n'est rien, et que j'espère dans peu de jours conserver ma santé, tant par le sentiment que j'en ay eu moi-mesme, que par l'assurance que m'en ont donnée les médecins et chirurgiens qui m'ont pansé, et recogneu n'y avoir auscung danger, dont j'ay bien voulu vous avertir aussitôt, afin que vous ne soyez point en peine pour les bruits que l'on pourra faire courir au contraire. »

« Ma mie, (ajoutait-il, et de sa main) j'espère que je me porteray bien. Priez Dieu pour moi; et ne bougez de là. »

(1) Bourgoin, prieur du couvent des Jacobins où était Jacques Clément, pris, à quelque temps de là, les armes à la main, dit, dans un interrogatoire : *Dans ce moment-là nous avons fait ce que nous avons pu, et non pas ce que nous avons voulu ;* preuve convaincante que Henri IV était enveloppé dans cette proscription

prit les mains, et les couvrit de ses larmes, sans pouvoir proférer une seule parole.

« Mon frère, lui dit le moribond, vous voyez l'état où je suis. Puisqu'il plaît à Dieu de m'appeler, je me réjouis de vous voir auprès de moi; sa providence en a ainsi disposé, ayant soin de ce royaume, lequel je laisse en grand trouble. La couronne sera vôtre après que Dieu aura fait sa volonté de moi. Je le prie qu'il vous fasse la grâce d'en jouir en bonne paix, à la mienne volonté qu'elle fût aussi florissante sur votre tête, comme elle l'a été sur celle de Charlemagne. Je vous remets le commandement de mon armée.

« Messieurs, ajouta-t-il, aux seigneurs qui étaient présens, je vous recommande de reconnaître, au cas de ma mort, le roi de Navarre pour votre légitime souverain. Je vous ai déjà témoigné combien je désirais que vous fussiez tous unis pour le salut de l'État : ce sont les discordes des grands qui ruinent les monarchies. Je vous déclare, messieurs, que je tiens le roi de Navarre pour mon légitime successeur à la couronne. Il ne faut pas s'arrêter à la différence de religion : mon frère est d'un caractère plein de candeur et de sincérité; il rentrera tôt ou tard dans le sein de l'église. Vous n'ignorez pas la juste obéissance que

» vous lui devez ; et, afin que vous n'oubliez
» jamais ses droits et vos devoirs, je vous or-
» donne à tous de lui prêter en ce moment ser-
» ment de fidélité. »

Les blessures du roi n'avaient pas paru dangereuses ; les chirurgiens avaient même annoncé qu'au bout de dix jours il pourrait monter à cheval. Ils s'étaient trompés. Le coup était mortel. Henri III ne chercha pas à s'abuser ; il envoya chercher l'abbé de Boulogne, auquel il se confessa.

Il sentit les approches de sa fin. Il pria ceux qui l'entouraient de ne pas l'interrompre.

« Je ne regrette point d'avoir peu vécu ; j'ai
» assez vécu puisque je meurs en Dieu ; je sens
» que la dernière heure de ma vie sera la pre-
» mière de mes félicités ; mais je plains ceux qui
» survivent, mes bons et fidèles serviteurs. Si
» mes ennemis ont eu l'esprit tellement aban-
» donné au mal, que ni la crainte de Dieu, ni la
» dignité du prince n'a pu les retenir qu'ils
» n'aient attenté à ma personne, qui les fera
» respecter ceux qui m'ont servi ?

» Une seule chose me console, c'est que je lis
» en vos visages, avec la douleur de vos cœurs
» et l'angoisse de vos âmes, une belle et louable
» résolution de demeurer unis pour la conser-
» vation de ce qui reste d'entier en mes états, et

» la vengeance que vous devrez à la mémoire
» de celui qui vous a si uniquement aimés. Je
» ne cherche point curieusement cette dernière,
» remettant à Dieu la persécution de mes en-
» nemis; et j'ai appris en son école de leur par-
» donner, comme j'ai fait de bon cœur.

» Mais comme j'ai ce royaume afin de lui pro-
» curer la paix et son repos, je vous conjure tous
» par l'inviolable fidélité que vous devez à votre
» patrie, et par les cendres de vos pères, que
» vous demeuriez fermes et constans défenseurs
» de la liberté commune, et que ne preniez
» jamais les armes, que vous n'ayez nettoyé en-
» tièrement le royaume des perturbateurs du
» repos public; et, d'autant que la division seule
» sape les fondemens de cette monarchie, avisez
» d'être unis et conjoints en même volonté.

» Je sais, ce que j'en puis répondre, que le roi
» de Navarre, mon beau-frère, légitime suc-
» cesseur de cette couronne, est assez instruit
» ès lois de bien régner, pour bien savoir com-
» mander choses raisonnables; et je me promets
» que vous n'ignorez pas la juste obéissance que
» vous lui devez. Remettez le différend de la re-
» ligion à la convocation des états du royaume;
» et apprenez de moi que la piété est un devoir
» de l'homme envers Dieu, sur lequel le bras
» de la chair n'a pas de puissance.

» Adieu, mes amis, convertissez vos pleurs en
» oraisons et priez pour moi. »

En prononçant ces paroles, il pleurait beaucoup ; ce furent les dernières.

Le 2 août 1589, il expira, à quatre heures du matin.

La duchesse de Montpensier, lorsqu'elle en apprit la nouvelle, se livra aux excès d'une joie furibonde. Elle sauta au cou du courrier; et s'écria qu'elle n'avait qu'un regret, celui que Henri III eût ignoré la part qu'elle avait eue à sa mort : *C'est moi*, dit-elle, *qui ai dirigé le coup*. Elle monte en voiture avec sa mère, et va dans les rues de Paris, où elle crie : « *Bonnes nouvelles ! le tyran n'est plus ! le tyran est mort !*

CHAPITRE IV.

BRANCHE DES BOURBONS,

JUSQUES ET Y COMPRIS LOUIS XVII.

§ Vme.

1589 — 1795.

Les sages précautions que prit Henri IV lui assurèrent, mais cependant après bien des traverses, la possession du trône qu'il illustra pendant vingt-un ans. Et lui aussi devait être percé du fer d'un assassin; la vertu, la bonté, n'en garantirent pas ce prince, l'honneur des rois et de l'humanité.

On était loin de prévoir les malheurs que sa perte allait amener sur la France; tous les regards étaient tournés vers lui pour épier et pour deviner, pour ainsi dire, sa conduite; il avait conçu, sous le titre de république chrétienne, une sorte de sainte alliance, qui aurait compris presque toute l'Europe dans la confédération qu'il avait voulu établir. L'Espagne l'avait insulté; il se proposait d'en tirer vengeance. Tout était prêt, quand la mort vint l'atteindre.

Cette horrible catastrophe avait été prévue, prédite, d'après de nombreux pressentimens.

Loin de nous l'idée d'admettre aucune superstition ! loin de nous le projet, dans le rapprochement simple et naïf que nous ferons des circonstances même minutieuses que l'histoire a recueillies, de donner à ces sortes de traits un caractère d'authenticité qu'ils n'ont pas !....

L'avenir nous est voilé, parce qu'il nous empêcherait, s'il était connu, de jouir du présent. Quelle entreprise oserait hasarder celui qui serait certain d'être arrêté au milieu de sa course ? Il faudrait un courage plus qu'humain pour essayer de commencer, dans la certitude de ne pas achever ses travaux. Si l'avenir était connu, les deux grands mobiles de nos actions, l'espérance et la crainte, seraient anéanties ; et l'homme, machine sans ressort et sans mouvement, végéterait quelques instans, certain de céder à l'inévitable loi d'un destin contraire. Mais ces avertissemens célestes qui viennent, au milieu de nos jouissances, nous rappeler à des pensées plus pures ; mais cette voix intérieure qui se fait entendre parmi les agitations et le trouble de notre être ; ces mouvemens instinctifs qui nous disent de fuir, de nous détourner ; ces serremens de cœur, ce besoin involontaire de larmes, cet entraînement, cette force surnaturelle qui nous arrache à nous-mêmes ; en un mot, tout ce qui est au dedans de nous et qui nous rapproche par la puissance de son action d'une nature plus grande que la nôtre ; que sont-ils ? la mémoire recueille le passé ; le présent est devant nos yeux ; l'avenir est au dedans de nous. La religion de l'avenir est la religion du cœur.

Que de pressentimens se groupent autour de l'événement que nous allons décrire !

Catherine de Médicis était, comme tout le monde le sait, fort superstitieuse ; elle ajoutait foi aux rêveries de l'astrologie judiciaire ; inquiète des suites d'une indisposition qui affectait Henri II, quelques années avant sa mort, elle eut, pour connaître ce que l'avenir lui réservait, recours à la science noire. Elle se rendit chez un prétendu magicien, qui lui fit voir le sort de ses enfans dans un miroir enchanté. Ses enfans passèrent devant le miroir autant de fois que leur règne devait durer d'années. François II fit un tour et demi, ce qui marquait qu'il n'achèverait pas la deuxième année. Charles IX fit quatorze tours. Henri III achevait le quinzième, lorsqu'un prince, le duc de Guise, passa devant lui. Henri IV se montra vingt-deux fois. On dit que ce fut entre Blois et Amboise, au château de Chaumont, que se passa cette scène de divination.

De nombreux horoscopes avaient été tirés, qui présageaient des malheurs. Oller, Helvius, Rosselin, Camérarius, et beaucoup d'autres, avaient fixé la fin de la vie de Henri à l'année 1610.

La Brosse, médecin du comte de Soissons, pria le roi de ne pas sortir le quatorze mai; mais Henri méprisa l'avis du duc de Vendôme qui lui répétait la prédiction de la Brosse; il lui dit : *Vous êtes un jeune fou, et La Brosse un vieux fou !*

Le roi pendant le mois qui précéda sa mort, appela souvent et très-involontairement la reine, *madame la Régente.*

Au milieu des cérémonies du couronnement de la reine, il prit le Dauphin; et, le montrant à tous, il s'écria : *messieurs, voilà votre roi*; mot que renouvela depuis Louis XIV, et qu'avait déjà prononcé Louis XI, si jaloux de son pouvoir.

Une religieuse de l'abbaye de Saint-Paul, près de Beauvais, fut trouvée en pleurs dans sa chambre, où elle avait passé la journée du quatorze sans assister aux offices du cloître ni aux repas ; on alla la chercher à l'heure des vêpres; sa douleur était si amère, que ses compagnes effrayées lui demandèrent ce qu'elle avait pour s'absenter? « C'en est fait, leur dit-elle, de la
» vie du meilleur des rois ; je vois le poignard

qu'on lui plonge dans le sein ; il est mort. » C'était présisément l'heure que Ravaillac avait choisie pour consommer son crime.

Le jour où Henri IV fut assassiné, on voulut le retenir : « Vous ne sauriez partir, lui dit Marie de Médicis. » — « Je veux parler à M. de Sully ; je ne dormirais pas tranquillement si je ne lui disais les choses que j'ai sur le cœur, » reprit le roi.

Peu de jours avant sa mort, Henri dit à Bassompière : « Vous ne me connaissez pas encore, vous autres ; mais je mourrai un de ces jours ; et quand vous m'aurez perdu, vous connaîtrez ce que je valais, et la différence qu'il y a de moi aux autres hommes ; » — « Mon Dieu, répondit Bassompière, ne cesserez-vous jamais de nous affliger, en disant que vous mourrez bientôt ; il n'y a pas de félicité au monde pareille à la vôtre ; vous n'êtes qu'à la fleur de votre âge, en parfaite santé, et force de corps, jouissant du plus beau royaume du monde, aimé, adoré de vos sujets, plein de bien, d'argent ; belles maisons, belle femme, beaux enfans qui deviennent grands, que vous faut-il de plus ? » Le roi soupira et répondit : « Il faut quitter tout cela ; » allusion au vers d'Horace :

Linquenda tellus, et domus, et placens uxor.

De noirs pressentimens tourmentaient Henri ;

il les confia à Sully. Comme à son ministre, il lui avait plusieurs fois répété : « Je le vois, ils me tueront ; » et, comme à son ami, il s'ouvrit avec plus de liberté encore : « Ah ! mon ami, lui disait-
» il avec amertume, ce sacre me présage quel-
» que malheur ; ils me tueront. Je ne sortirai ja-
» mais de cette ville ; mes ennemis n'ont d'autre
» remède qu'en ma mort. On m'a dit que je devois
» être tué à la première grande magnificence
» que je ferois, et que je mourrois dans un car-
» rosse ; c'est ce qui fait que quelquefois quand
» j'y suis il me prend des tressaillemens et que
» je m'écrie malgré moi. »

Mais cette tristesse involontaire, presque surnaturelle, augmenta visiblement le jour du 14 mai ; son trouble, son agitation furent extrêmes. On le vit, le matin, à deux genoux, prier Dieu sur son lit; il prolongea de beaucoup ses prières accoutumées. Pendant le jour les projets qu'il avait formés furent le sujet de ses entretiens; il se réjouissait de pouvoir faire la guerre avec ses épargnes, sans subsides nouveaux, sans qu'il en coutât rien au peuple.

Il demanda, après dîner, à l'exempt des gardes, quelle heure il était ? Celui-ci ayant répondu : « Il est quatre heures ; » ajouta : « Votre majesté, sire, est pensive, triste ; il vaudrait mieux prendre un peu l'air ; cela la réjouirait. » — *C'est bien dit ; eh bien! faites apprêter mon carrosse ; j'irai à l'Arsenal voir le duc de Sully, qui est indisposé et qui se baigne aujourd'hui.* Il se mit à la fenêtre ; et, portant la main à son front, il s'écria : « Mon Dieu, j'ai là dedans quelque chose qui me trouble fort.... je ne sais ce que j'ai ; je ne puis sortir d'ici. »

Cependant Ravaillac guettait le moment où il pourrait exécuter son horrible projet ; apprenant que le roi avait demandé son carrosse, il dit entre ses dents : *Je te tiens; tu es perdu.*

Le capitaine des gardes voulait accompagner le roi, qui le refusa, en lui disant : « Je ne » veux ni de vos gardes ni de vous. Je ne veux » personne. » En montant en voiture, il demanda à quel jour du mois l'on se trouvait ; l'un dit : « Sire, le 13. » L'autre affirma, ce qui était vrai, que c'était le 14. — « Entre le 13 et le 14, » dit le roi.

Henri fait lever les mantelets des deux côtés. L'air retentissait des plus vives acclamations. Au bout de la rue de la Ferronnerie, on rencontra un embarras de deux voitures, l'une chargée de vin, l'autre de foin. Les valets de pied allèrent vers la rue Saint-Denis pour préparer le passage. Ravaillac profite de cet instant, monte sur une roue de derrière, porte au roi un coup de couteau entre la cinquième et la sixième côte. « Je suis blessé, » s'écrie Henri. Le monstre redouble, et lui perce le cœur. On cache au peuple cette mort ; on annonce seulement que le roi est blessé ; et l'on ramène son corps au Louvre.

Ravaillac eût pu se sauver ; mais il négligea de le faire ; il fut arrêté, le couteau à la main ; et subit le dernier supplice ; il montra une sorte d'insensibilité, qui, pour une meilleure cause, eût été le courage de l'héroïsme ; il ne fut surpris que de voir l'horreur qu'il inspirait. « On m'a » bien trompé, en me disant que ce coup serait » bien reçu du peuple, » furent les seuls mots qui lui échappèrent.

Cependant, malgré la déclaration contraire de Ravaillac, on conçut divers soupçons sur la cour. On accusa la reine, le duc d'Épernon, les Espagnols, les Jésuites. Il est aussi difficile de croire que Ravaillac fût sans complices que de pouvoir les désigner avec quelque apparence de vraisemblance.

Louis XIII fut son successeur.

On peut dire de Louis XIII ce qu'on a dit de Pepin-le-Bref ; il eut le malheur d'avoir pour père et pour fils deux princes plus grands que lui. Henri IV avait donné à son règne un éclat que le règne de Louis XIII ne put pas soutenir ; et celui de Louis XIV fut si grand, que, si l'histoire pouvait l'oublier, on parlerait à peine de l'époque qui nous occupe (1).

Richelieu venait de mourir (1642), *et la cour*, dit La Rochefoucauld, *demeura aussi soumise aux volontés du cardinal de Richelieu après sa mort, qu'elle l'avait été durant sa vie.* Les personnes que le cardinal avait nommées furent acceptées, les magistrats qu'il avait désignés reçurent leur investiture : *tout allait comme devant.*

Cependant la santé du roi devenait de jour en jour plus mauvaise. Depuis le commencement de l'année 1643, il n'eut presque plus un seul jour sans souffrir. Dans cet état de langueur, il ne pouvait s'occuper que faiblement des affaires.

Un jour, dit Pontis, s'étant mis au soleil, qui entrait par une fenêtre de sa chambre, afin de s'échauffer : « Eh ! Pontis, me dit-il assez agréable-
» ment, ne m'ôte pas ce que tu ne saurais me
» donner. » Ne comprenant point ce que sa majesté me voulait dire, et paraissant en peine de le savoir, je demeurais toujours dans la même place. Le comte de Tresme m'avertit alors que c'était le soleil que j'ôtais au roi. Je me retirai incontinent.

---

(1) Hénault a dit · « Père et fils de deux grand rois, la providence l'avait fait naître dans le moment qui lui était propre ; plutôt il eût été trop faible, plus tard trop circonspect »

« Le pauvre prince devint si maigre et si défait, que se faisant pitié à lui-même, il découvrait quelquefois ses bras tout décharnés, et les montrait aux courtisans qui le venaient voir lorsqu'il était au lit de la mort. Souvré, premier gentilhomme de la chambre, ayant dit un jour, selon la coutume, que tout le monde sortît, parce que le roi allait reposer, il tira le rideau du côté où j'étais pour m'obliger de sortir comme les autres; le roi le retira tout d'un coup, et m'ordonna de demeurer. Il pensait moins à reposer qu'à être délivré de l'importunité des courtisans. Apercevant le clocher de Saint-Denis par sa fenêtre (il était dans le château de Saint-Germain, où il mourut), il me demanda ce que c'était. Quand je lui eus répondu que c'était Saint-Denis : « Voilà où nous repose-
» rons, » reprit-il. Puis, tirant son bras hors du lit : « Tiens, Pontis, ajouta-t-il en me le mon-
» trant, vois cette main, regarde ce bras ; tels
» sont les bras du roi de France. » Je vis en effet, mais avec une angoisse mortelle, que ce n'était qu'un squelette avec la peau sur les os, couverte de grandes taches. Il me fit voir ensuite sa poitrine, si décharnée, qu'on en comptait facilement tous les os. Ne pouvant retenir mes soupirs ni mes larmes, je me retirai. On le servait fort mal durant sa maladie; à peine prenait-il

un bouillon qui fût chaud. J'avais une peine extrême de voir un roi, au milieu d'un si grand nombre d'officiers, beaucoup plus mal servi que le moindre bourgeois de Paris. »

Le 19 avril, il donna une déclaration sur la tutelle et la manière de gouverner le royaume pendant la régence. Cet acte, comme tous ceux qui sont émanés de sa volonté, peignait l'irrésolution de ce prince. Louis ordonnait que la reine serait régente du royaume, ayant le soin de l'éducation du roi mineur et le maniement des affaires. Rien ne devait se faire que de l'avis du conseil de régence. Le duc d'Orléans était nommé lieutenant général, et le prince de Condé chef du conseil. Après la lecture de cet acte, il écrivit de sa main, au bas : « Ce que dessus est ma très-expresse » et dernière volonté, que je veux être exécutée. » Il signa ensuite et fit signer aux assistans.

Le lendemain, le duc d'Orléans, accompagné de plusieurs seigneurs de la cour, fit enregistrer au parlement le testament du roi. Le jour même il voulut que l'on baptisât son fils aîné. Mazarin fut son parrain, et la princesse de Condé sa marraine. Au sortir des fonts baptismaux, l'enfant alla embrasser son père. Le roi mourant lui fit quelques exhortations sur la grâce qu'il venait de recevoir. Il lui demanda quel nom lui avait été donné ? *Je m'appelle Louis XIV*, dit l'enfant. « Pas encore, mon fils; mais ce sera » bientôt, par la volonté de Dieu. »

Louis XIII reçut le saint-viatique avec cette piété qui l'a toujours distingué, et l'a fait nommer *le Pieux*. Ce fut le 23 avril 1643 qu'il reçut l'extrême onction. Sa maladie se prolongea jusqu'au 12 mai, laissant quelques intervalles d'adoucissement. Le 12 mai, il répéta ce mot de Job : *La vie et la mort me sont indifférentes comme homme; mais mon âme s'ennuie de vivre.* Le 14 mai 1643, jour de l'Ascension, il expira à Saint-Germain-en-Laye, à l'âge de quarante-deux ans, et le trente-troisième de son règne (1)

Louis XIV lui succéda. C'est pour ce prince qu'aurait dû être créé le mot de *majesté*. Personne plus que lui n'eut le secret de sa force; avant de monter sur le trône, il s'appelait déjà *Louis XIV* (2). Roi mineur, il mérita ce que Mazarin dit de lui : « Il y a dans ce prince de l'étoffe pour faire deux rois. » A la

---

(1) On l'ouvrit ; ses poumons étaient ulcérés, et les intestins remplis de gros vers. La médecine cependant avait déployé pour lui toutes ses ressources. On lui fit prendre, dit un auteur du temps, deux cent quinze médecines, deux cent dix lavemens ; et il fut saigné quarante-six fois ; et cependant il mourut, dit la chronique.

(2) Le jour de son avénement, Condé, prophète de sa

mort de ce ministre, lorsque les secrétaires d'état lui eurent demandé à qui il faudrait s'adresser dorénavant, et qu'il répondit : *à moi*, il décida du sort de son règne ; il s'imposa toutes les vertus qui ont fait de lui le plus grand comme le plus étonnant potentat de l'Europe ; il a régné au-delà de soixante-douze ans ; il a vu s'éteindre trois générations ; il a suivi ceux des plans du cardinal de Richelieu qui pouvaient conduire la France au plus haut degré de prospérité ; il n'est pas un genre de gloire qu'il n'ait ambitionné et obtenu ; il a pu dire comme Auguste : *J'avais reçu Rome bâtie de briques, je la rends bâtie de marbre.* Mais ce fut surtout dans le malheur qu'il déploya ces vertus royales qui commandent l'admiration. Le maréchal de Villeroi a-t-il perdu la fameuse bataille de Ramillies, « Monsieur le maréchal, on n'est pas heureux à notre âge, » dit-il au vieux guerrier. Il voit mourir en peu d'années tous les princes de sa famille ; il est sensible à tant de maux ; mais il montre cette résignation qui élève l'homme au-dessus de lui-même et que la religion donne seule. Ses armes sont partout malheureuses ; il reste plus grand que ses malheurs ; et toujours il

---

gloire, s'écriait en animant son armée : *Étrennons la Couronne de notre jeune roi.*

maintient dans les revers comme au temps de la prospérité, la dignité de sa couronne.

Il avait assez vécu pour la renommée; parvenu à sa soixante-dix-septième année, il succomba sous le poids de l'âge. Les années seules firent courber un front dont les nations de l'Europe admiraient la majesté.

Dès le 30 août 1714, Louis XIV fit déposer au parlement et enregistrer son testament, par lequel, en établissant le duc d'Orléans régent, il le soumettait à suivre les avis d'un conseil de régence, composé du duc d'Orléans, du duc de Bourbon, du duc du Maine et du duc de Toulouse, maréchaux de Villars, Villeroi, d'Uxelles, de Tallard et d'Harcourt; enfin du chancelier, du contrôleur général et de quatre secrétaires d'état. La personne du roi mineur était confiée au conseil de régence; son éducation, aux soins du duc du Maine, qui était gouverneur de sa maison militaire. Il nommait pour gouverneur du jeune prince, Villeroi; pour son précepteur, l'évêque de Fréjus, depuis cardinal; le père Le Tellier pour son confesseur; et madame de Ventadour pour sa gouvernante. Il ordonnait la translation de son cœur aux Jésuites de la rue Saint-Antoine; et finissait par plusieurs legs particuliers.

Ces dispositions arrêtées par Louis XIV, une

année précisément avant sa mort, prouvent que ce prince, si flatté dans sa vie, n'a jamais cru que l'immortalité fût le partage des rois; aussi quand la maladie vint l'atteindre, elle le trouva tout prêt. Ce fut le Dimanche, 18 août 1715, que le prince se trouva assez fatigué pour ordonner à Fagon son médecin de passer la nuit dans sa chambre. Le 19, on prescrivit les eaux de Bourbonne; mais le remède que Fagon croyait devoir employer, n'ayant pas été agréé des autres médecins, et les douleurs de la sciatique étant devenues aiguës, le roi fut très-agité par la fièvre, et l'on commença à craindre pour sa vie.

Le mercredi, 21 août, les médecins s'assemblèrent. Le quinquina fut employé avec assez de succès pour que, le samedi 24, il dînât en public (1), tînt ensuite le conseil des finances, et travaillât avec les ministres et le chancelier, comme s'il avait été en pleine santé; mais les douleurs augmentèrent tellement, qu'on fit venir son confesseur, le père Le Tellier. On cessa l'usage du quinquina et du lait d'ânesse, et le roi parla de la mort avec une tranquillité qui effraya ses courtisans.

Le lendemain 25, les musiciens de sa maison vinrent, à son réveil, à l'occasion de sa fête,

---

(1) Ce fut la dernière fois.

jouer sous les fenêtres du château. Il n'en parut pas importuné; il ordonna même qu'ils exécuteraient un morceau pendant son dîner.

Les douleurs étant devenues insupportables, Maréchal, son chirurgien, fut appelé. Il visita la jambe. Des taches noires annonçaient la gangrène. Il parut ému. Son trouble frappa le monarque : « Soyez franc, dit-il à Maréchal; com- » bien ai-je encore de jours à vivre? » — « Sire, » nous pouvons espérer jusqu'à mercredi. » — « Voilà donc, reprit Louis XIV, sans s'émouvoir, » mon arrêt prononcé pour mercredi. » Et il travailla tranquillement avec les ministres.

A la suite de quelques convulsions, étant tombé dans de fréquens évanouissemens, il demanda que M. le cardinal de Rohan lui apportât le saint-viatique. Il reçut ensuite l'extrême-onction avec autant de piété que de fermeté. Le soir, il fit demander le duc d'Orléans, qu'il entretint long-temps à voix basse. Le 26, il parla aux cardinaux de Rohan et de Bissy, en présence de madame de Maintenon, du maréchal de Villeroi et de plusieurs officiers de son service : « Je » veux, leur dit-il, mourir comme j'ai vécu, » dans la soumission à l'église. Je n'ai pas pu bien » connaître moi-même ce qu'il fallait faire pour » apaiser les troubles qui se sont élevés dans » l'église. Je vous ai écoutés; j'ai fait ce que vous

» avez voulu ; vous en répondrez devant Dieu,
» que je prends ici à témoin. »

Il fit approcher ses principaux courtisans, et leur tint ce discours :

« Je vous demande pardon des mauvais exem-
» ples que je vous ai donnés. J'ai bien à vous remer-
» cier de la manière dont vous m'avez tous servi,
» de l'attachement et de la fidélité que vous m'avez
» marqués dans tous les momens. Je suis fâché
» de ne pas vous avoir mieux récompensés. Je
» n'ai pas fait ce que j'aurais voulu pouvoir faire ;
» mais les derniers temps en sont la seule cause.
» Je vous quitte tous à regret. Je vous demande
» pour mon petit-fils la même application, le
» même zèle que vous avez eus pour moi. C'est
» un enfant qui peut essuyer bien des traverses ;
» j'en ai eu beaucoup à essuyer dans mes premiè-
» res années. Je m'en vais, mais l'État demeure ;
» restez-y attachés. Suivez les ordres que mon
» neveu vous donnera ; il va gouverner le royau-
» me ; j'espère qu'il le fera bien. J'espère que
» vous contribuerez tous à l'union, et que, si
» quelqu'un s'en écarte, vous aiderez à le rame-
» ner. Je sens que je commence à m'attendrir et
» que je vous attendris aussi ; je vous en deman-
» de pardon. Adieu, messieurs ; je compte que
» vous vous souviendrez quelquefois de moi. »

Ce discours arracha des larmes de tous les

yeux. Louis, que cette scène avait fatigué, demanda qu'on le laissât seul. Il dormit une heure, et fit venir ensuite le maréchal de Villeroi, auquel il adressa la parole en ces termes : « Je vous
» donne une nouvelle marque de ma confiance :
» je vous fais gouverneur du dauphin, qui est
» l'emploi le plus important que je puisse donner. Vous saurez ce qui est dans mon testament, ce que vous devez faire à l'égard du duc
» du Maine. Je ne doute pas que vous ne me
» serviez après ma mort avec la même fidélité
» que vous l'avez fait pendant ma vie. J'espère
» que mon neveu vivra avec vous avec la même
» confiance et la considération qu'il doit avoir
» pour un homme que j'ai toujours aimé. Adieu,
» monsieur le maréchal; j'espère que vous vous
» souviendrez de moi. »

Ayant fait venir le dauphin, il lui dit : « Mon
» enfant, vous allez devenir roi d'un grand
» royaume. J'ai trop aimé la guerre; ne m'imitez
» pas en cela; tâchez d'avoir la paix avec vos
» voisins. Rendez à Dieu ce que vous lui devez;
» faites-le honorer par vos sujets. Suivez toujours
» les bons conseils; tâchez de soulager vos peuples, ce que je suis assez malheureux de n'avoir pu faire. N'oubliez jamais la reconnaissance que vous devez à madame de Ventadour; »
et, se tournant vers elle : « Je ne puis assez vous

» témoigner la mienne. Mon enfant, je vous
» donne ma bénédiction de tout mon cœur......
» Madame, que je l'embrasse !..... »

Le mardi 27, le roi fit venir le chancelier sur les deux heures, et lui fit ouvrir des cassettes pleines de papiers, dont il fit brûler une partie, et donna des ordres sur ce qu'il voulait faire des autres. Il s'occupa avec madame de Maintenon et le père Le Tellier d'exercices de piété.

Le soir il manda Pontchartrain, et lui dit : » Dès que je serai mort, vous expédierez un or-
» dre pour faire porter mon cœur à la maison
» professe des Jésuites, et pour l'y placer de la
» même manière que celui du feu roi mon père. »

Il donna ensuite l'ordre que dès qu'il serait expiré, on conduisît le Dauphin à Vincennes. Sa présence d'esprit ne l'abandonna pas; il se souvint que le grand maréchal-des-logis, Cavoye, n'avait pas fait la distribution des logemens de ce château, où la cour n'avait pas logé depuis cinquante ans ; il envoya chercher une cassette où se trouvait un plan de Vincennes, le donna à Cavoye, afin qu'il pût faire sa distribution plus facilement.

Les courtisans remarquèrent qu'en parlant du Dauphin, il disait *le jeune roi*, et qu'en parlant de son administration, il lui échappait de dire *pendant que j'étais roi*.

Un instant la cour put espérer que les jours du roi seraient prolongés. Un empirique Provençal, nommé Lebrun, s'était présenté à Versailles, prétendant qu'un élixir merveilleux, de sa composition, aurait la vertu de le guérir. Louis XIV confia le reste de sa vie à ce remède, dont la médecine n'a pas recueilli le secret. Ses forces se ranimèrent, il prit quelque nourriture. La surprise des courtisans fut extrême; quelques-uns crurent à sa prochaine guérison (1); mais le mal était incurable; le remède n'eut qu'un résultat éphémère. Louis XIV retomba dans sa faiblesse; c'était celle de la dissolution de l'homme dont la vie est usée.

Ses domestiques pleurant amèrement, il leur dit avec bonté : « Pourquoi pleurez-vous ? M'avez-vous cru immortel ? J'étais comme vous destiné à la mort. Vous avez dû, à l'âge où je suis, vous préparer à me perdre. »

Le père Le Tellier l'assistait à sa dernière heure. « Vous souffrez beaucoup ! » lui disait-il. —

---

(1) Dès la veille les courtisans avaient pris la précaution de se rapprocher de M. le duc d'Orléans, et de lui former une cour. Quand ils surent que le roi avait mangé, la plupart d'entre eux s'éclipsèrent. Le duc d'Orléans dit à cette occasion : « Si le roi mange encore une fois, je ne verrai plus personne. »

» Non, non, répondit le roi, je voudrais souffrir
» davantage, pour l'expiation de mes fautes. »

Son confesseur reçut son dernier soupir.

Ainsi mourut, le 1er septembre 1715, à huit heures du matin, au château de Versailles, âgé de 77 ans, 3 mois, 4 jours, Louis XIV, qui avait régné 72 ans, 3 mois, 17 jours. Son corps fut porté à Saint-Denis, ses entrailles à Notre-Dame, et son cœur aux Jésuites de la rue Saint-Antoine.

Les craintes qu'avait manifestées Louis XIV en mourant, ne furent pas réalisées; et jamais aucune régence ne fut plus paisible que celle de Philippe d'Orléans, malgré l'existence et la chute du système de Law, système que le génie avait créé, qu'une impéritie pratique laissa échapper, et que l'Angleterre sut depuis modifier et adapter à ses besoins. L'ombre de Louis XIV suffisait pour tenir les peuples dans le devoir.

Louis XV, pendant sa maladie à Metz, avait, par les alarmes publiques, ainsi que par l'allégresse générale que causa son retour à la santé, pu juger combien il était cher à toute la France; et si ce prince bien-aimé avait pu trouver de sages conseillers; s'il avait su vaincre son apathie pour les affaires; il eût pu voir son règne béni pendant le demi-siècle qu'il a duré.

Ce siècle n'a cependant pas été sans gloire ni

sans prospérité ; les résultats qu'il nous a laissés en sont les nobles témoins. Des routes, proposées encore de nos jours comme modèles dans toute l'Europe, qui traversent la France dans tous les sens, et dont notre âge recueille le bienfait ; l'École militaire, ouvrant à la jeunesse française, aux fils de nos guerriers, la carrière des armes, nous a donné cette foule de héros à la fleur de l'âge, admiration de l'Europe entière ; l'établissement de toutes les sociétés d'agriculture ; des canaux creusés ; l'édit qui exempte d'impôt les terrains vagues rendus à la culture ; les entraves de l'industrie diminuées ; la Lorraine ajoutée à notre territoire ; l'École de chirurgie créée, richement dotée, voilà les travaux de l'administration du prince qu'une seule de ces grandes vues aurait illustré dans un siècle qui n'eût pas été si voisin du grand siècle ; voilà les bienfaits dont la France reconnaissante garde le souvenir. Qui osera leur opposer les torts personnels d'un roi, qui les a avoués aux derniers jours de sa vie, et les a expiés par le repentir ?

Les vingt-sept premières années de ce long règne, où Louis XV, suivant l'expression énergique d'un de ses historiens, *fut roi par lui-même*, le montrent sous un jour si favorable, qu'on ne peut qu'avec regret voir ce prince *s'étudier à faire disparaître le roi;* abandonner aux intrigues et aux passions l'administration de la France; pressentir les maux auxquels elle serait en proie, et ne faire aucun effort pour détourner l'orage ou arrêter le torrent qui après lui entraîna tout; pour éloigner, enfin, la catastrophe qui renversa le trône et l'autel, et livra, pendant trente années, la France aux plus terribles convulsions.

Dans le milieu de novembre 1773, Louis XV, à qui ses infirmités apprenaient que son heure approchait, vit mourir subitement sous ses yeux le marquis de Chauvelin. *Je perds en lui un bon et vieux ami,* dit-il. Il le regretta, en parlait sans cesse, quand une autre mort subite, celle du maréchal d'Armentières, vint accroître sa tristesse. Le goût des plaisirs parut ne plus le dominer; la société des femmes cessa d'avoir pour lui ce charme auquel il n'avait pu résister jusqu'alors.

Le jeudi saint de 1774, l'abbé de Beauvais, évêque de Senez, prêchant devant lui, ne craignit pas de faire une peinture énergique des malheurs des temps et d'en attribuer la cause à une administration sans guide; il poussa même la hardiesse évangélique jusqu'à comparer indirectement le règne de Louis XV à celui de Salomon, qui, dans ses premières années, avait été un prince selon Dieu, et qui, dans la dernière période de sa vie, pour réveiller des sens flétris, avait été chercher le plaisir *dans les vils restes de la corruption publique.* Louis XV, dans cette circonstance, se montra supérieur au prêtre. On lui donnait le conseil de punir le sujet audacieux qui outrepassait les droits de son ministère. Il arrêta le zèle de ses courtisans par cette réponse magnanime : *Laissez ; il a fait son métier.*

Cependant le trait était lancé, il avait pénétré dans le cœur du roi, et sa mélancolie augmenta. Une jeune villageoise, qui, par sa beauté attira ses regards, avait déposé dans son sein le germe de la petite-vérole. Il l'ignorait, et cet objet d'un caprice passager était loin de sa pensée, quand, un jour, en partant pour la chasse, il aperçoit un convoi. Il s'informe du nom de celle qui vient de succomber. C'est cette même jeune fille. « Quelle maladie l'a conduite au cer- » cueil ? » — « La petite-vérole, » répond-on au roi. Cette nouvelle l'accable ; les symptômes sympathiques se déclarent sur son corps ; ils présentent un caractère alarmant ; et le mal fait de tels progrès, qu'en peu de jours il le conduit au tombeau.

Le 8 mai, sa majesté, persuadée de la nécessité de se préparer à la mort, manda son confesseur. Après être restée quelque temps avec lui, elle eut une longue conférence avec le grand-aumônier, et reçut ensuite le saint-viatique. Alors le cardinal de la Roche-Aymon dit, au nom du roi, aux courtisans : « Messieurs, quoique le roi ne » doive compte de sa conduite qu'à Dieu seul, il » est fâché d'avoir causé du scandale à ses sujets; » il déclare qu'il ne veut vivre désormais que » pour le soutien de la foi et de la religion, et » pour le bonheur de ses peuples. »

Un nommé Sutton, médecin anglais, prétendait avoir un spécifique contre la petite-vérole. Il offrit ses services, qui ne furent agréés que dans le cas où il donnerait la composition de son remède. Il s'y refusa, et le roi ne le prit pas. Quelques jours après l'on eut de nouveau recours à Sutton, qui ne voulut plus hasarder sa réputation, et déclara qu'il était trop tard (1).

Un seul mot a été recueilli et rappelé pendant la maladie de ce prince. On l'engageait à supporter ses douleurs, comme un acte méritoire de pénitence : *Mes torts sont bien grands*, dit-il, *et la pénitence bien courte.*

Louis XV mourut le 10 mai 1774, âgé de

---

(1) C'était pour la seconde fois que Louis XV avait la petite-vérole ; il en avait été atteint à Metz en octobre 1728 ; et c'est un exemple contre ceux de messieurs de la faculté qui prétendent qu'on n'en peut être attaqué qu'une fois.

soixante-quatre ans et quelques mois, après avoir régné près de cinquante-neuf ans.

Ce prince avait de la sagacité, une grande rectitude de jugement, qui lui faisait, dans les affaires les plus compliquées, en apercevoir le moyen de solution. C'était la plus forte tête de son conseil ; mais, pour le malheur de la France, il vit le bien, et n'eut pas toujours la force de le faire. Il portait à l'excès la défiance de lui-même, qui lui faisait faire abnégation de sa propre opinion, pour adopter celle de la majorité de son conseil. Il laissait les affaires de l'État embarrassées : *Malheur à qui régnera après moi !* lui avait-on entendu dire quelquefois. Louis XVI devait justifier cette fatale prédiction.

Le nom de Louis XVI rappelle tout ce que la vertu eut de plus auguste, et l'infortune de plus attendrissant. Sa bonté fut le seul tort de sa vie ; mais il lui dut ses fautes et ses malheurs. Jamais prince n'aima tant les Français ; le bonheur du peuple fut le rêve de sa vie sur le trône ; il méritait des transports d'amour. Qu'a-t-il recueilli parmi les hommes ? Des larmes, des outrages, et cette mort dont il ne faut plus chercher les traces sur la terre, qui inspira à l'un des envoyés de Dieu les paroles si connues, paroles sublimes qui semblent expliquer toutes les destinées du roi martyr.

A son avénement à la couronne, Louis XVI sentit que le sceptre pesait à ses mains jeunes encore (1); il sembla prévoir que son règne serait marqué par de grandes catastrophes. Catastrophes inouïes dans l'histoire de la France! nos pères les ont vues et ont pleuré sur elles; et nos neveux frémiront en entendant leur récit, si triste et si touchant. Heureux si nous pouvions à jamais, comme dans cet instant, envelopper du voile du silence les horreurs du crime qui frappa le meilleur des rois, pour ne montrer que les vertus douces et sublimes de la victime à ses derniers momens.

Louis XVI était captif au Temple. « Dès que j'eus, dit M. de Malesherbes, la permission d'entrer dans la chambre du roi, j'y courus ; à peine

---

Choisy, le 11 mai 1774.

(1) « Dans la juste douleur qui m'accable et que je partage avec tout le royaume, j'ai de grands devoirs à remplir : je suis roi, et ce nom renferme mes obligations ; mais je n'ai que vingt ans, et je n'ai pas toutes les connaissances qui me sont nécessaires. De plus, je ne puis voir aucun ministre, tous ayant vu le roi dans sa dernière maladie. La certitude que j'ai de votre probité et de votre connaissance profonde des affaires, m'engage à vous prier de m'aider de vos conseils. Venez donc le plus tôt qu'il vous sera possible, et vous me ferez plaisir. »

m'eut-il aperçu, qu'il quitta un Tacite ouvert devant lui sur une petite table ; il me serra entre ses bras ; ses yeux devinrent humides, et il me dit : «—Votre sacrifice est d'autant plus généreux que vous exposez votre vie, et que vous ne sauverez pas la mienne. » Je lui représentai qu'il ne pouvait pas y avoir de danger pour moi, et qu'il était trop facile de le défendre victorieusement, pour qu'il y en eût pour lui. Il reprit : « J'en suis sûr, ils me feront périr ; ils en ont le pouvoir et la volonté. N'importe, occupons-nous de mon procès comme si je devais le gagner, et je le gagnerai en effet, puisque la mémoire que je laisserai sera sans tache. Mais, quand viendront les deux avocats ? » Il avait vu Tronchet à l'assemblée constituante, il ne connaissait pas Desèze. Il me fit plusieurs questions sur son compte, et fut très-satisfait des éclaircissemens que je lui donnai. Chaque jour il travaillait avec nous à l'analyse des pièces, à l'exposition des moyens, à la réfutation des griefs avec une présence d'esprit et une sérénité que ses défenseurs admiraient ainsi que moi, ils en profitaient pour prendre des notes et éclairer leur ouvrage. Ses conseils et moi, nous nous crûmes fondés à espérer sa déportation ; nous lui fîmes part de cette idée, nous l'appuyâmes ; elle parut adoucir ses peines, il s'en occupa pendant plusieurs jours ; mais la lecture des papiers publics la lui enleva, et il nous prouva qu'il fallait y renoncer. Quand Desèze eut fini son plaidoyer, il nous le lut : je n'ai rien entendu de plus pathétique que sa péroraison. Nous fûmes touchés jusqu'aux larmes. Le roi lui dit : « Il faut la supprimer, je ne veux pas les attendrir. » Une fois que nous étions seuls, ce prince me dit : « J'ai une grande peine ! Desèze et Tronchet ne me doivent rien ; ils me donnent leur temps ; leur travail causera peut-être la perte de leur vie ; comment reconnaître un tel service ! je n'ai plus rien ; et quand je leur ferais un legs, on ne l'acquitterait pas. » — « Sire, leur conscience et la postérité se chargent de leur récompense. Vous pouvez déjà leur en accorder une qui les comblera. » — « Laquelle ? » — « Embrassez-les ! » Le lendemain, il les pressa contre son cœur ; tous deux fondirent en larmes.

Nous approchions du jugement ; il me dit un matin : « Ma sœur m'a indiqué un bon prêtre qui n'a pas prêté serment, et que son obscurité pourra soustraire dans la suite à la persécution : voici son adresse. Je vous prie d'aller chez lui, de lui parler, et de le préparer à venir lorsqu'on m'aura accordé la permission de le voir. » Il ajouta : « Voilà une commission bien étrange pour un philosophe ! car je sais que vous l'êtes ; mais si vous souffriez autant que moi, et que vous dussiez mourir comme je vais le faire, je vous souhaiterais les mêmes sentimens de religion; ils vous consoleraient bien plus que la philosophie. »

Après la séance où ses défenseurs et lui avaient été entendus à la barre, il me dit : « Vous êtes certainement bien convaincu actuellement que, dès le premier instant, je ne m'étais pas trompé, et que ma condamnation avait été prononcée avant que j'eusse été entendu. » Lorsque je revins de l'assemblée, où nous avions tous les trois demandé l'appel au peuple, je lui rapportai qu'en sortant j'avais été entouré d'un grand nombre de personnes, qui toutes m'avaient assuré qu'il ne périrait pas ou au moins que ce ne serait qu'après eux et leurs amis. Il changea de couleur, et me dit : « Les connaissez-vous ? retournez à l'assemblée, tâchez de les rejoindre, d'en découvrir quelques-uns; déclarez-leur que je ne leur pardonnerais pas s'il y avait une seule goutte de sang versée pour moi ; je n'ai pas voulu qu'il en fût répandu quand peut-être il aurait pu me conserver le trône et la vie ; je ne m'en repens pas. »

Ce fut moi qui le premier annonçai au roi le décret de mort. Il était dans l'obscurité, le dos tourné à une lampe placée sur la cheminée, les coudes appuyés sur la table, le visage couvert de ses mains ; le bruit que je fis, le tira de sa méditation, il se leva, et me dit :

« Depuis deux heures, je suis occupé à rechercher si dans le cours de mon règne j'ai pu mériter de mes sujets le plus léger reproche : eh bien ! monsieur, je vous le jure, dans toute la vérité de mon cœur, comme un homme qui va paraître devant Dieu, j'ai constamment voulu le bonheur du peuple, et jamais je n'ai formé un vœu qui lui fût contraire. » Je revis encore une fois cet infortuné monarque. Deux officiers municipaux étaient debout à ses côtés : il était debout aussi, et lisait. L'un des officiers municipaux me dit : « Causez avec lui ; nous n'écouterons pas. » Alors j'assurai le roi que le prêtre qu'il avait désiré allait venir. Il m'embrassa et me dit : « La mort ne m'effraie pas ; et j'ai la plus grande confiance dans la miséricorde de Dieu. »

Tel est le récit de Malesherbes. Nous emprunterons encore quelques détails à l'abbé de Firmont (Edgeworth), qui fut son confesseur.

« La veille de sa mort, Louis XVI, après avoir vu sa famille pendant trois heures, se retira dans son appartement à dix heures et demie du soir. Il demanda son confesseur, et passa avec lui une partie de la nuit. Il se coucha à deux heures du matin, en recommandant à Cléry de l'éveiller à six heures. A cette heure, quand Cléry entra, le roi était levé. Le confesseur lui dit la messe sur les sept heures; il y communia. Appelant ensuite Cléry, il lui remit un anneau où étaient gravées l'époque de son mariage et les lettres initiales de son nom et de celui de la reine. « *Vous remettrez*, dit-il, *l'anneau à ma femme.* » *Vous lui direz que, si je ne suis pas monté chez* » *elle, c'est pour éviter le cruel moment de la sé-* » *paration. Voici en outre un cachet aux armes* » *de France; je le lègue à mon fils.* » A neuf heures on lui dit qu'une voiture l'attendait. Il descendit avec fermeté. Il pria le prêtre Jacques Roux (1), qui devait l'accompagner comme com-

***

(1) Le fameux Hébert donne sur la nomination de ce commissaire un détail bien curieux dans son infâme feuille du *Père Duchesne*. « Je voulais être du nombre de ceux » qui seraient présens à la lecture de l'arrêt prononcé » contre Louis; il écouta avec un rare sang-froid les dé- » crets de la Convention, et lorsque le secrétaire du con- » seil exécutif eut cessé de parler, il remit à Garat une » demande sur laquelle il réclamait une réponse prompte » et positive. La noblesse et la dignité qui régnaient dans » son maintien m'arrachèrent des larmes de rage qui » vinrent mouiller mes paupières, je me retirai résolu de » finir là mon ministère. Mon collègue n'annonçait pas » plus de fermeté que moi. Je lui dis, mon ami, les prê- » tres de la Convention en votant pour la mort, quoique » la sainteté de leur caractère le leur défendît, ont formé » la majorité. Eh bien ! que les prêtres constitutionnels,

missaire du conseil de la commune, de recevoir en dépôt un papier qui contenait son testament. Roux s'y refusa ; un autre commissaire le prit. Écoutons maintenant l'abbé de Firmont (1) :

« Louis avait vu la veille sa femme et ses enfans, et lui-même leur avait annoncé sa condamnation. Cette séparation avait été si douloureuse pour tous, surtout pour la reine, qu'il ne

---

» membres du conseil de la commune, le conduisent à » l'échafaud. » Nous fîmes décider que deux prêtres municipaux, Jacques Roux et Pierre Bernard, accompagneraient le roi à la mort ; ils s'acquittèrent de cette fonction avec insensibilité.

(1) L'ange de la terre, Madame, actuellement, Dauphine, soigna elle-même ce vertueux ecclésiastique dans la maladie dont il mourut. Cette princesse ayant appris qu'il était dangereusement malade d'une fièvre contagieuse qui l'avait atteint au milieu des soins qu'il donnait à des prisonniers français envoyés à l'hopital de Mittau, résiste aux représentations qu'on lui fait sur le danger auquel elle s'expose. « Moins il a de connaissance de sa position et de » ses besoins, dit la princesse, plus la présence d'une amie » lui est nécessaire ; et dussent tous les autres fuir la con-» tagion, je n'abandonnerai jamais celui qui est plus que » mon ami, l'ami noble et généreux de toute ma famille, » qui a quitté la sienne et sa patrie pour nous..... Rien » ne m'empêchera de soigner l'abbé Edegworth ; je ne » demande à personne de m'accompagner. » Cette auguste princesse a reçu son dernier soupir.

put se décider à la revoir le lendemain, malgré la promesse qu'il lui avait faite. En traversant la cour de la prison, à neuf heures, pour aller au supplice, il se tourna deux fois vers la tour où était sa famille, comme pour dire un dernier adieu à tout ce qu'il avait de plus cher. A l'entrée de la seconde cour se trouvait une voiture de place. Deux gendarmes tenaient la portière. A l'approche du roi, l'un y entra, et se plaça sur le devant. Le roi monta ensuite, et mit à côté de lui son confesseur dans le fond. L'autre gendarme entra le dernier et ferma la portière.

« Le roi, ajoute l'abbé de Firmont, se trouvant resserré dans une voiture où il ne pouvait ni parler ni entendre sans témoins, prit le parti du silence. Je lui présentai aussitôt mon bréviaire, le seul livre que j'eusse sur moi, et il parut l'accepter avec plaisir. Il témoigna même désirer que je lui indiquasse les psaumes qui convenaient le mieux à sa situation, et il les récitait alternativement avec moi. Les gendarmes, sans ouvrir la bouche, paraissaient extasiés et confondus tout ensemble, de la piété tranquille d'un monarque qu'ils n'avaient jamais vu sans doute d'aussi près. Toutes les rues étaient bordées de plusieurs rangs de citoyens, armés tantôt de piques, tantôt de fusils ; en outre, la voiture elle-même était entourée d'un corps de troupes imposant, et formé sans doute de ce qu'il y avait de plus corrompu dans Paris. Pour comble de précautions, on avait placé en avant des chevaux une multitude de tambours, afin d'étouffer, par ce bruit, les cris qui auraient pu se faire entendre en faveur du roi. Mais, comment aurait-on entendu ? personne ne paraissait ni aux portes ni aux fenêtres ; et on ne voyait dans les rues que des citoyens armés, c'est-à-dire des citoyens qui, tout au moins par faiblesse, concouraient à un crime qu'ils détestaient peut-être dans le cœur. La voiture parvint ainsi dans le plus profond silence à la place Louis XV, et s'arrêta au milieu d'un grand espace vide, qu'on avait laissé autour de l'échafaud. Cet espace était bordé de canons ; et au delà, tant que la vue pouvait s'étendre, on apercevait une multitude en armes. Dès que le roi sentit que la voiture n'allait plus, il se retourna vers moi, et me dit à l'oreille : « Nous voilà arrivés, si je ne me trompe. » Mon silence lui répondit que oui. Un des bourreaux vint aussitôt ouvrir la portière, et les gendarmes voulurent descendre ; mais le roi les arrêta, et appuyant sa main sur mon genou : « Messieurs, leur dit-il d'un ton de maître, je vous recommande monsieur que voilà ; ayez soin qu'après ma mort il ne lui soit fait aucune insulte. Je vous charge d'y veiller. »

Ces deux hommes ne répondant rien, le roi voulut reprendre d'un ton plus haut ; mais l'un d'eux lui coupa la parole : « Oui, oui, lui répondit-il, nous en aurons soin ; laissez-nous faire. » Et je dois ajouter que ces mots furent dits d'un ton de voix qui aurait dû me glacer, si dans un moment tel que celui-là il m'eût été possible de me replier sur moi-même. Dès que le roi fut descendu de voiture, trois bourreaux l'entourèrent, et voulurent lui ôter ses habits. Mais il les repoussa avec fierté, et se déshabilla lui-même. Il défit également son col, ouvrit sa chemise, et s'arrangea de ses propres mains. Les bourreaux, que la contenance fière du roi avaient déconcertés un moment, semblèrent alors reprendre de l'audace. Ils l'entourèrent de nouveau, et voulurent lui prendre les mains.— « Que prétendez-vous ? » leur dit le prince, en retirant ses mains avec vivacité ? »—« Vous lier, » répondit un des bourreaux.—« Me lier ! » repartit le roi d'un air d'indignation. Je n'y consentirai jamais ; faites ce qui vous est commandé; mais vous ne me lierez pas : renoncez à ce projet. » Les bourreaux insistèrent, ils élevèrent la voix, et semblaient déjà appeler du secours pour le faire de vive force. C'est ici peut-être le moment le plus affreux de cette désolante matinée : une minute de plus, et le meilleur des rois recevait, sous les yeux de ses sujets rebelles, un outrage mille fois plus insupportable que la mort, par la violence qu'on semblait vouloir y mettre. Il parut le craindre lui-même ; et, se retournant vers moi, il me regarda fixement, comme pour me demander conseil. Hélas ! il m'était impossible de lui en donner un, et je ne lui répondis d'abord que par mon silence. Mais comme il continuait de me regarder. « Sire, lui dis-je avec larmes, dans ce nouvel outrage, je ne vois qu'un dernier degré de ressemblance entre votre majesté et le Dieu qui va être sa récompense. » A ces mots, il leva les yeux au ciel avec une expression de douleur que je ne saurais rendre. « Assurément, me dit-il, et il ne me faudra rien moins que son exemple pour que je me soumette à un pareil affront ; » et se tournant vers les bourreaux : « Faites ce que vous voudrez, leur dit-il, je boirai le calice jusqu'à la lie. » Les marches qui conduisaient à l'échafaud étaient extrêmement raides à monter. Le roi fut obligé de s'appuyer sur mon bras ; et à la peine qu'il semblait prendre, je craignis un moment que son courage ne commençât à fléchir ; mais quel fut mon étonnement lorsque, parvenu à la dernière marche, je le vis s'échapper, pour ainsi dire, de nos mains, traverser d'un pied ferme toute la largeur de l'échafaud, imposer silence par son seul regard à quinze ou vingt tambours qui étaient placés vis-à-vis de lui, et d'une voix si forte, qu'elle dut être entendue du pont-tournant, prononcer distinctement ces paroles à jamais mémorables :

« Je meurs innocent de tous les crimes qu'on m'impute ; je pardonne aux auteurs de ma mort; et je prie Dieu que ce sang que vous allez répandre ne retombe jamais sur la France. »

Il allait continuer; mais un homme à cheval, en uniforme national, fondant tout à coup l'épée à la main, et avec des cris féroces, sur les tambours, les obligea de faire un roulement. Plusieurs voix se firent entendre en même temps pour encourager les bourreaux ; ils parurent s'animer eux-mêmes ; et, saisissant avec effort, le plus vertueux des rois, ils le traînèrent sous la hache, qui, avec la rapidité de l'éclair, fit tomber sa tête. Le plus jeune des bourreaux (il ne semblait pas avoir plus de dix-huit ans), la saisit, et la montra au peuple, en faisant le tour de l'échafaud ; il accompagnait cette cérémonie monstrueuse des cris les plus atroces et des gestes les plus indécens.

Le plus morne silence régna d'abord : bientôt quelques cris de vive la république! se firent entendre, les voix se multiplièrent ; et ce cri, au bout de dix minutes, devint celui de la multitude. »

Le 21 janvier 1793, *le fils de Saint-Louis monta au ciel.*

Louis XVI était âgé de 38 ans, 4 mois, 28 jours ; et il avait régné 19 ans moins 4 mois.

Louis-Charles, auparavant duc de Normandie, dauphin, depuis la mort de Louis-Xavier-François, devint roi de France, le 21 janvier 1793. Depuis plus de deux mois il avait été séparé de son père ; mais il lui restait sa mère, sa tante, et sa sœur, Mademoiselle. L'aîné des frères de Louis XVI était en Westphalie. Dès qu'il eut appris l'horrible attentat du 21 janvier, il se déclara régent du royaume, et se hâta, en cette qualité, de notifier à toutes les puissances de l'Europe l'avénement au trône du roi mineur et prisonnier, Louis XVII. Une proclamation répandue avec profusion en France apprit à tous les Français quel était le prince auquel ils devaient obéir ; et quelques mois plus tard Toulon et la Vendée prirent les armes, au nom du jeune roi, et combattirent pour sa couronne.

Louis XVII, dans sa prison, n'avait pour ami que Dieu, pour soutien que les trois êtres à qui le cœur et l'imagination se plaisent à prêter les formes des anges parce qu'elles en avaient la bonté. Elles l'entouraient de leurs soins, elles veillaient sur lui. Sa santé était débile ; le défaut d'air venait aggraver le malaise de ce prince infortuné ; tout donnait des craintes sur sa santé. Le 9 mai de cette horrible année, qu'on ne peut nommer sans frémir, *dont l'histoire ne peut être écrite que par le bourreau* (1), le 9 mai, le royal enfant se plaignit d'un point de côté ; vers le soir un mal de tête fut un nouveau symptôme ; mais le farouche Hébert avait vu à cinq heures l'enfant sans fièvre ; et il se moqua des alarmes de la reine, qui avait demandé M. Brunier, médecin des enfans de France ; il lui fut refusé.

M. Thierry, médecin des prisons, qui fut appelé quelques jours après, désabusa les officiers municipaux, et donna ses secours au jeune captif. Ses premiers traitemens procurèrent quelques soulagemens momentanés ; « mais sa santé ne s'est
» jamais remise depuis, dit l'auguste et touchant
» historien de ses derniers jours, le manque d'air
» et d'exercice lui ayant fait beaucoup de mal,
» ainsi que le genre de vie que menait ce pauvre
» enfant, qui, à l'âge de huit ans, se trouvait toujours au milieu des larmes et des secousses,
» des saisissemens et des terreurs continuelles. »

---

(1) Bertrand de Molleville.

Le 3 juillet, la consolation de soigner cet enfant fut enlevée à madame Élisabeth et à sa nièce, qui, la nuit, couchaient auprès de lui tour à tour. Un décret de la Convention ordonnait qu'il serait séparé d'elles et logé dans un autre appartement. Ce fut une douleur bien grande pour la reine et pour son enfant que cette séparation cruelle. Elle opposait à cet ordre les pleurs et les gémissemens d'une mère, et les municipaux lui répondaient par des injures et des outrages. Il y a dans le récit de cette scène par madame d'Angoulême, quelque chose de si attendrissant, que ce serait un sacrilège de ne pas employer les expressions tombées de sa plume, trempée de ses larmes, alors qu'elle racontait les infortunes de son frère.

« La reine ne voulut pas livrer mon frère, et
» défendit contre les municipaux le lit où elle
» l'avait placé. Ceux-ci voulant absolument l'a-
» voir, menaçaient d'employer la violence et de
» faire monter la garde. Ma mère leur dit qu'ils
» n'avaient donc qu'à la tuer avant de lui arra-
» cher son enfant; et une heure se passa ainsi en
» résistance de sa part, en injures, en menaces,
» de la part des municipaux, en pleurs et en dé-
» fense de nous tous. Enfin ils la menacèrent si
» positivement de le tuer, ainsi que moi, qu'il
» fallut qu'elle cédât encore, par amour pour

» nous. Nous le levâmes, ma tante et moi, car ma
» tante et moi n'avions plus de forces ; et après qu'il
» fut habillé, elle le remit entre les mains des
» municipaux, en le baignant de ses pleurs,
» prévoyant qu'à l'avenir elle ne le verrait plus.
» Ce pauvre petit nous embrassa toutes bien
» tendrement, et sortit en fondant en larmes,
» avec les municipaux. Ma mère les chargea
» de demander au conseil général la permis-
» sion de voir son fils, ne fût-ce qu'aux heures
» des repas ; ils le lui promirent. Elle se trouvait
» accablée par cette séparation ; mais la désola-
» tion fut au comble, quand elle sut que c'était
» Simon, cordonnier, qu'elle avait vu municipal,
» que l'on avait chargé de la personne de son
» malheureux enfant. Elle demanda sans cesse
» à le voir, et ne put l'obtenir : mon frère, de
» son côté, pleura deux jours entiers, en ne ces-
» sant de demander à nous voir. »

Cependant on le conduisait souvent prendre l'air sur la tour. Madame Élisabeth et Mademoiselle y allaient de leur côté, et l'unique plaisir, l'unique consolation de la reine était de le voir passer par une petite fente. Elle y restait des heures entières à guetter sa venue : c'était sur lui tout ce qu'elle pouvait obtenir, car à peine lui en donnait-on quelques nouvelles. Se plaignait-elle de tant de cruautés, on lui répondait que la sûreté de l'État commandait la mesure de cette séparation.

Le cruel Simon tourmentait le descendant de nos rois au delà de tout ce que l'on peut imaginer. La première chose qu'il fit fut de lui ôter ses vêtemens de deuil. Quand cet enfant appelait sa mère, il l'injuriait et le menaçait. Il allait jusqu'à frapper son prisonnier, quand il ne se soumettait pas à ses volontés. Il lui mettait son bonnet rouge sur la tête. Il détestait le vin, Simon lui en fit boire avec excès. Ce monstre lui répétait des propos grossiers et atroces. Mesdames avaient la douleur de l'entendre fredonner les chansons obscènes et les hymnes impies que faisait entendre le peuple, n'ayant que cette consolation, que la reine, alors enfermée à la Conciergerie, n'était pas témoin de toutes ces horreurs.

Cette suite de mauvais traitemens lui occasiona la fièvre ; quelques soins qu'on prit de lui n'eurent aucun succès. Sa maladie était déjà grave, quand Simon le quitta.

« Ce fut une perte pour mon frère, ajoute l'au-
» guste orpheline du Temple ; qui le croirait ?
» On eut la cruauté de le laisser seul. Barbarie
» inouïe, d'abandonner ainsi un malheureux en-
» fant de huit ans, déjà malade, et de le tenir en-
» fermé dans sa chambre sous clefs et verrous,

» sans autre secours qu'une mauvaise sonnette
» qu'il ne tirait jamais, tant il avait peur des
» gens qu'il aurait appelés, et aimant mieux
» manquer de tout que de demander la moindre
» chose à ses persécuteurs. Il était dans un lit
» qu'on n'avait pas remué depuis six mois, et
» qu'il n'avait plus la force de faire. Les puces
» et les punaises le couvraient. Son linge et sa
» personne en étaient pleins. On ne l'a pas
» changé de chemise et de bas pendant plus
» d'un an. Ses ordures restaient aussi dans sa
» chambre, jamais personne ne les a emportées
» pendant ce temps. Sa fenêtre, fermée avec
» des barreaux, n'était jamais ouverte, et l'on
» ne pouvait tenir dans sa chambre, à cause de
» l'odeur infecte. Il passait la journée à ne rien
» faire ; on ne lui donnait pas de lumière.
» A peine lui faisait-on passer quelques alimens
» par une espèce de tour pratiqué dans l'épais-
» seur du mur. Le soir, une voix, plus horrible
» encore que celle de Simon, lui commandait
» de se coucher. Sommeillait-il, cette voix lui
» criait : Capet où es-tu ? dors-tu ? et l'enfant
» tremblant, obligé d'accourir ; et trois heures
» après, ses affreux gardiens recommençaient
» cette abominable torture. »

Tant de souffrances altérèrent sa constitution.
Il était extrêmement engraissé, sans avoir pris

de croissance. Tombé dans un marasme effrayant, il vivait à peine ; et lorsque Gomie et Laurens furent chargés de veiller sur lui, ils s'aperçurent que ses genoux étaient enflés, et qu'il était menacé de rester noué. Ces nouveaux commissaires eurent pour lui des égards et des ménagemens. Il eut de la lumière ; on le changea de chambre ; il prit l'air sur la tour. Il fut fait un rapport sur sa situation à la Convention. C'est alors que Mathieu prononça ces mots que l'indignation ne peut faire pardonner. « La Convention et son » comité, étrangers à toute idée d'améliorer le » sort des enfans de Capet, savent comment on » fait tomber la tête des rois ; mais ils ignorent » comment on élève leurs enfans. » On projeta à la Convention de les renvoyer hors de France. Un député représenta la nécessité politique de retenir captifs le jeune prince et sa sœur. Mais la santé du jeune Louis dépérissait ; sa maladie empirait, à peine pouvait-il marcher, ses genoux avaient perdu toute souplesse. Dessault, Dumangin, Pelletan furent appelés à le secourir. La science de la médecine ne put ranimer ses forces. Il s'éteignait de dépérissement ; et expira le 9 juin 1795, à 3 heures après midi, sans agonie, à dix ans, dix mois et quelques jours.

Il fut enterré à Sainte-Marguerite, où l'on n'a pu retrouver ses restes. M. de Châteaubriant a proposé à la chambre des pairs, qu'on lui rendît les honneurs funèbres. Les deux chambres votèrent un monument expiatoire, qui sera placé entre ceux de Louis XVI et de Marie-Antoinette.

Un roi enfant meurt dans une prison ; son successeur est un prince exilé loin de la terre natale, qui ne peut être salué roi que par un petit nombre de sujets fidèles, emportés loin de leur patrie par la tempête révolutionnaire. Cette tempête gronde de toutes parts sur la France en proie à l'anarchie et à ses horreurs. L'impiété lève un front audacieux, la terreur et la mort promènent en tous sens leur fatal cortége. La vertu tombe assassinée, le vice triomphe. Dieu permet ces malheurs pour ramener à lui un peuple qui s'était éloigné de sa voie ; il envoie ces bouleversemens, ces désordres effrayans qui corrigent les nations comme l'ouragan purifie les airs : il a retiré son souffle, et l'esprit de vertige était dans tous les conseils. Tout à coup il a pitié de ce même peuple qu'il ne voulait que punir; il se souvient de sa bonté. « Celui qui tient tous les » cœurs dans sa main veut faire un conqué- » rant (1) ; il fait marcher devant lui l'épou-

---

(1) Bossuet. Ce qui est en italique est ajouté pour rendre plus sensible l'application de ce passage.

» vante. Il inspire à lui et à ses soldats une
» hardiesse invincible. *Ensuite pour prouver* que
» c'est la sagesse qui prépare ces grands coups
» dont le contre-coup porte si loin, *il renverse*
» *celui qui par sa présence mettait les rois en*
» *fuite* (1). Dieu veut faire un législateur; il lui
» envoie son esprit de sagesse et de prévoyance;
» il lui fait prévenir les maux qui renversent les
» états, et poser les fondemens de la tranquillité
» publique. »

Louis XVIII, Louis le Désiré, rentra dans le noble apanage de ses pères; *il vint parmi les siens, et les siens le reconnurent*. Grand dans tous ses malheurs; sage comme Charles V, comme lui ne mesurant ses desseins qu'à l'utilité de ses sujets; entouré de grands obstacles, sachant les détourner et les vaincre. Ses succès, pendant les dix années qu'il est demeuré au milieu de nous, fixeront l'admiration de nos neveux, comme ils ont surpris l'attention de l'Europe; et le bien qu'il a fait, celui qu'il a préparé dans cette lutte des temps, est la portion la plus noble de l'héritage qu'il a légué à son successeur. Il est plus facile d'être roi dans la guerre que dans la paix. Les grandes causes font naître de grands efforts, donnent lieu à de grands résultats, tandis que les biens de la

---

(1) Isaïe

paix, le retour à l'ordre, la création de bonnes lois, le maintien de l'harmonie dans toutes les portions d'une vaste administration, tous ces heureux fruits de la sagesse et de la paix, veulent être préparés lentement pour être recueillis au jour de leur maturité. C'est ce qui a fait dire à un ancien, et ce fut la gloire du prince que nous pleurons, *qu'il était plus difficile de conserver que d'acquérir.*

La vie de Louis XVIII fut consacrée au bonheur de ses sujets; sa mort fut héroïque. Depuis long-temps le roi ne pouvait plus marcher, à cause de ses infirmités; des souffrances continuelles, qui s'augmentaient chaque jour, rendaient sa position plus pénible.

Jamais circonstance n'a plus justifié la puissance de la médecine, que l'espèce de miracle qui, depuis plus de trois ans, a conservé Louis XVIII à la France. Les lumières de ses médecins ont prolongé sa vie, pour ainsi dire, au delà même de leurs pronostics.

Ce ne fut que vers le 20 août que l'on commença à concevoir de plus grandes inquiétudes; la veille de la fête de Saint-Louis, le roi voulut encore se montrer au peuple; il fit en calèche sa promenade accoutumée; mais sa tête affaissée, tombant presque sur ses genoux, ne montrait que trop combien étaient graves les progrès de la maladie. La tendresse des Français, cet amour filial qu'ils ont pour leur rois, se manifesta dans toute sa force; on admira en silence et avec respect le vénérable monarque, qui, malgré des douleurs inouïes, savait trouver un sourire pour accueillir la multitude de sujets qui vinrent à l'occasion de sa fête lui offrir le tribut de leur amour et de leur respect.

Le prince eut l'héroïque constance de se prêter au fatigant cérémonial d'une longue réception, pendant toute la journée du 25 août. Cependant un bruit sourd se répandait dans tous les cercles de la capitale : on s'interrogeait sur la santé du roi; on recueillait la moindre anecdote; on aimait à se tromper sur les détails que l'on recueillait. Il ne fut plus permis de douter du malheur public. L'*Étoile* du 12 septembre annonça que le roi n'avait pas reçu parce que sa santé ne le lui avait pas permis; et, qu'à dater du lendemain, des bulletins officiels donneraient au public des nouvelles de la santé du roi.

Premier bulletin.

Aux Tuileries, le 12 septembre 1824, six heures du matin.

Les infirmités anciennes et permanentes du roi ayant augmenté sensiblement depuis quelques jours, sa santé a paru profondément altérée; et est devenue l'objet de consultations plus fréquentes : la constitution de sa majesté et les soins qui lui sont donnés ont entretenu pendant plusieurs jours l'espérance de voir sa santé se rétablir dans son état habituel ; mais on ne peut se dissimuler aujourd'hui que ses forces n'aient considérablement diminué, et que l'espoir qu'on avait conçu ne doive s'affaiblir.

Signé, PORTAL, ALIBERT.

Cet acte officiel ne laissait guère lieu d'espérer pour le roi le retour à la santé. Les mesures que prit le ministère n'étaient que de tristes preuves que toute espérance était détruite. Deux arrêtés, l'un du ministre de l'intérieur, qui ordonnait la fermeture des spectacles, l'autre du ministre des finances, qui prescrivait que la Bourse serait fermée jusqu'à ordre contraire, prouvaient l'imminence du danger par la nature et la gravité des mesures prises dans l'intérêt de l'ordre et de la décence publique.

La religion fut invoquée, et des prières unanimes demandèrent au ciel la santé du roi qu'il nous avait donné dans sa bonté. Les temples suffisaient à peine à la foule empressée. Les citoyens de toutes les classes rivalisèrent dans leurs témoignages de dévoûment pour la personne sacrée du prince.

Du moment que la maladie du roi fut connue

par les bulletins officiels, par les arrêtés des ministres, par les nouvelles particulières qu'on recherchait avidement, une affluence immense de peuple remplit la cour et le jardin des Tuileries. Chacun semblait craindre pour les jours d'un père : jamais douleur plus vraie ne prit un caractère plus religieux, plus solennel. Ce spectacle attendrissant a prouvé que le peuple français était heureux, et savait par sa reconnaissance apprécier les soins du monarque auguste auquel il devait son bonheur.

Dès le 12 septembre, Louis XVIII avait fait appeler son confesseur. Les douleurs qu'il ressentait étaient si vives, qu'il voulut approcher du sacrement qui donne à la faiblesse *le pain des forts*. La piété du roi fut celle d'un fils de saint Louis, qui regarde comme le premier de ses titres celui de fils aîné de l'église, de roi très-chrétien. Tout le monde était consterné autour du lit du monarque; lui seul était calme; tous souffraient de sa douleur; lui seul y semblait étranger; sa résignation fut entière, la philosophie l'eût citée comme son triomphe, si la religion, qui seule l'inspirait, n'en avait pas revendiqué l'honneur. (1) Le 12, au matin, sa majesté

---

(1) Le dimanche, 12 septembre, le premier jour où le roi s'alita, on lui fit pressentir son danger par une per-

voulut une seconde fois s'approcher du tribunal de la pénitence, demanda de nouveau son confesseur, et dit au grand-aumônier : *Je me sens assez de force; que tout se prépare.* Ce fut alors que Monsieur, son auguste frère, s'étant approché, il lui adressa ces paroles mémorables : « Allez, mon frère; vous avez des affaires qui vous réclament; moi, j'ai des devoirs à remplir (1). »

Le saint-viatique fut apporté au roi mourant par M. le prince de Croï, grand-aumônier de France, accompagné du premier aumônier, de M. le curé de Saint-Germain-l'Auxerrois, et d'un grand nombre d'ecclésiastiques. Céré-

---

sonne qu'il affectionnait, et la nécessité où il se trouvait de hâter la réception du saint-viatique. Ce prince, héroïque dans cette circonstance, comme il l'a toujours été dans tous les momens où un courage personnel a pu le distinguer, répondit : « Je connais mon état; j'en suis les variations; je connais aussi le cérémonial; dès que j'aurai reçu les sacremens, les affaires et les plaisirs seront suspendus; il n'est pas encore temps, et j'avertirai. »

(1) Cette patience, cette force au milieu des douleurs les plus aiguës, sont un des traits caractéristiques de la maladie de Louis XVIII. Quelque temps avant la fatale époque que nous décrivons, MM. Portal et Alibert, ses médecins, priaient le roi de se coucher, de prendre soin de sa santé, de discontinuer ses travaux de cabinet : « Mes chers docteurs, leur dit-il en souriant, un roi peut mourir; mais il ne doit jamais être malade. »

monie toujours imposante, quelle majesté n'acquiert-elle pas dans ce moment solennel! Le cortége imposant qui entoure le saint-sacrement laisse dans l'âme une émotion que les mots ne sauraient rendre; elle est partagée par ce frère *bien-aimé*, qui fera régner la Justice sur le trône, et qui dira à la Piété et à la Force de s'asseoir à ses côtés ; elle est partagée par ces pieuses princesses, dont la foi est si vive, qu'elles *voient ce que les autres chrétiens sont appelés à croire;* elle est partagée par tous les témoins. Le saint enthousiasme franchit même les murs du palais des Tuileries; et dans les cours et dans tous les jardins, par un mouvement spontané, la foule qui les remplit au moment de la communion du prince, s'agenouille et prie pour la conservation de son roi.

Ce jour même le roi dit à sa famille : « Je vous fais mes adieux. Je veux vous bénir avant de vous quitter. » Il tira ses mains de son lit, et les bénit.

Dieu de Jacob, qui as ratifié ce que le saint patriarche avait prédit, tu as entendu les vœux de ce roi mourant ; daigne les réaliser dans ta bonté ! ouvre tes mains, et laisse échapper sur sa famille les grâces dont tu te plais à combler ceux qui t'aiment !

Le même jour, sa majesté voulut voir les enfans de France, pour lesquels il trouva encore une bénédiction.

Cependant la maladie continuait à faire des progrès ; et les sixième et septième bulletins firent connaître l'état désespéré du monarque. A mesure que son danger augmente, la religieuse tendresse des Français semble s'accroître ; le monarque conserve seul du calme ; il attend la mort avec la force d'une âme pure, et la résignation du chrétien. Les prières des agonisans sont prononcées ; le roi les suit, et on voit, au murmure de ses lèvres, qu'il y répond. Le prince écoute avec un saint recueillement la prière si touchante de la recommandation de l'âme. Ces mots : *Partez, âme chrétienne, volez vers le Dieu qui vous attend*, lui inspirent une douce joie ; on voit que c'est le vœu qu'il forme ; c'est celui d'un chrétien.

Pendant les quatre jours que dura la maladie, la foule ne discontinuait pas d'errer inquiète autour du château. *Paris*, a dit M. Richard dans la relation qu'il a publiée de la mort du prince, *était une immense famille tremblante pour un père adoré*. Toutes les affaires furent suspendues, les fêtes interrompues ; jamais la douleur ne fut plus universelle, ne fut manifestée d'une manière plus touchante.

On cite du roi deux mots, bien précieux parce qu'ils peignent une âme forte au moment *où les forces défaillent*, dit Montaigne. Louis apprend avec un grand plaisir qu'un concours immense de peuple attendait avec anxiété des nouvelles de son état. *J'ai donc fait quelque bien !* dit-il, d'une voix mourante. Craint-on de parler devant lui des dangers de son état : *Rassurez-vous ; il n'y a que les mauvais rois qui craignent de mourir; n'ayez pas peur de m'effrayer*, dit-il.

La journée du 15 septembre se passa dans les transes, les angoisses les plus vives. Les souffrances du roi étaient toujours extrêmes. La gangrène faisait des progrès. Le pouls s'affaissait. Une crise violente, dont les symptômes étaient tels, qu'on le crut mort, se termina par un réveil inespéré. Pour cette fois encore la constitution physique a triomphé; sa voix est éteinte; c'est avec peine qu'on l'entend prononcer par intervalles quelques mots plaintifs : *Mon Dieu, mon Dieu, ayez pitié de moi*. A la suite de cette crise, la poitrine s'embarrasse; il perd entièrement la parole; le mouvement des lèvres cesse. Plongée dans une affliction mortelle, toute la famille royale entoure le lit de douleur. Les onzième et douzième bulletins annoncent que l'affaiblissement des fonctions vitales va toujours croissant. Des bulletins, d'heure en heure plus sinistres, ne font qu'augmenter la consternation en diminuant l'espérance.

A 9 heures du soir, la respiration devient râleuse; à onze heures, les médecins déclarent que le roi n'a plus que quelques heures à vivre. Tout annonce ce moment fatal. A minuit, le roi perd la connaissance. A trois heures, le matin, jeudi 16, son œil est terne ; les convulsions violentes de l'agonie présagent sa fin prochaine. A quatre heures, le roi a cessé de vivre ; et c'est sur Charles X que désormais reposent les espérances et les destinées de la France. Le roi est mort. Vive le roi !

Nous avons tous été témoins de ce spectacle douloureux. La tombe va recueillir les restes du prince qui a été enlevé à l'amour des Français. *La reconnaissance est la vertu qui va au delà du tombeau* (1); et la nôtre est aussi forte qu'elle est méritée.

Louis XVIII fut un des princes de l'époque actuelle, qui, soit par son instruction personnelle, soit par l'art avec lequel il sut ménager les événemens, mérite le plus d'exercer les pinceaux de l'histoire. Quand elle le présentera arrivant à l'exercice du pouvoir dans des temps difficiles, orageux, entouré d'opinions opposées, luttant au milieu de ces obstacles, avec cette adresse qui sert au nautonier à éviter un écueil, avec

---

(1) Madame de Staël.

cette supériorité de jugement qui permet de voir le moyen de défense comparé à l'attaque; quand elle dira dans quel temps il a vécu, avec quels hommes, elle pourra peut-être faire la part à la fortune qui l'a favorisé; mais elle ne pourra s'empêcher de reconnaître aussi l'habileté du prince, qui, avec des élémens si disparates, a pu gouverner paisiblement, maîtriser le hasard, en combiner les chances, les faire tourner au profit du pouvoir. On répétera de Louis XVIII ce qu'on a dit de Charles V : *Il est capable de saisir l'occasion.* Charles V, qui mit ce conseil en pratique, disait à son fils, « Calez la voile dans » la tempête; ne vous hasardez pas aux coups » violens du destin; laissez passer, jetez-vous à » quartier, et attendez. »

L'exactitude est la politesse des rois, disait Louis XVIII; *le roi a failli attendre*, disait Louis XIV, ne trouvant pas ses gardes arrivés avant lui, sont des phrases qui peignent les deux rois qui ont su le mieux faire usage du temps, et en ménager l'emploi. L'un veut en profiter, l'autre lui commande.

Si du caractère du prince nous passons aux résultats de son règne, la religion lui doit l'éclat et les ornemens de ses autels; il a fait pour elle tout ce qu'on pouvait attendre d'un descendant de saint Louis, d'un prince qui sait que les rois règnent par Dieu, et pour établir son règne. Le nouveau concordat passé avec le saint siège a rapproché les brebis des pasteurs, a ramené la paix dans l'église et préparé les succès qu'on peut attendre d'un clergé pieux et instruit. L'état a été affermi par des lois sages qui, conciliant les intérêts des sujets avec les règles du bon ordre, ont, pour ainsi dire, ranimé toutes les classes de la société. Malgré la difficulté des temps, malgré les charges énormes par lesquelles il a fallu réparer le malheur de deux invasions, les finances ont été tellement réglées, que le fardeau de la dette a disparu, et qu'elles reposent aujourd'hui sur les bases d'un véritable crédit. L'armée créée, disciplinée, rendue heureuse depuis ses victoires, surtout, eût été avec un autre peuple que des Français, un problème d'une solution impossible. La prudence dans la composition de l'armée a préparé à l'autorité des moyens de force qui sont aujourd'hui l'orgueil et l'espérance de tous les amis de leur pays. Si dans l'administration des affaires étrangères nous ne voyons pas de ces traités remarquables qui, pour un quart de siècle, semblent dominer la destinée de l'Europe, la paix ménagée, conservée de toutes parts, prouve que les ressorts d'une politique secrète, basée sur la prudence et la justice, nous ont valu ces bienfaits, nous ont assuré notre position comme nation, grande et forte.

Le domaine des beaux-arts n'a rien perdu de son éclat ; celui des arts industriels s'est agrandi ; les voies du commerce sont ouvertes de toutes parts ; l'agriculture, pour une nation moins active, ferait redouter ses succès. La France traversée par des routes nouvelles, coupée dans tous les sens, par des canaux qui la vivifient, enrichie de monumens qui s'élèvent de toutes parts, voilà les bienfaits que nous devons aux dix années pendant lesquelles Louis XVIII a été le maître de nos destinées.

TESTAMENS.

INTRODUCTION.

Les testamens, bien plus encore que tous les autres actes de la vie civile, peignent les mœurs et l'esprit de l'époque dans laquelle ils ont été faits; ainsi dans les testamens de nos premiers rois nous retrouvons des legs pieux consacrés aux églises et aux hôpitaux ; car c'est surtout dans leurs derniers momens que les mourans, dans l'impuissance de racheter les torts de leur vie, se pénètrent plus fortement de la sainte maxime de Tobie : *l'Aumône efface les péchés*. Ils sont pleins, dit un chroniqueur, des *consciences droites des rois et reines*.

Charlemagne fit un testament dans lequel il fit plusieurs legs en faveur des églises, il régla les limites de son domaine, fit le partage de son vaste empire entre ses fils, destina l'empire et le royaume de France à Charles. Le père prévoyant donna les plus sages conseils à ses enfans pour le maintien de la paix entre eux. Cependant, dans la crainte que la désunion ne vienne troubler l'harmonie, il leur défend de se livrer bataille ni de s'appeler en duel, leur ordonnant au contraire de s'en rapporter au jugement de Dieu (1).

Le religieux monarque recommande à ses fils de protéger l'église de saint Pierre, leur disant qu'il devait obéissance au pape pour le spirituel, comme ses sujets lui devaient obéissance. Ce fut dans un parlement, qu'il avait assemblé à Thionville, que Charlemagne fit son testament en présence de sa cour et des trois princes ses fils ; il fut signé par tous les seigneurs présents, et par le pape. On ne voit plus de testament, avant Louis le Jeune, qui légua cinq cents livres à l'église de Senlis, pour dégâts faits pendant son règne.

Le testament de Philippe Auguste, fait en 1222, à Saint-Germain en Laye, contient plusieurs dispositions. Par la première il donne dix mille livres à sa femme, la reine Isabeau, dix autres mille livres à son fils puîné, deux mille livres aux gens de sa maison ; enfin il veut que l'on prenne cent cinquante mille marcs d'argent pour aller au secours des croisés. Il y a beaucoup

---

(1) Dans cette circonstance les deux champions se tenaient debout, les bras élevés en forme de croix, pendant tout l'office divin. Celui qui restait le plus long-temps immobile avait gain de cause.

plus de détails dans le testament de Louis VIII. Il institue son fils aîné, depuis saint Louis, son successeur au royaume, donne des apanages à ses trois autres enfans, et, par une disposition singulière, déclare que si la reine vient à accoucher après sa mort, les enfans posthumes seront destinés à l'église. Il est le premier des rois qui déclare qu'à défaut d'héritiers mâles, les apanages retourneront à la couronne. Il lègue ensuite de fortes sommes à la reine, à sa fille, aux hôpitaux, aux abbayes, à ses serviteurs; enfin dix mille livres sont consacrées pour marier les filles ou les femmes veuves. Saint Louis, outre son testament, que nous rapportons, et qui contient des préceptes pour son fils, avait ordonné, par un premier testament, des dispositions en faveur de Marguerite de Provence, sa femme, de madame Agnès de France, sa fille, et déclare que si la vente de ses meubles ne suffit pas pour les payer, il entend qu'on vende de ses bois en quantité suffisante pour subvenir aux frais; et, outre ces deux pièces, on trouve un codicille par lequel il donne à son fils aîné tout ce qu'il a emporté pour le voyage de Tunis. Philippe III, outre des legs pieux consignés dans trois testamens, ordonne que quarante mille livres seront destinés à une croisade, et que dix chevaliers gentilshommes seront entretenus aux frais du royaume dans la Terre-Sainte. Philippe le Bel écrivit trois lettres en forme de testament, fit un codicille et deux autres petits testamens qui ne contiennent que des legs pieux, excepté la disposition par laquelle il veut qu'on donne seize mille marcs d'argent aux voisins de ses forêts, pour les dédommager des dégâts occasionés par les bêtes rousses et noires.

Louis le Hutin, son fils, consentit à déléguer le revenu de plusieurs provinces jusqu'à ce que les legs de son père fussent remplis. Louis le Hutin fit, en 1316, un testament en faveur de sa femme et de ses enfans; les hôpitaux n'y furent point oubliés: entre les legs qu'il fit, on en trouve un de dix milles livres en faveur des enfans d'Enguerrand de Marigni, *par la grande infortune qui leur est survenue de la condamnation de leur père.* Le testament de Philippe le Long n'offre aucun intérêt, ainsi que celui de Charles le Bel.

Le testament de Philippe de Valois, fait en 1339, fixe sa sépulture à Saint-Denis, consacre plusieurs legs pieux, entre autres les revenus des décimes pour la Terre-Sainte; il donne à ses sommeliers et valets sa garde-robe et habits, à la discrétion des chambellans; veut que ses joyaux et pierreries restent à sa femme; que son testament vaille nonobstant droit escrit, n'y estant sujet. Il renouvela par un second acte le premier. Le roi Jean fit son testament en Angleterre, mais il n'y a aucune disposition remarquable. Le testament de Charles V ordonne qu'il sera inhumé à Saint-Denis, que son cœur sera porté à l'église de Rouen et ses entrailles à Saint-Denis. Il confirme ses ordonnances pour la majorité des rois et les apanages des princes; d'ailleurs il désigne les exécuteurs testamentaires parmi les premiers seigneurs de France.

Le testament de Charles VI présente un legs de 300 livres données à l'église de Saint-Denis, pour aider, par messes et prières, l'âme du connétable Duguesclin.

Depuis Charles VI jusqu'à Louis XIII, on ne trouve plus de détails d'aucun testament; en effet, Charles VII savait que son fils n'exécuterait pas le sien. Louis XI était trop défiant pour permettre qu'on crût à sa mort. L'accident qui termina la vie de Charles VIII, ne lui permit pas de dicter ses volontés. La vie de Louis XII entière était un legs en faveur de la France. François Ier se contenta de donner de vive voix des conseils et des ordres; il donna avant sa mort quelques présens. Henri II était trop sous la dépendance de Catherine de Médicis, pour avoir une volonté; la mort malheureuse des trois fils de Henri II présente la même observation que pour les rois précédens. Enfin notre Henri IV, qui eût laissé briller la bonté de son cœur et la grandeur de son âme dans chacune des dispositions de son testament, n'eut pas le loisir d'en faire. Nous serions donc conduits naturellement à parler de celui de Louis XIII, si déjà nous ne l'avions fait, en rendant compte de ses derniers instans. Le testament de Louis XIV réglait la conduite que l'on devait tenir pendant le temps de la régence, en même temps qu'il laissait au duc d'Orléans le droit d'en être le chef; il établissait le duc du Maine comme surintendant de l'éducation du roi mineur. Il donnait ordre que le conseil de régence fût préalablement écouté dans toutes les décisions importantes. Quelque absolu que fût Louis XIV, quoi qu'il eût pris le soin d'envoyer son testament un an, jour pour jour, avant sa mort, il ne se dissimulait pas le sort qui l'attendait, et que le premier acte du parlement serait d'annuler l'expression de sa volonté.

Nous n'avons plus maintenant qu'à donner les textes des testamens de Saint-Louis, de Philippe le Bel, de Louis XVI; vouloir joindre à ce dernier des réflexions, serait méconnaître la sublimité du courage du prince qui, mourant comme Dieu est mort, laissa après lui un testament qu'on pourrait appeler l'Évangile du pardon.

TESTAMENT
DE SAINT LOUIS.

« Beau fils, la première chose que je te recommande à garder, est d'aimer Dieu de tout ton cœur, et de désirer plutôt souffrir toutes manières de tourmens, que de pécher mortellement. Si Dieu t'envoie adversité, souffre-le en bonne grâce, et pense que tu l'as bien desservi (mérité). S'il te donne prospérité, n'en sois pas pire par orgueil; car on ne doit pas guerroyer Dieu de ses dons. Va souvent à confesse; surtout élis un confesseur idoine et prudhomme (habile), qui puisse t'enseigner sûrement ce que tu dois faire ou éviter; ferme, qui ose te reprendre de ton mal, et montrer tes défauts. Écoute le service de sainte église dévotement, de cœur et de bouche, sans bouder ni truffer avec autrui (sans causer ni regarder çà et là); entends volontiers les sermons en apert et en privé (en public et en particulier).

» Aime tout bien; hais toute prévarication en quoi que ce soit; prends bien garde d'avoir dans ta société des hommes qui ne soient pas pleins de convoitise, soit gens de religion, d'église ou séculiers; exclus de ta familiarité tout homme capable de dire de mauvaises choses d'autrui derrière, devant, ou par détraction; prends garde de dire vilainie de Dieu, de sa digne mère ou des saints; ne souffre pas qu'on manque à ton honneur, en disant des paroles qui commencent à émouvoir à pécher ; aime la vérité ; enquiers-toi d'elle, beau cher fils, sans tourner, ni à dextre, ni à senestre : sois pour toujours pour elle, encontre-toi. Ainsi jugeront tes conseillers plus hardiment selon droiture et selon justice. Veille sur tes baillis, prevôts et autres juges, et t'informe souvent d'eux, afin que si chose y a en eux à reprendre, tu le fasses. Que ton cœur soit doux et piteux aux pauvres : fais-leur droit comme aux riches. A tes serviteurs sois loyal, libéral, et raide de parole, à ce qu'ils te craignent et aiment comme leur maître. Protége, aime, honore toutes gens d'église, et garde bien qu'on ne leur tolisse (enlève.) leurs revenus, dons et aumônes, que tes anciens et devanciers leur ont laissés. N'oublie jamais le mot du roi Philippe, mon aïeul, qui, pressé de réprimer les torts et forfaits qu'ils lui faisaient, répondit : Quand je regarde les honneurs et courtoisies que Dieu m'a faits, je pense qu'il vaut mieux laisser mon droit aller, qu'à sainte Église susciter contens (procès). »

Il lui recommande de connaître tous les droits qui relèvent directement de sa couronne, de ses régales, et de ne pas souffrir que personne empiète sur sa juridiction temporelle ; les préceptes qu'il lui donne d'aimer ses sujets comme ses enfans, de les protéger comme ses amis, sont dignes de ce grand roi.

« Garde-toi, beau cher fils, de trop grandes convoitises ; ne boute pas sur tes peuples trop grandes tailles ni subsides, si ce n'est par grande nécessité, pour ton royaume défendre : alors même, travaille, toi, à procurer que la dépense de ta maison soit raisonnable et selon mesure. Observe les bonnes coutumes, corrige les mauvaises. Regarde en toute diligence comment les gens vivent en paix dessous toi, par spécial ès bonnes ~~villes~~ et cités ; maintiens les franchises et libertés esquelles tes anciens les ont gardées : plus elles seront riches et puissantes, plus tes ennemis et adversaires douteront de t'assaillir, et de méprendre envers toi, spécialement tes pareils et les barons. Que ton premier soin soit d'éviter d'émouvoir guerre contre chrétien, sans grand conseil (qu'après une heure de délibération), et qu'autrement tu n'y puisses obvier. Si nécessité y a, garde les gens d'église, et ceux qui en rien ne t'auront méfait, (qui n'auront de part à la guerre que par leur malheur). »

Il finit par ces tendres paroles :

« Je te supplie, mon cher enfant, que en ma fin tu aies de moi souvenance, et de ma pauvre âme, et me secoures par messes, oraisons, prières, aumônes et bienfaits partout ton royaume. Je te donne toutes les bénédictions que bon père et preux peut donner à son cher fils. Que le seigneur te garde et défende de tout mal ! »

TESTAMENT
DE PHILIPPE LE BEL.

« Mon fils, je vous parle devant tous ceux qui vous aiment, et dont le devoir est de vous servir ; faites-vous chérir de tous ceux à qui vous commandez ; sans cela vous auriez et la malédiction de Dieu et la mienne.

» Premièrement, aimez Dieu, craignez-le, respectez l'Église, soyez en le protecteur, le défenseur, soutenez votre foi ; soyez un champion invincible du Ciel ; ne vous lassez pas de faire le bien ; ayez des mœurs sages et réglées ; ne vous montrez pas comme un fanfaron, un jongleur ; *faites tant que, par vous et votre gouvernement, il apparaisse que vous êtes fils de roi et roi des Français.* »

Il répéta plusieurs fois :

« *Pesez, oui, pesez ce que c'est qu'être roi des Français ;* et alors montrez-vous tel que Dieu soit glorifié en vous, et vos sujets consolés par la certitude d'avoir un bon roi ; appliquez-vous à l'administration ; gouvernez par le conseil de mes frères, vous ferez toujours bien ; après vous serez sacré à Reims : souvenez-vous que vous serez roi de France, et honorez en vous même la dignité royale. »

Le prince, son fils, fut ému de ce discours, pleura, embrassa son père, et lui demanda sa bénédiction.

TESTAMENT
DE LOUIS XVI.

« Au nom de la Très-Sainte Trinité, du Père, du Fils et du Saint-Esprit, aujourd'hui, vingt-cinquième jour de décembre 1792, moi, Louis seizième du nom, roi de France, étant depuis plus de quatre mois enfermé, avec ma famille, dans la tour du Temple de Paris, par ceux qui étaient mes sujets, et privé de toutes communications quelconques, même depuis le 19 du courant, avec ma famille; de plus, impliqué dans un procès dont il est impossible de prévoir l'issue, à cause des passions des hommes, et dont on ne trouve aucun prétexte ni moyen dans aucune loi existante; n'ayant que Dieu pour témoin de mes pensées, et auquel je puisse m'adresser.

» Je déclare ici, en sa présence, mes dernières volontés et mes sentimens.

» Je laisse mon âme à Dieu mon créateur; je le prie de la recevoir dans sa miséricorde, de ne pas la juger d'après ses mérites, mais par ceux de N. S. Jésus-Christ, qui s'est offert en sacrifice à Dieu son père pour nous autres hommes, quelque endurcis que nous fussions, et moi le premier.

» Je meurs dans l'union de notre sainte mère l'Église catholique, apostolique et romaine, qui tient ses pouvoirs, par une succession non interrompue, de saint Pierre, auquel Jésus-Christ les a confiés ; je crois fermement, et je confesse tout ce qui est contenu dans le symbole et les commandemens de Dieu et de l'Église ; les sacremens et les mystères, tels que l'Église catholique les enseigne et les a toujours enseignés ; je n'ai jamais prétendu me rendre juge dans les différentes manières d'expliquer les dogmes qui déchirent l'Église de Jésus-Christ; mais je m'en suis rapporté, et je m'en rapporterai toujours, si Dieu m'accorde la vie, aux décisions que les supérieurs ecclésiastiques, unis à la sainte Église catholique, donnent et donneront conformément à la discipline de l'Église, suivie depuis Jésus-Christ.

» Je plains de tout mon cœur nos frères qui peuvent être dans l'erreur, mais je ne prétends pas les juger, et je ne les aime pas moins en Jésus-Christ, suivant ce que la charité chrétienne nous enseigne, et je prie Dieu de me pardonner tous mes péchés ; j'ai cherché à les connaître scrupuleusement, à les détester, et à m'humilier en sa présence. Ne pouvant me servir du ministère d'un prêtre catholique, je prie Dieu de recevoir la confession que je lui en eusse faite, et surtout le repentir profond que j'ai d'avoir mis mon nom (quoique cela fût contre ma volonté) à des actes qui peuvent être contraires à la discipline et à la croyance de l'Église catholique, à laquelle je suis toujours resté sincèrement uni de cœur. Je prie Dieu de recevoir la ferme résolution où je suis, s'il m'accorde la vie, de me servir, aussitôt que je le pourrai, du ministère d'un prêtre catholique pour m'accuser de tous mes péchés et recevoir le sacrement de pénitence.

» Je prie tous ceux que je pourrais avoir offensés par inadvertance (car je ne me rappelle pas d'avoir fait sciemment aucune offense à personne), ou ceux à qui j'aurais pu avoir donné de mauvais exemples ou des scandales, de me pardonner le mal qu'ils croient que je peux leur avoir fait.

» Je prie tous ceux qui ont de la charité d'unir leurs prières aux miennes, pour obtenir de Dieu le pardon de mes péchés.

» Je pardonne de tout mon cœur à ceux qui se sont faits mes ennemis sans que je leur en aie donné aucun sujet, et je prie Dieu de leur pardonner, de même que ceux qui, par un faux zèle ou par un zèle mal entendu, m'ont fait beaucoup de mal.

» Je recommande à Dieu ma femme et mes enfans, ma sœur, mes tantes, mes frères, et tous ceux qui me sont attachés par les liens du sang ou par quelque autre manière que ce puisse être; je prie Dieu particulièrement de jeter des yeux de miséricorde sur ma femme, mes enfans et ma sœur, qui souffrent depuis long-temps avec moi; de les soutenir par sa grâce, s'ils viennent à me perdre, et tant qu'ils resteront dans ce monde périssable.

» Je recommande mes enfans à ma femme; je n'ai jamais douté de sa tendresse maternelle pour eux; je lui recommande surtout d'en faire de bons chrétiens et d'honnêtes hommes; de ne leur faire regarder les grandeurs de ce monde-ci (s'ils sont condamnés à les éprouver); que, comme des biens dangereux et périssables, et de tourner leurs regards vers la seule gloire solide et durable de l'éternité ; je prie ma sœur de vouloir bien continuer sa tendresse à mes enfans, et de leur tenir lieu de mère, s'ils avaient le malheur de perdre la leur.

» Je prie ma femme de me pardonner tous les maux qu'elle souffre pour moi, les chagrins que je pourrais lui avoir donnés dans le cours de notre union ; comme elle peut être sûre que je ne garde rien contre elle, si elle croyait avoir quelque chose à se reprocher.

» Je recommande bien vivement à mes enfans, après ce qu'ils doivent à Dieu, qui doit marcher avant tout, de rester toujours unis entre eux, soumis et obéissans à leur mère, et reconnaissans de tous les soins et les peines qu'elle se donne pour eux et en mémoire de moi ; je les prie de regarder ma sœur comme une seconde mère.

» Je recommande à mon fils, s'il avait le malheur de devenir roi, de songer qu'il se doit tout entier au bonheur de ses concitoyens ; qu'il doit oublier toute haine et tout ressentiment, et nommément tout ce qui a rapport aux malheurs et aux chagrins que j'éprouve ; qu'il ne peut faire le bonheur des peuples qu'en régnant suivant les lois ; mais en même temps qu'un roi ne peut se faire respecter et faire le bien qui est dans son cœur, qu'autant qu'il a l'autorité nécessaire ; et qu'autrement, étant lié dans ses opérations, et n'inspirant point de respect, il est plus nuisible qu'utile.

» Je recommande à mon fils d'avoir soin de toutes les personnes qui m'étaient attachées, autant que les circonstances où il se trouvera lui en donneront les facultés ; de songer que c'est une dette sacrée que j'ai contractée envers les enfans ou les parens de ceux qui ont péri pour moi, et ensuite de ceux qui sont malheureux pour moi. Je sais qu'il y a plusieurs personnes de celles qui me sont attachées, qui ne se sont pas conduites envers moi comme elles le devaient, et qui ont même montré de l'ingratitude; mais je leur pardonne (souvent dans les momens de trouble et d'effervescence, on n'est pas maître de soi), et je prie mon fils, s'il en trouve l'occasion, de ne songer qu'à leur malheur.

» Je voudrais pouvoir témoigner ici ma reconnaissance à ceux qui m'ont montré un véritable attachement et désintéressement : d'un côté, si j'étais sensiblement touché de l'ingratitude et de la déloyauté de ceux à qui je n'avais jamais témoigné que des bontés, à eux, à leurs parens ou amis ; de l'autre, j'ai eu de la consolation à voir l'attachement et l'intérêt gratuits que beaucoup de personnes m'ont montrés; je les prie de recevoir mes remercîmens.

» Dans la situation où sont encore les choses, je craindrais de les compromettre si je parlais plus explicitement ; mais je recommande spécialement à mon fils de chercher les occasions de pouvoir les reconnaître.

» Je croirais calomnier cependant les sentimens de la nation, si je ne recommandais ouvertement à mon fils MM. de Chamilly et Hue, que leur véritable attachement pour moi avait portés à s'enfermer avec moi dans ce triste séjour, et qui ont pensé en être les malheureuses victimes. Je lui recommande aussi Cléry, des soins duquel j'ai eu tout lieu de me louer, depuis qu'il est avec moi. Comme c'est lui qui est resté avec moi jusqu'à la fin, je prie MM. de la Commune de lui remettre mes hardes, mes livres, ma montre, ma bourse, et les autres petits effets qui ont été déposés au conseil de la Commune.

» Je pardonne encore très-volontiers à ceux qui me gardaient, les mauvais traitemens et les gênes dont ils ont cru devoir user envers moi. J'ai trouvé quelques âmes sensibles et compatissantes ; que celles-là jouissent dans leur cœur de la tranquillité que doit leur donner leur façon de penser.

» Je prie MM. de Malesherbes, Tronchet et de Sèze, de recevoir ici tous mes remercîmens et l'expression de ma sensibilité pour tous les soins et les peines qu'ils se sont donnés pour moi.

» Je finis, en déclarant devant Dieu, et prêt à paraître devant lui, que je ne me reproche aucun des crimes qui sont avancés contre moi.

» Fait double, à la tour du Temple, le 25 décembre 1792.

Signé Louis. »

RECHERCHES HISTORIQUES
SUR LES DERNIERS JOURS
DES ROIS DE FRANCE.

SECONDE PARTIE.

EMBAUMÉMENS.

L'homme ne meurt pas tout entier : c'est une croyance universelle dont la preuve la plus directe se peut tirer du soin employé par tous les peuples de la terre pour la conservation des restes de leurs morts; partout se trouve la religion des morts, le culte des tombeaux. Plus que les peuples civilisés, ceux-là y sont le plus fidèles, qui, plus près de la nature, ont besoin de sensations qui les persuadent qu'ils se survivent à eux-mêmes; ils trouvent dans ce dogme simple et les élémens de leur courage, et cette pensée salutaire, qu'ils doivent suivre les exemples de vertu de leurs ancêtres, s'ils veulent après la mort en être accueillis.

Les textes sacrés disent en vain à l'orgueilleux : *Abaisse-toi, car tu dois mourir ;* à l'ambitieux : *Poussière, tu retourneras en poussière.* L'ambition et l'orgueil veulent se survivre et défier la destruction. Partout on a cherché à préserver nos derniers restes d'un anéantissement total. Ici le bûcher transforme en cendres, qu'une urne va bientôt recevoir, le corps d'un ami, d'un parent. Là, les ossemens des ancêtres sont sans cesse suspendus devant les yeux de la famille; ils suivent le guerrier aux jours du combat; âme de la victoire, ils sont les témoins sacrés des sermens. Malheur à celui qui se parjurerait en jurant sur eux !

Dans cette contrée lointaine, des monumens gigantesques défient le temps, et des milliers d'hommes, pendant un demi-siècle, ont élevé un mausolée. Les grottes des montagnes recèlent des tombeaux, des fleuves privilégiés les entraînent dans leurs eaux. Dans cette contrée, l'Éden de la terre, des branches flexibles se courbent pour emprunter la forme d'un tombeau et recevoir le corps qui lui est confié. Ainsi, quand tout avertit l'homme de son néant, les soins qu'il prend de se survivre sont une preuve qu'il se croit destiné à vivre au delà du terme de la vie.

En recherchant les diverses méthodes employées pour la conservation des corps morts, le cœur se resserre; une foule de souvenirs assiége l'âme, qui cède aux pensées mélancoliques. Comment faire un pas sans se sentir pressé de s'écrier : « La terre que je foule *a vécu*; l'air que je respire m'apporte le dernier soupir d'un nombre incalculable d'êtres qui ont cessé d'appartenir à la vie. Ah ! puisque la mort est une nécessité, dérobons-lui au moins une partie de son triomphe, en soustrayant à l'anéantissement l'enveloppe matérielle de l'homme ! *Qui mortem evitare non possunt, corporis saltem gaudeant duratione.*

L'embaumement était sans doute une pratique religieuse chez les anciens; le but était la conservation des corps; la méthode a varié suivant les lieux, suivant les temps. Le mot d'embaumement est dû à l'usage du baume, matière qui y était le plus employée. Hérodote nous a laissé de curieux renseignemens sur la manière dont les Égyptiens procédaient à la conservation des corps. C'était chez eux un art pratique dans lequel, comme sur beaucoup d'autres points, ils se sont montrés nos maîtres.

« Il y a, dit cet historien, des hommes en
» Égypte qui font métier d'embaumer les corps.
» Quand on leur apporte un mort, ils montrent
» au porteur des modèles de morts, peints

» sur du bois. Le premier est le plus parfait.
» Le second est inférieur, et ne coûte pas si cher.
» Le troisième est au plus bas prix; ils deman-
» dent ensuite suivant lequel de ces modèles
» on veut que le mort soit accommodé? Après
» qu'on est convenu du modèle et du prix, les
» porteurs se retirent, les embaumeurs travail-
» lent chez eux pour embaumer le corps; et
» voici de quelle manière ils exécutent l'embau-
» mement le plus recherché.

» Premièrement, ils tirent, avec un fer obli-
» que, la cervelle par les narines; ils la tirent
» en partie de cette manière, et en partie par le
» moyen des drogues qu'ils introduisent dans
» la tête; ensuite ils font une incision dans le
» flanc, avec une pierre d'Éthiopie, aiguisée;
» ils tirent par cette ouverture les viscères, ils
» les nettoient et les passent au vin de palmier;
» ils les passent encore dans des aromates
» broyés; ensuite ils remplissent le ventre de
» myrrhe pure broyée, de cannelle et d'autres
» parfums, excepté d'encens, et ils le recousent.
» Ayant fait ces choses, ils salent le corps, en
» le couvrant de natrum, pendant soixante-dix
» jours; il n'est pas permis de saler pendant
» plus de soixante-dix jours. Quand ce terme est
» passé, ils lavent le mort; ils enveloppent tout
» le corps avec des bandes de toile de lin, cou-

» pées et enduites de gomme, dont les Égyp-
» tiens se servent ordinairement en guise de
» colle. Les parens prennent ensuite le corps;
» ils font faire un étui de bois en forme humai-
» ne; ils y renferment le corps; et, l'ayant en-
» fermé sous la clef, ils le mettent dans un ap-
» partement destiné à ces sortes de caisses; ils
» le placent tout droit contre la muraille. C'est
» ainsi qu'ils accommodent les morts, suivant
» la manière la plus chère et la plus magni-
» fique.

» Ceux qui ne veulent point de ces embau-
» memens somptueux, choisissent la seconde
» manière. On embaume leurs corps de la façon
» suivante :

» On remplit des seringues d'une liqueur onc-
» tueuse qu'on a tirée du cèdre; on remplit le
» ventre du mort de cette liqueur, sans lui faire
» incision et sans en tirer les entrailles. Quand
» on a introduit l'extrait de cèdre par le fonde-
» ment, on le bouche pour empêcher que l'in-
» jection ne sorte par cette voie; ensuite on
» sale le corps pendant le temps prescrit. Au
» dernier jour on tire du ventre la liqueur du
» cèdre; cette liqueur a tant de force, qu'elle en-
» traîne avec elle le ventricule, et les entrailles
» consumées ou dissoutes; car le nitre dissout
» les chairs, et il ne reste du corps mort que la

» peau et les os. Quand tout cela est fait, ils
» rendent le corps sans y faire autre chose.

» La troisième manière d'embaumer est celle-
» ci; elle n'est employée que pour les moins
» riches:

» Après les injections par le fondement, on met
» le corps dans le nitre pendant soixante-dix
» jours; et on le rend à ceux qui l'ont apporté. »

Les embaumemens, dit Diodore, pour les gens riches, étaient d'un talent; pour les autres vingt mines. Il y avait dans la cérémonie des embaumemens une circonstance qui respire cette touchante piété que l'antiquité savait attacher à toutes ses cérémonies religieuses. Porphyre dit qu'après avoir extrait les intestins du cadavre, l'un des embaumeurs les présentait aux rayons du soleil, et lui adressait une prière, déclarant que ce corps ne s'était souillé d'aucun crime pendant sa vie, et que si le mort avait commis quelque faute par intempérance ou immodération, il priait les dieux de les imputer aux intestins, qui alors étaient jetés dans le Nil. Toutes les fois qu'une coutume antique est universellement reçue, elle cache un dogme; celui de l'expiation a été la doctrine de toute l'antiquité religieuse.

Les savans modernes qui faisaient partie de l'expédition d'Égypte, et M. P. C. Rouyer, surtout, nous ont laissé quelques renseignemens sur les diverses méthodes d'embaumémens des anciens. C'étaient des inductions tirées des diverses espèces de momies, et de l'état dans lequel ils les ont trouvées.

« En examinant, dit M. Rouyer (1), les mo-
» mies, j'en ai rencontré de deux classes diffé-
» rentes ; les unes avaient une incision au-dessus
» de l'aine d'environ deux pouces, et les autres
» n'en ont pas. L'ouverture était pratiquée dans
» la première espèce de momies pour remplir
» la cavité de matières résineuses et aromati-
» ques. Ce n'était que pour les embaumemens
» recherchés qu'on pratiquait l'incision, parmi
» ces momies ; les unes, et elles ont toutes une
» couleur olivâtre, avaient été desséchées au
» moyen de matières tanno-balsamiques ; les
» autres n'avaient été que salées.

» Les momies qui ont été remplies de bitume
» pur sont rougeâtres ; elles sont presque toutes
» dorées en plusieurs parties de leur corps ; elles
» sont très-reconnaissables, et conservent leurs
» traits.

» Les momies qui ne sont que salées ou pré-
» parées avec du natron, ou sel de soude, ne
» conservent aucuns traits, n'ont pas d'incision

---

(1) Nous abrégeons le récit de ce savant.

» sur le côté ; et les ongles, au lieu d'être dorés,
» sont teints en rouge avec *le henné.* »

Toutes ces momies sont emmaillotées avec un art difficile à imiter ; plus de mille aunes de bandelettes sont croisées dans tous les sens, de manière à s'appliquer les unes sur les autres au nombre de vingt à vingt-cinq d'épaisseur. Elles se multiplient, pour ainsi dire, en faisant d'abord plusieurs circuits autour des membres, ensuite du corps entier. Il paraît que le but que se proposaient les embaumeurs était de diminuer le volume des corps en opérant par le serrement la dessiccation. La tête de toutes les momies est couverte d'une toile carrée dont le centre enduit de vernis, en s'appliquant sur la figure, formait un masque.

On voit que l'art des Égyptiens se réduisait aux opérations suivantes :

1º. Vider les cavités par l'extraction des matières molles, ou les dissoudre à l'aide d'une liqueur caustique.

2º. Enlever par l'action de la soude les parties graisseuses.

3º. Sécher les corps dans une étuve après les avoir lavés.

4º. Les soustraire à l'action de l'air en employant le bitume et les bandelettes de toiles gommées, ou même un enduit de cire.

Chez nous, l'embaumement se pratique, dans l'état actuel de la science, de la manière suivante :

On ouvre les cavités par de grandes incisions, on en tire les viscères, on enlève le cerveau, on fait des lotions à grande eau, ensuite on lave le tout avec des liqueurs astringentes préparées; on plonge les parties dans des dissolutions alcoholiques de sublimé. On vernit en dehors et en dedans pour éviter l'action de l'air; on recoud les tégumens. On enveloppe ensuite le cadavre de toiles gommées.

Dans cette méthode, on voit que, comme dans celle des Égyptiens, on cherche à opérer la dessiccation.

De tous les moyens le plus efficace est celui dû à M. Chaussier, qui a reconnu que la dissolution de sublimé corrosif avait la propriété de conserver les substances animales. C'est l'agent aujourd'hui préféré pour la conservation des corps morts.

On trouve que dans le moyen âge tout l'art des embaumemens consistait dans le mélange d'aromates avec du sel, dont on remplissait les cadavres. En 1135, Henri Ier, roi d'Angleterre, fut embaumé de cette manière. On fit de grandes incisions sur toutes les parties du corps, on saupoudra de sel et on y mêla du baume; ensuite le corps fut cousu et renfermé dans une peau de bœuf, et mis ensuite dans un cercueil ; encore, l'odeur du cadavre fut fatale à l'opérateur ; il en mourut sur-le-champ.

L'emploi du sel dans la conservation des corps des rois, est un point historique hors de toute discussion. Aux obsèques de Charles VIII, les hanouards, ou porteurs de sel de la ville de Paris, élevèrent la prétention de porter le corps du roi mort, comme ils l'avaient fait aux funérailles de Charles VI et de Charles VII, depuis Paris jusqu'à la Croix-Pendante, près Saint-Denis ; mais, nonobstant cette réclamation, il fut décidé que, sans préjudicier à leur droit, le corps serait porté par les gentilshommes de la chambre.

Cet emploi du sel se retrouve encore en 1422. « Le corps de Henri V, roi d'Angleterre, dit Ju-
» vénal des Ursins, fut mis dans un chaudron
» avec du sel, et tellement bouilli, que la chair
» se sépara des os. L'eau fut jetée en un cime-
» tière, et les os et la chair mis dans un coffre
» avec épices et herbes sentant bon. »

On voit à la statue de Louis XII, ainsi qu'à celle d'Anne de Bretagne, son épouse, l'incision faite au côté gauche, et qui avait servi à l'extraction des viscères, et à l'introduction des aromates.

TOMBEAUX

DES ROIS DE FRANCE.

Il y a dans les monumens des anciens une solidité de construction, une magnificence d'exécution, qui semblent cacher cette grande et forte pensée : « Léguons des souvenirs à nos neveux, et que jusque dans nos demeures dernières nos mânes viennent exciter leur émulation, animer leur esprit, leur donner la double leçon de l'exemple et de la reconnaissance pour les bienfaits d'une civilisation qu'ils doivent à nos travaux, à notre amour; qu'ils aient à nous imiter et à nous regretter ! »

Les savans de notre âge sont allés interroger les tombeaux des Égyptiens ; ils ont cru à la foi d'Homère ; et, heureux de leur croyance, ils ont retrouvé sur les rives du Simoïs et du Xante, le tombeau d'Achille, et l'urne qui renfermait les cendres de Patrocle. L'ombre plaintive d'Hector leur a apparu. La fable a pris pour eux le caractère de vérité de l'histoire ; ils ont pu soulever ces immenses boucliers que la faiblesse de notre constitution ne nous permet plus de soulever, et que Nestor disait n'être plus que l'ombre de ceux qui défendaient les contemporains de son premier âge contre le javelot et la lance.

Pendant le même temps de pieuses recherches ont conduit des Français au milieu des montagnes de la Palestine ; des Français ont visité avec une foi religieuse les tombeaux des rois de Juda ; ils ont pu, en réunissant leurs efforts, faire rouler sur ses gonds de pierre le morceau immense de granit qui fermait la caverne creusée dans le roc où repose le corps de David.

Nous n'avons pas imprimé aux monumens qui cachent les dépouilles de nos rois le même cachet de magnificence ; mais leur intérêt historique n'en est pas moindre pour être moins fastueux ; ces monumens de l'art ne sont pas moins précieux à notre souvenir.

L'histoire de France a occupé sur cette matière la sagacité et la patience de beaucoup de nos savans ; et quand elle a été muette, c'est aux monumens eux-mêmes qu'ils ont eu recours pour en tirer des inductions qui les pussent éclairer. Mabillon a écrit une dissertation sur les anciennes sépultures de nos premiers rois, que nous reproduirons ici en l'abrégeant.

La sépulture des rois de France était fort simple, et presque sans aucune pompe extérieure. Une grande pierre, profondément creusée, et couverte d'une autre en forme de voûte, leur servait de cercueil ; on y mettait leurs corps revêtus d'habits royaux. Il ne paraissait d'ordinaire au dehors ni tombes, ni figures, ni aucune épitaphe. Si on y mettait quelque inscription, elle était gravée ou peinte en dedans sur la pierre qui leur servait de cercueil. On n'a employé que fort tard, c'est-à-dire, sous les enfans de saint Louis, si l'on en excepte un petit nombre, le marbre et le bronze à leurs tombeaux. Les cercueils de plomb même n'ont été en usage que depuis l'an 1250 environ ; on n'en voit pas avant.

Les premiers roi païens avaient des usages bien différens.

Selon les traditions les plus accréditées, Pharamond, le premier de nos rois, a été enterré dans une montagne des Vosges, que les Allemands nomment Franckenberg, et qui, dans le pays, a retenu le nom de Framont. On y trouvait un temple de Mercure où les gens du pays faisaient leurs sacrifices : on y a rencontré un grand nombre d'urnes, qui attestent que dans ce temple on enterrait les morts. Une châsse de l'Abbaye de Senones, un passage cité par Chifflet, l'abrégé d'un ancien historien que nous a laissé Wilhement, nous reproduisent l'ancienne tradition que Pharamond a été inhumé dans ce lieu, à la manière des païens, *more gentilitio*.

La découverte du tombeau de Childéric Ier, faite à Tournai, en 1653, nous laisse quelques lumières sur ce sujet. Après avoir creusé environ sept pieds de terre jusqu'à une espèce de roc, on trouva premièrement une boucle d'or; et, après un autre coup de hoyau, environ cent médailles d'or.

L'ouvrier qui fit cette découverte, quoique sourd et muet de naissance, fit de si grand cris, que plusieurs personnes, tant ecclésiastiques que séculières, accoururent aussitôt pour savoir ce qui avait donné occasion à ce maçon de crier de la sorte. Outre ces cent médailles d'or qui étaient des premiers empereurs romains, on trouva au même lieu environ deux cents médailles d'argent des premiers empereurs, dont quatre étaient percées, mais toutes tellement rouillées, qu'à peine en pouvait-on déchiffrer les caractères.

Ensuite on découvrit un squelette d'une grande personne, et tout auprès un crâne qui paraissait être celui d'un jeune homme. Enfin, après avoir fouillé encore environ cinq pieds, on trouva une épée dont l'acier se réduisit en poudre aussitôt qu'il prit l'air. Le pommeau, avec la garniture du fourreau qui était d'or, était encore tout entier. On y trouva aussi une hache ou francisque, un javelot, un graphium avec son stylet, et des tablettes, le tout garni d'or ; des agrafes et des attaches pareillement d'or ; des filamens aussi d'or, qui étaient des restes d'habits ; une figure en or d'une tête de bœuf, avec quantité d'abeilles, aussi toutes d'or, au nombre de trois cents et plus, et un globe de cristal. Tout le monde fut convaincu que ce tombeau était de quelque personne très-considérable ; mais jusques-là on n'avait aucun indice de qui il pouvait être. Enfin, on trouva un anneau de fin or qui leva toute la difficulté ; l'inscription prouvait qu'il était du roi Childéric. Cet anneau représente un prince assez jeune, sans barbe, avec des cheveux flottants sur les épaules, et un javelot en main, marque de la puissance royale, avec cette inscription autour de l'anneau : *Childerici regis*. Comme l'on trouva aussi au même lieu des fers d'un cheval avec des restes de housses, des boucles et des attaches d'or, on ne douta pas que le crâne qui était auprès du squelette du roi, ne fût celui qui avait soin de son cheval. La figure en or de la tête de bœuf était vraisemblablement celle d'Apis, adoré par les Égyptiens : les abeilles d'or étaient sans doute le symbole de ce prince, et la figure d'Apis, au sentiment de Chifflet, pouvait représenter leur roi.

Depuis Childéric Ier jusqu'à Childéric II,

l'histoire ne nous donne aucuns détails sur les funérailles de nos rois; à peine indique-t-elle le lieu de leur sépulture. La découverte de celle du roi dont nous parlons, eut lieu en 1646, dans l'abbaye de Saint-Germain-des-Prés, lorsqu'on travaillait à l'église. En abaissant les terres, les ouvriers découvrirent deux grands cercueils de pierre, construits à la manière dont on a parlé d'abord ; et ayant ôté la pierre qui les couvrait, ils trouvèrent deux corps, l'un du roi, l'autre de la reine Bilichide, revêtus de leurs habits royaux ; qui n'étaient pas encore entièrement pouris, avec un petit cercueil de pierre, dans lequel sans doute avait été inhumé le petit prince Dagobert leur fils, qui fut tué avec le roi et la reine. Cette découverte se fit en l'absence des religieux : on a lieu de croire que les ouvriers prirent une partie de la dépouille de ces tombeaux. Ils rendirent une partie du diadème tissu d'or, qui avait servi au roi.

On ne toucha point pour lors à ces deux tombeaux ; mais dix ans après, lorsqu'on voulut les transporter au lieu où ils sont maintenant, avec ceux de quelques autres rois inhumés dans la même église, on trouva dans le tombeau du roi les restes de son épée, sa ceinture, et une agrafe de fin or, pesant environ huit onces, toute semblable à celle de Childéric Ier, avec de morceaux d'un bâton, que quelques-uns crurent être du sceptre royal, et un vase de verre rempli de parfum, qui exhalait encore quelque odeur. On y trouva aussi plusieurs pièces d'argent carrées, avec la figure du serpent Amphisbainé, qui était apparemment le symbole de ce prince. Dans le cercueil de la reine on ne rencontra rien autre chose que ses ossemens, avec ses habits, qui furent réduits en poudre, à l'ouverture du cercueil. Enfin après avoir nettoyé le fond de celui du roi, on y découvrit son nom et sa qualité écrits en lettres unciales en cette manière :

CHILDR. REX.

Ce qui ne laissa plus aucun doute que ce ne fût le tombeau de Childéric II, fils de Clovis II, et de la reine sainte Bathilde, dont le cercueil de pierre se voit encore à Chelles, où elle se retira à la mort du roi son mari.

Les Gaulois et les Français de la première race avaient une grande vénération pour les restes des morts. Les plus grandes peines étaient réservées aux violateurs des tombeaux.

La trace des monumens se perd jusqu'à Charlemagne. Le tombeau de ce prince se trouve à Aix-la-Chapelle, où il mourut, âgé de 73 ans, après 47 ans de règne. Son corps fut embaumé et mis sous une voûte, assis sur un siége d'or, revêtu des habits impériaux, et au-dessous d'un cilice qu'il portait ordinairement, ayant à son côté une épée dont le pommeau et la garniture du fourreau étaient d'or, et une bourse de pèlerin qu'il avait coutume de porter lorsqu'il allait à Rome. Il tenait entre ses mains le livre des Évangiles écrit en lettres d'or. Sa tête était ornée d'une chaîne d'or en forme de diadème, dans laquelle était enchâssée une portion de la vraie croix ; et son visage était couvert d'un suaire. Son sceptre et son bouclier, qui étaient tout d'or, et avaient été bénis par le pape Léon III, furent suspendus devant lui.

On ferma ensuite, on scella même son sépulcre, après l'avoir rempli de beaucoup de richesses, *thesauris multis*, et de toutes sortes de parfums; et l'on érigea au-dessus une arcade dorée, avec cette inscription rapportée par Éginard son secrétaire :

Sub hoc conditorio situm est corpus Karoli magni atque orthodoxi imperatoris, qui regnum Francorum nobiliter ampliavit et per annos XLVII *feliciter rexit. Decessit septuagenarius anno Domini;* DCCCXIV, *indictione* VII.V. *Kal. februarias* (1).

---

(1) *Cy gît* le corps de Charles, grand et orthodoxe empereur. Il étendit glorieusement l'empire des Français, et régna heureusement pendant quarante-sept ans. Il mourut septuagénaire, le 28 février 814.

FUNÉRAILLES

DES ROIS DE FRANCE.

Les cérémonies des funérailles des rois ont tellement varié, qu'il serait difficile de pouvoir conclure d'une particularité pour une autre circonstance. Dutillet, dans la naïveté de son langage, rend ainsi cette idée. « La particularité » des cérémonies et façons des exèques n'a certitude, parce qu'aucuns qui ont eu charge des » convois, y ont, par erreur du passé, fait des » changemens, non-seulement ès pompes augmentées et enrichies, qui est de petite importance, mais ès formes anciennes et signifiantes » qui n'eussent pas dû être rompues. » Cependant voici ce qu'on peut recueillir de plus certain.

Dans les premiers temps de la monarchie, les enfans suivaient les convois de leurs pères, les rois ceux de leurs prédécesseurs : on vit les rois Childebert et Clotaire Ier conduire le corps de sainte Clotilde leur mère, depuis Compiègne jusqu'à Saint-Marc de Soissons. Louis le Gros accompagna la pompe funèbre de Philippe Ier son père, depuis Melun où il mourut, jusqu'à Saint-Benoist sur-Loire où il fut inhumé. On vit aux obsèques de Philippe Auguste, Louis VII son fils. Philippe le Hardi porta sur ses épaules les ossemens de son père depuis Notre-Dame jusqu'à Saint-Denis. Charles V assista au convoi du roi Jean. Depuis lors cette coutume des rois d'accompagner à leur dernière demeure les rois leurs prédécesseurs fut délaissée. *Cette coutume d'aller aux exeques*, dit Dutillet, *est remplacée par celle d'aller donner de l'eau bénite sur les corps des défunts.*

Nous donnerons à nos lecteurs une courte description empruntée à un auteur ancien du cérémonial des funérailles des rois avant qu'ils fussent conduits à Saint-Denis. Un extrait des circonstances qui ont eu lieu aux funérailles de nos rois, jusqu'à François Ier; le procès verbal des obsèques de ce prince, avec des notes qui donneront des détails sur les différences que les temps et les circonstances ont apportées.

Aussitôt après la mort du roi on en prend le moule pour obtenir *l'effigie d'après le vif*; cette effigie préparée, on la place dans une salle richement parée; la salle reste garnie de siéges et de plians couverts de drap d'or rayé, comme pour une réception; c'est là que se tiennent les prélats, les évêques, les courtisans et les officiers du service du feu roi, pour accompagner cette effigie; on la tient sur un lit de parade, revêtu d'une couverture de drap d'or frisé traînant jusqu'à terre; cette couverture est garnie d'une riche bordure de deux pieds de largeur, et composée d'hermine; sous cette bordure est, pour la soutenir, une toile de Hollande de la plus grande beauté et qui dépasse d'un pied la bordure.

L'effigie a d'abord une chemise de toile de Hollande, brodée en soie noire aux manches et au collet; elle est revêtue ensuite d'une riche camisole de satin rouge, doublée de taffetas de même couleur, avec un passement d'or. La camisole dépasse, aux jambes et aux bras, une tunique qui la recouvre; ce nouveau vêtement est de satin bleu azuré et semé de fleurs de lis; les bords sont relevés par un passement d'or et d'argent large de quatre doigts. Par dessus enfin est le manteau royal (1) de velours violet, semé de fleurs de lis, doublé de taffetas; le collet du manteau, renversé d'environ un pied, est d'hermine; la même fourrure garnit les paremens et la queue du manteau, qui a cinq aunes de longueur. Au manteau sont attachés les cordons des ordres qui pendent ainsi au cou de l'effigie; sur sa tête se trouve un petit bonnet de velours cramoisi foncé; le tout est surmonté d'une cou-

---

(1) Pour désigner sa couleur, Dutillet a dit : le velours est *violet cramoisi azuré*.

ronne garnie et étincelante de pierreries. Les jambes reçoivent des bottines de toile d'or avec des semelles de satin rouge; la tête de l'effigie repose sur un oreiller de velours rouge cramoisi richement brodé en or. A droite est placé le sceptre du roi; à gauche la main de justice. Un dais forme le ciel du lit. Au chevet du lit, à droite, se trouve une chaise de drap d'or avec un carreau de même étoffe. Au pied du lit, sur deux escabelles sont une croix d'argent et un bénitier aussi d'argent doré. Au deux côtés des escabelles se tiennent sur deux petits siéges, deux hérauts chargés de présenter de l'eau bénite aux princes et à ceux qui sont admis à cet honneur. Au fond de la salle est dressé en face de l'effigie, un autel richement paré. Pendant les huit à dix jours que l'effigie reçoit les honneurs rendus à la mémoire du prince, on fait le service de la table comme si le prince était vivant. Aux heures accoutumées, le dîner et le souper est apporté par les gentilshommes servans; l'huissier marche devant; les officiers du gobelet couvrent la table des mets ordinaires; ils font les révérences et les saluts accoutumés comme du vivant du prince. La table est bénite par un aumônier; les pages, les huissiers, les maîtres-d'hôtels et tous les gens de service vaquent à leurs fonctions pendant à peu près le même temps que durait le repas du roi ; la présentation de la coupe, le changement de services, tout a lieu dans les mêmes intervalles : l'on donne à laver. Le prélat ou l'aumônier de service dit ensuite les grâces ; après quoi il ajoute senlement le *De profundis* et l'oraison pour le repos de l'âme du roi. Après le repas, les vins et les viandes sont tous distribués aux pauvres.

Au bout de huit jours on substitue le corps à l'effigie ; il est placé sur des tréteaux de quatre pieds de haut. Dans son cercueil, il est recouvert d'un poêle de velours noir avec une large croix de satin ; à chaque quartier est placé l'écusson des armes de France ; il y a ensuite et par dessus, une autre poêle de drap d'or avec une croix de satin blanc avec les armes de France ; le bord du dernier poêle est relevé par une bordure de velours violet parsemé de fleurs d'or et garni à l'extrémité d'une bande d'hermine de quatre doigts de large. A la tête du cercueil est un oreiller de drap d'or pour recevoir la couronne du prince ; à droite est son sceptre ; à gauche la main de justice ; aux pieds du cercueil est une croix d'argent doré.

Au bas du cercueil sont la croix, le bénitier et des siéges bas pour les héraults, qui sont revêtus de leurs cottes d'armes. La salle est tendue de noir de tous côtés ; les siéges sont drapés de même couleur ; une barrière ou lice entoure le cercueil ;

deux autels parés sont près l'un de l'autre dans le fond de la salle ; et l'on y dit continuellement des prières pour le repos de l'âme du prince.

Quelques jours avant la levée du corps, le roi son successeur, vêtu de son manteau royal de pourpre, vient auprès du corps. Le premier gentilhomme de la chambre le reçoit ; il se met à genoux, salue et fait sa prière. Un prélat lui présente l'eau bénite, il la donne au corps du défunt, prie de nouveau et se retire. Son manteau appartient aux héraults.

Le procès verbal du convoi de Charles VIII est le premier document où nous trouvons des détails sur les cérémonies de la translation des corps des rois de France. Cette pièce et l'ordre des obsèques de François Ier, prescrit par son fils Henri II, sont les deux titres que Godefroi a insérés dans son cérémonial des funérailles des rois ; mais comme ces deux titres offrent une foule de détails absolument semblables, nous ne rapporterons en son entier que le second, qui nous a paru plus complet que le premier, quoique cependant celui-ci, publié par Pierre d'Urfé, grand-écuyer de France, offre une précision remarquable de rédaction. D'ailleurs il est accompagné d'un ordre de Louis XII, relatif aux obsèques de son successeur, qui reproduit dans ce premier acte de son administration toute la bonté d'âme de ce prince. Nous le rapportons ici.

Le roi Louis XII aux gens des comptes, leur mande de se trouver aux obsèques et enterrement du roi Charles VIII.

DE PAR LE ROI.

13 avril 1498.

« Nos amés et féaux, nous vous auons escript et fait sçauoir par notre amé et féal conseiller et maistre d'hostel ordinaire le sieur de Polisy, nostre vouloir et intention touchant l'obsèque et enterrement du feu *notre très-cher seigneur et frère le roi* que Dieu absoille. Et pour ce que sur toutes choses desirons le dit obsèque et enterrement estre fait au plus grand honneur et solemnité que possible sera, nous vous en auons derechef bien voulu escrire, et vous prions que vous prépariez de recevoir et recueillir au plus grand honneur que faire pourrez le corps au iour qu'il entrera dedans Paris, qui sera le vingt-quatrième iour de ce présent mois d'avril, et pareillement au iour qu'il en sortira, et en ce faisant nous ferez service qui nous sera très-agréable. Donné à Blois le quatorzième iour d'avril. Signé Loys. Et plus bas Boterel. Ensuite est escript : Apporté le vingt-quatrième avril après Pasques, mil quatre cens quatre-vingts dix-huit. Et à l'adresse : A nos amés et féaux les gens de nos comptes à Paris. »

Le procès verbal de la translation du convoi de Charles VIII, qui fut conduit d'Amboise à Notre-Dame-des-Champs, et de là à Saint-Denis est bien détaillé. Le corps fut d'abord conduit à l'église de St.-Florentin, où le cardinal de Guise et un nombreux clergé le reçut et *dirent sur le corps telle oraison qu'il leur plut.* Pendant ce temps le convoi se mit en marche dans l'ordre suivant :

Les huissiers, la verge au poing, pour faire place, ouvraient la marche ; suivaient les trompettes, les hérauts, les sergens à masse, les capitaines des archers, les deux rois d'armes, les maîtres de requêtes (les deux plus anciens) : toute cette partie du cortége précédait le corps ; seize gentilshommes le prirent et suivirent la marche. Le poêle était porté par quatre seigneurs ; à main droite du corps se trouvaient les princes du sang, à la gauche les cardinaux, le célébrant au milieu. Chaque jour avant de *mettre le corps en chemin, deux heures avant se faisait un cri à son de trompe, pour que tous valets portant malles eussent à aller devant, sous peine d'être battus, de ne se trouver au train du corps.*

Le reste de ce procès verbal se rapproche, pour les détails, de celui de François Ier. Cependant on voit quelque différence : d'abord le corps, au lieu d'avoir des bottines couleur cramoisie, les avait en satin bleu fleurdelisé ; le manteau, au lieu d'être violet, était bleu, il était retenu par un *fermillet d'or* (*fermoir*). Les mains de l'effigie étaient gantées, un anneau aux sceaux de l'état se trouvait dans l'un des doigts, les mains étaient posées le long du corps, de manière que la droite était plus élevée que la gauche. On trouve encore une particularité remarquable, c'est l'ensemble des cérémonies observées à Notre-Dame de Paris offert avec beaucoup de détails. Nous allons emprunter pour les reproduire, le texte même de Pierre d'Urfé.

« Et quand le service des vigiles sera dit en l'église Notre-Dame de Paris, messeigneurs qui porteront la bannière, l'enseigne, le panon, et le guidon, et y aura un trou où ils les mettront plantés, demeureront-là iusques au lendemain que lesdits seigneurs se viendront mettre en leurs places, et les prendront à l'heure du seruice. Et quand le corps partira, à cause que la statue du roy sera tousiours portée découverte iusques à Saint-Denis en France, lesdits seigneurs porteront en personne sur leurs cheuaux lesdites bannière, enseigne, panon et guidon, au long de la ville de Paris, et depuis l'issue iusques à l'entrée de la ville de Saint-Denis, là où ils descendront près le corps, et reprendront leur ordre deuant dit.

Et quand se viendra au *libera* à la fin de la

messe, que l'on portera le corps du chœur iusques à la fosse, pour le mettre en terre, ainsi que l'on le portera tiendront leur ordre. Et lorsque le corps mettra les pieds dedans la tombe, les maistres d'hostel seront appellez par les héraults d'armes, lesquels maistres d'hostel viendront l'un après l'autre mettre leurs bastons dans la fosse. Et ce fait, les héraults et sergents d'armes mettront leurs cottes d'armes et masses sur la tombe. Et incontinent après le portant le guidon couchera sa lance sur la tombe, en la plus grande reuerence que faire se pourra, et aussi quand le corps sera à demi dedans la fosse. Semblablement fera monseigneur d'Alegre, qui porte l'enseigne. Et après quand le corps sera dedans, semblablement fera celuy qui porte le panon. Et le dernier sera le premier chambellan qui, semblablement abattra la bannière, et la mettra sur toutes les autres choses, au droit de la teste du corps. Et lors le grand-escuyer qui aura couché son épée sur le corps à l'entrée de la dite tombe, la releuera, et criera *vive le roi!*

Après ce cry, les héraults releueront leurs cottes d'armes, et les reuestiront. Et semble que *le premier chambellan doit relever la bannière;* car elle ne meurt iamais. Et un commis de l'église la doit venir prendre entre ses mains pour la poser où il appartient. »

L'ORDRE OBSERVÉ

AUX OBSÈQUES ET ENTERREMENT

DU ROY FRANÇOIS Ier,

L'AN 1547 ;

MIS PAR ESCRIPT DU COMMANDEMENT DU ROI HENRI II.

―――――

Le trespas, obseques et enterrement de tres-hault, tres-puissant et tres-magnanime François, par la grace de Dieu, roy de France, tres-chrestien, premier de ce nom, prince clément, pere des arts et sciences.

Le dernier iour de mars, mille cinq cent quarante-sept, le dict seigneur estant au chasteau de Remboüillet, aggravé de longue maladie, qui se termina en flux de ventre, après avoir parlé à monsieur le Daulphin, son fils unique, et l'avoir instruict des affaires du royaume, luy avoir recommandé ses bons serviteurs et officiers, s'estre tres-deuotement accusé, et quasi publiquement confessé de ses faultes et delicts, demandé et receu tous ses derniers sacremens, comme prince tres-chrestien qu'il estoit de nom et de faict, entre une et deux heures après midy rendit l'ame à Dieu. Le corps duquel demeura pour ledict jour en son lict ordinaire, iusques au lendemain vendredy matin qu'il feut deliuré à ses medecins et chirurgiens, pour être ouuert et vuydé, ainsi que l'on a de coustume faire en tel cas.

Le dict corps mis en bois et plomb, feut porté en l'abbaye de Haultebruyere (1), prochaine du dict lieude Rembouïllet, là où il demeura accompaigné de ses principaulx domestiques et autres officiers, iusques au lundy de Pasques, onziesme d'apuril, qu'il feut porté au Pont sainct-Cloud, en la maison de l'euesque de Paris. Et là mis sur un lict de satin cramoisi, couuert de riche broderie, en une chambre du dict hostel, richement tapissée, et continuellement accompaigné de ses dicts seruiteurs et officiers, et de quarante huict religieux des quatre ordres de cordeliers, jacobins, augustins et carmes, lesquels incessamment disoyent messes, vigiles, psaultiers, et autres prières et suffrages. Et demeura en cest estat iusques à ce que la salle prochaine de la dicte chambre feust préparée et ornée, pour honorablement le receuoir.

Et lorsqu'elle fut preste, l'effigie du dict seigneur faicte apres le vif et naturel, feut mise sur un lict de parement, de neuf pieds en carreure, couuert d'une grande couuerture de drap d'or frizé, bordée d'un bord d'hermines, de demie aulne de large, trainant iusques en terre, par dessus trois marches qui estoyent à l'entour du dict lict. La dicte effigie ayant les mains ioinctes, reuetue d'une camisole de satin cramoisi, une tuuique de satin azuré, semée de fleurs de lis de riche broderie. Et par dessus, un grand manteau royal de veloux cramoisi violet azuré, semé aussi de fleurs de lis de riche broderie et fourré d'hermine, ayant la queüe du dict manteau cinq aulnes de long. Et sus le colet rond du dict manteau aussi fourré d'hermines, estoit assis l'ordre de Sainct-Michel du dict seigneur. Et en sa teste, par dessus un bonnet de veloux cramoisi ; une couronne close, comme Empereur qu'il estoit en son royaume, garnie et enrichie de pierreries. Les iambes de la dicte effigie chaussées de botines de toiles d'or traict, semellées de satin cramoisi (2).

Et à la dextre de la dicte effigie, sur un oreiller de riche broderie en veloux cramoisi, un sceptre royal. Et à la senestre, sur un pareil oreiller, la main de Iustice. Aux pieds d'icelle effigie, un autre oreiller de drap d'or frizé. Et un peu plus bas, sur une haulte escabelle, une croix d'or ou d'argent doré. Et sur un autre escabeau plus bas que le précédent, un benoistier d'argent doré. Et aux deux côtés du dict benoistier, sur deux autres petites selles, estoyent continuellement assis deux Rois d'armes ou héraults du dict Seigneur ; lesquels étans en nombre de dix ou douze, y faisoyent résidence par les heures de parties entre eulx.

Sur le dict lict y auoit un grand et riche ciel de tapisserie d'or, argent et soye, l'aulne de laquelle tapisserie auoit cousté cinquante escus. Et les pentes du dict ciel faictes de riche canetile d'or, auec grand' quantité de grosses perles.

Le surplus de la dicte salle tendu et paré de la mesme tapisserie, historiée des actes des apostres.

Le hault de la dicte salle foncé de veloux violet cramoisi, azuré, semé de fleurs de lis de broderie de gaufreure, et le bas et parement de la dicte salle couuert de fins tapis velus.

Deuant et au regard du dict lict y auoit un autel paré d'un tapis de singulierement belle et riche broderie du trespassement Nostre Dame, avec deux chandeliers d'or ou d'argent doré sur le dict autel, portans deux cierges de cire blanche.

Et aux deux coings du dict grand lict y auoit deux grands torchoüers d'argent de cinq pieds de hault, portans chacun une torche de fonte de six liures de cire blanche; sans ce qu'il y eust autre luminaire en la dicte salle que les dictes deux grandes torches, et les deux cierges qui estoyent sur le dict autel. La dicte salle garnie tout à l'entour de siéges couuerts de draps d'or, sur lesquels faisoyent résidence les cardinaux, prélats, seigneurs, gentilshommes et officiers, qui continuellement accompaignoyent la dicte effigie.

Et en cet état demeura onze iours la dicte effigie. Et est à entendre et sçavoir que tant durant le temps que le corps feut en la chambre prochaine de ladicte salle, et depuis en effigie en icelle, que aux heures de disner et soupper, les formes et façons de seruice feurent observées et gardées, tout ainsi que l'on auoit accoustumé de faire du vivant du dict seigneur. Estant la table dressée par les officiers de fourrière, le seruice apporté par les gentilshommes servans, panetier, eschançon et escuyer trenchant, l'huissier marchant devant eulx, suivis par les officiers de retraict de gobelet, qui couuroyent la dicte table, avec les réuérences et essais que l'on a accoustumé faire. Puis après le pain deffaict et préparé, la viande et seruice conduict par un huissier, maistre d'hostel, panetier, paiges de la chambre, escuyer de cuisine et garde-uaisselle. La seruiete présentée par le dict maistre d'hostel au plus digne personnage qui se trouuast là présent, pour essuyer les mains du dict seigneur. La table beneiste par un cardinal, les bassins à eaüe à lauer presentez à la chaise du dict seigneur comme s'il eust été vif et assis dedans. Les trois services de la dicte table continuez, avec les mesmes formes, cérémonies et essais, comme ils se souloyent faire en la vie du dict seigneur, sans oublier ceulx du vin, auec la présentation de la coupe aux endroicts et heures que le dict seigneur auoit accoustumé de boire deux fois à chacun de ses repas.

La fin du dict repas continuée par le donner à lauer, et les grâces dictes par un cardinal, en la forme et manière accoustumée, sinon que l'on y adioustoit le *De Profundis* et l'oraison de *Inclina, domine, aurem tuam*. Assistans à chascun desdicts repas les mesmes personnaiges qui auoyent accoustumé de parler ou répondre au dict seigneur durant sa vie, et autres aussi qui souloyent estre présens.

Apres que la dicte salle, lict de parement et effigie

eurent demeuré en cet état l'espace de onze iours, comme dict est, en une nuict icelle salle feut changée d'accoustrement triomphant et d'honneur en celuy de dueil et forme lugubre. Parce que la dicte salle feut pauée et planchée de drap noir, le tour d'icelle tendu de tapisserie de satin velouxté noir et pourfillé de fil d'or. Et au milieu d'icelle, au lieu du dict grand lict de parement, feut mis et assis sur trois tresteaux la biere et sarcueil du dict Seigneur, couuerte d'un grand drap de veloux noir, croisé d'une grande croix de satin blanc, du large du dict satin, avec six grands escussons de riche broderie. Et par dessus un autre grand drap de drap d'or frizé, croisé pareillement d'une grande croix de satin blanc, et bordé tout autour d'un lez de veloux violet azuré, chargé et semé de fleurs de lis et riche broderie d'or, avec un bord d'un geet d'hermines de quatre doigts de large.

Autour de la dicte biere ou sarcuéil y auoit une lice ou barrière de sept pieds de large, et dix pieds de long, chargée de quatorze grans cierges, chascun de dix liures de cire blanche, qui ardoyent iour et nuict.

Sur la dicte biere, et au chef d'icelle, sur un carreau de drap d'or frizé estoit posée et assise la couronne royale du dict Seigneur. Et de l'un des costés d'icelle, sur le même carreau, le sceptre, et de l'autre la main de iustice. Et sur le pied de la dicte bière estoit la croix d'or ou d'argent doré, mentionnée cy dessus. Et au bas sur une escabelle le benoistier. Aux deux costés duquel estoyent deux autres petites escabelles, pour deux héraults qui y faisoient continuelle résidence.

Par dessus icelle biere y auoit un grand ciel de veloux noir de douze pieds en carreure, enrichy de gros cordon d'or, frangé de soye noire, coiffée de fil d'or.

Deuant et au regard de la dicte biere y auoit deux autels parés hault et bas, l'un pour la grand'chappelle, couuert d'un dez de satin velouxté, pourfilé d'or, et l'autre pour l'oratoire, tous deux à paremens de veloux noir, à croix de satin blanc, auec quatre armoiries de riche broderie; garnis de chandeliers, et autre argenterie requise au service divin. Esquels se disoyent, c'est à sçavoir au plus grand depuis le poinct du iour iusques à midy hautes messes, dont la dernière estoit en musique, par les chantres du dict feu Seigneur. Et au dict petit autel se celebroyent basses messes. Et pareillement en une chappelle, par laquelle il falloit passer pour entrer eu la dicte salle, laquelle chappelle estoit tendüe de drap noir, auec une ceincture de veloux noir, semée des armoiries du dict Seigneur, et autant de menus cierges et luminaire comme la dicte chappelle en pouuoit porter.

Et ainsi demeura le dict corps iusques au vingt et unième iour de may, qu'il feut porté du dict lieu de Sainct Cloud en l'Eglise de Notre-Dame des Champs, en l'ordre et forme de conuoy qui s'ensuit (3).

Premièrement après la dernière messe solemnelement dicte et célébrée par monsieur le cardinal de Meudon, servy et assisté de notables éuesques et prélats,

Partirent du dict Saint Cloud deux des maréchaux de logis du dict feu Seigneur, auec plusieurs fourriers, pour aller faire les logis de ceulx qui estoyent au dict conuoy. Et deux des maistres d'hostel, auec certain nombre d'officiers, pour l'appareil et préparatif du soupper. Et enuiron une heure apres commencerent à cheminer (4).

Les cinq cens pauures vestus de dueil, portans chascun une torche de quatre liures de cire jaune, armoyée à double des armoiries du dict Seigneur, conduits et guidés de vingt conducteurs aussi habillés de dueil et tenans chascun un baston noir en la main, pour les guider et faire tenir l'ordre qui leur auoit esté commandé.

Les chevaucheurs d'escuyrie, aussi en habillement de deuil estans à cheual.

Les deux preuosts de l'hostel auec leurs archers, aussi en habillement de deuil, à cheual.

Les gentils-hommes, seruiteurs honnestes des cardinaux, princes et seigneurs estans en ce dict conuoy, aussi à cheual et habillez en dueil.

Les cent Suisses de la garde du seigneur, à pied, habillez en deuil, portans leur enseigne dedans le fourreau.

Les deux cents gentils hommes de la Maison estans souls les charges de Messieurs de Canaples, et de Boisy, à cheual et portans leurs deux enseignes aussi dedans le fourreau.

Les menus officiers de la maison du dict Seigneur, aussi à cheual, marchans les premiers ceulx du commun, et ceulx de la bouche marchans derrière comme plus honorable lieu.

Le maistre de la Chambre aux deniers, contre-rolleur et clercs d'office, aussi à cheual.

Les valets de garderobbe, chirurgiens, vallets de chambre et médecins du dict Seigneur, aussi à cheual.

Les huissiers de salle du dict seigneur, aussi à cheual.

Les Gentils-hommes seruans, Panetiers, Eschançons et Vallets trenchans, aussi à cheual.

Les maistres d'hostel du dict seigneur, auec leurs bastons noirs, aussi à cheual.

Le premier maistre d'hostel, le dernier d'entre eulx.

Le premier Escuyer trenchant, portant le panon, faict de veloux bleu, azuré, semé de fleurs de lis de riche broderie d'or, couuert d'un crespe noir, au travers duquel on pouuoit veoir et cognoistre le dict panon.

Douze paiges vestus de veloux noir, auec le chapperon de drap, montez sur douze grans coursiers couuerts et houssez de veloux noir traînant iusques en terre, avec grande croix de satin blanc.

Les Escuyers d'escurie du dict seigneur, montez sur les cheuaulx qu'ils auoyent accoustumé de cheuaucher ordinairement.

Les archeuesques, éuesques et prélats, en nombre de quarante;

Les rois d'armes;

Les vingt-quatre archers du corps, vestus par dessus leurs hocquetons d'orfeuerie, de robes à cheuaucher de drap noir;

Un escuyer à cheual, et portant en l'une des mains les esperons du dict seigneur, aussi couverts de crespe noir;

Un autre, portant l'escu;

Un autre, la cotte d'armes;

Un autre, le haulme et gantelets;

Le cheual d'honneur, entièrement houssé, et couuert de ueloux uiolet azuré, et semé de fleurs de lis;

Monsieur le grand Escuyer, monté sur un grand coursier, houssé et couuert de ueloux noir, à une grande croix de satin blanc;

Le chariot d'armures, dedans lequel estait le corps du dict Seigneur, couuert d'un grand drap mortuaire de veloux noir, à une croix blanche de satin, enrichy de huit grandes armoiries de broderie, et par dessus, un autre grand drap mortuaire de drap d'or frizé, aussi croisé de satin blanc, enrichy d'armoiries et bordé d'un lez de veloux uiolet, azuré, semé de fleurs de lis, auec un geet d'hermines;

Le chariot d'armures tiré par six grans coursiers, couuerts et houssez iusques en terre de veloux noir, croisé de satin blanc, auec deux chartiers uestus de veloux noir et chapperon de drap;

Quatre escuyers dudict Seigneur, houssez et esperonnez, toutes fois à pied, portans les coings dudict drap mortuaire ; et quatre vallets de pied uêtus de veloux noir, avec chapperon de drap, ordonnez pour soulaiger lesdicts escuyers (5) ;

Autour dudict chariot y avait uingt-quatre religieux portant chacun un cierge de dix liures de cire blanche.

Incontinent apres le dict chariot marchait à cheual monsieur l'Admiral, comme chef et ayant la principale charge du dict conuoy. Et en ce qui estoit de place autour du dict chariot, et aux deux costés des princes du grand dueil, estoyent messieurs les cardinaux de Ferrare, Chastillon, d'Amboise, d'Annebaut, d'Armaignac, de Meudon, de Lenoncourt, du Bellay, de Giury et de Tournon. Au milieu desquels marchoyent les princes du grand dueil, c'est à savoir monseigneur d'Anguyen, Louys monsieur de Vendosme, monsieur de Montpensier, monsieur de Longueuille et monsieur le marquis du Maine ;

Les cheualiers de l'ordre et autres seigneurs notables ;

Les gentils-hommes de la chambre ;

Les quatre cents archers de la garde, auec leur enseigne au fourreau.

Et approchant du village de Vaugirard, se trouuerent au deuant du dict conuoy les vingt-quatre crieurs de la ville de Paris, qui se meirent en rang deuant les cinq cents pauvres.

Et peu de temps apres, et plus loing de la ville de

de dix pieds en carreure, garnie de seize gros cierges, du poids de dix liures, de cire blanche ; sur trois tresteaulx feut mis le sarcueil dudict seigneur, couuert de double drap mortuaire, c'est à sçavoir d'un veloux noir et d'un autre de drap d'or frizé, croisez et enrichis comme dessus.

Et icy faict à entendre que le roy à présent regnant, meu de charité et pitié fraternelle, incontinent apres le trespas du feu roy son père, délibéra de faire apporter le corps de feu monseigneur, son frère aisné, François, daulphin de Viennois, duc de Bretaigne, par la succession de la feuë royne Claude, sa mère, lequel trespassa ce dixiesme iour d'aoust mil cinq cent trente-six, au chasteau de Tournon sur le Rhosne, de maladie assez précipitée et soubdaine, le corps duquel estoit touiours depuis demeuré audict lieu de Tournon. Et le corps de feu monseigneur Charles, son frère puisné, appanaigé par le dict feu seigneur son père, des duchés d'Orléans, Bourbonnois, Angoulmois, Chastelleraud ; et des comtez de la Haulte et Basse-Marche, Ciuray et Clermont en Beauvoisis. Lequel trespassa le neufième iour de septembre mil cinq cent quarante-cinq, aussi de maladie assez précipitée et soubdaine, en l'abbaye de Foresmoustier, de là où son corps feut apporté en l'abbaye de Sainct-Lucian près Beauuais, là où il estoit aussi touiours depuis demeuré iusques à présent, qu'ils feurent par le commandement du dict seigneur apportez en la dicte église de Nostre-Dame-des-Champs, pour accompaigner en

Paris; que, le coing de la muraille des Chartreux, se trouuerent les états de la dicte ville qui estoyent venus procéssionnellement au deuant du dict corps auec deux de messieurs les présidens de la court, et grande partie des conseillers vestus en dueil, lesquels se ouvrirent, faisant haye des deux costez iusques à l'entrée de la dicte église de Notre-Dame des Champs, reuerans la teste nue le corps quand il passait en leur endroict.

Et à l'arriuée de la dicte église de Notre-Dame des Champs, mes dicts sieurs de la Court parlèrent à mon dict sieur l'Admiral, comme chef du dict conuoy, lui offrans tout seruice pour l'honneur et reuerence du dict corps. Lesquels il remercia, leur disant le gré et contentement que le roy à présent regnant deuoit auoir de leur acquit et bon debvoir, et que pour parachever l'œuvre encommencée ils se deussent trouuer le lendemain, à heure de midi à la porte de la dicte église de Notre-Dame des Champs.

Et ce faict, chascun s'en retourna où bon lui sembla, fors les officiers et seruiteurs domestiques du dict feu Roi, qui accompaignèrent le corps au service, qui se fait pour ce soir en ladicte église, laquelle était garnie d'autant de luminaire qu'elle en pouvait porter, tendue de drap noir. Et pardessus d'un lez de veloux garni d'armoiries.

Tous les autels d'icelle parez de veloux noir croisé de satin blanc enrichis d'escussons de riche broderie.

Et au milieu du chœur d'icelle, entre une barrière

cette pompe funebre le corps du dict feu seigneur roy leur père, ainsi qu'il sera dict ci-apres.

Le lendemain, ving-deuxième iour dudict mois de may, se trouuèrent au chœur de ladicte église les bières de mes dicts seigneurs au costé de celle de leur père, c'est à sauoir celle de monseigneur le daulphin à dextre, et celle de mon dict seigneur d'Orléans à senestre, couvertes toutes deux de deux grands draps mortuaires de veloux noir croizés de satin blanc et aussi enrichis de leurs armoiries assise chascune sur trois tresteaulx, un pied plus bas que ceux sur lesquels estoit la bière de leur dict pères.

Les messes dictes et célébrées en la dicte église en la forme accoustumée, et la dernière par monsieur le cardinal de Giury, servy et assisté d'éuesques et prélats.

Les portes de la dicte église feurent closes et fermées pour mectre les effigies dudict seigneur roy, et celles de mes dicts seigneurs, ses enfans, sur trois lictières, dont celle sur laquelle reposoit l'effigie du roy estoit couuerte d'un grand drap mortuaire de veloux noir et un autre drap de drap d'or frizé, bordé de veloux bleu, chargé de fleurs de lis de riche broderie d'or. Et pardessus lesdicts deux draps un materaz et coissin couuerts et ensoüillez d'un riche drap d'or frizé. Et au demeurant la dicte effigie habillée et revestue comme elle estoit sur le lict de parement en la salle dudict Sainct-Cloud, sauf et réservé qu'elle n'auoit point les mains joinctes, mais tenoit en la dextre le sceptre royal et en la senestre la main de Iustice.

L'effigie de monseigneur le Daulphin revestue d'un pourpoint de satin cramoisi rayé d'or, d'une tunique de riche damas d'or traict, bordé à deux bords de deux cordelettes de toiles d'argent traict., monstrant forme de grosses perles. Et pardessus un manteau de veloux bleu, azuré, bordé d'un large bord de passement d'or, et fourré d'hermines. Les iambes de ladicte effigie revestues de botines de satin cramoisi, semellées de toile d'or, ayant les mains ionctes. Et en la teste pardessus un bonnet de veloux cramoisi et une couronne d'or plus éminente que celle d'un duc, comme desià préparé à succéder au royaume et porter la fleur de lis entière. Autour du collet dudict manteau estoit assis l'ordre de Saint-Michel.

L'effigie de monseigneur d'Orléans, revestue de pareils ornemens; sauf que la couronne qu'il auoit sur la teste n'estoit que ducale, et non point tant éminente que celle de mon dict seigneur le Daulphin.

Les dictes deux effigies furent mises et assises sur deux lictières portatives, couuertes de draps mortuaires de veloux noir croisé de satin blanc : et enrichis chascun de leurs particulières armoiries, sans autre différence, fors et excepté que le materaz et coissin de celle de mon dict seigneur le Daulphin estoyent ensoüillez et couverts de toile d'argent, chargé d'hermines et de satin bleu semé de riches fleurs de lis, et le materaz et coissin de mon dict Seigneur d'Orléans estoyent ensoüillez et couuerts de satin bleu, chargé de riches fleurs de lis d'or; et ne feurent decernez autres honneurs aux dicts Seigneurs Daulphin et Duc d'Orléans pour la révérence que leurs dictes effigies debuoyoient à celle du Roy leur père.

Les dictes trois effigies ainsi accoustrées et assises sur les trois lictières portatives, feurent mises à l'entrée et saillie de la dicte église Nostre-Dame-des-Champs; c'est à sçavoir, celle de Monseigneur d'Orléans la première, celle de Monseigneur le Daulphin apres, et celle du feu Roy la derniere.

Le dict jour de Dimanche, tous les estats de la ville de Paris partirent d'icelle pour se rendre au dict lieu de Nostre-Dame-des-Champs, là où chascun en son rang donna de l'eau beneiste au corps et effigie du dict seigneur Roy. Et depuis arriué Monsieur le Cardinal du Bellay, Euesque de Paris, auoir dict le *Subvenite*, et donné de l'eau beneiste pour leuer le dict corps et effigie du dict lieu où il estoit, pour suivre la pompe funèbre, commencerent à marcher en l'ordre qui s'ensuit.

Le capitaine, archers et arbaletsriers de la ville de Paris, vestus de noir par dessus leurs hoquetons d'orfauerie, portans torches aux armoiries de la dicte ville, reserué les aucuns d'entre eux qui portoyent bastons noirs, pour renger le peuple et faire vuider les rues (6).

Les Minimes, les Cordeliers, les Augustins, les Carmes, les vicaires et chapelains des parroisses avec leurs croix.

Les cinq cents pauvres, portans chacun une torche de quatre livres à doubles armoiries du dict seigneur.

Les cheuaucheurs d'escuyrie, ayans l'esmail sur l'espaule, auec leur contrerolleur.

Les vingt et quatre crieurs de la ville de Paris sonnant continuellement leurs clochettes; sinon qu'es endroits des carrefours ils s'arrestoyent pour dire: Priez Dieu pour l'ame de très-hault, très-puissant et très-magnanime François, par la grace de Dieu, Roy de France, tres-chrétien, premier de ce nom, prince clément, père des arts et sciences. Et pareil cry auoyent faict en la salle du palais et carrefours de la dicte ville, le sabmedy matin, iour précédant, continué ce mesme matin du Dimanche (7).

Apres les dicts crieurs marchait le guet de patrouille.

Le guet à cheual, toutesfois à pied.

Les sergens à verge.

Les sergens du preuost de Paris.

Les sergens à cheual, toutesfois à pied.

Les advocats, commissaires, notaires, conseillers, procureur, advocat du Roy en Chastelet.

Les lieutenans du Preuost de Paris.

Le dict Preuost de Paris tenant un baston blanc en la main contrebas, sur un cheual en housse comme allant ça et là, auec quatre sergens de la douzaine, depuis son rang iusques à l'effigie de mon dict Seigneur d'Orléans sans passer plus arrière.

De l'autre costé de la rüe, quand et quand les gens du dict preuost de Paris, marchoyent ceulx du corps de la dicte ville ;

Apres venoyent les colleges des Maturins et Bernardins ;

Les determinans pretendans estre maistres ès arts en l'année ;

Les colleges de Saincte Croix, Blancs-Manteaux, Billettes, Sainct Magloire, Sainct Victor, Saincte Geneuiefue, Sainct Germain des Prez et Sainct Martin des Champs, dont les deux derniers estoyent entremeslez ;

Puis venoyent les familles des princes, cardinaulx et autres seigneurs, habillez en dueil, sans auoir le chapperon en teste, pource qu'ils n'estoyent officiers du dict feu seigneur ;

Les eslens et leurs officiers ;

Les generaulx des monnoyes ;

Les generaulx de la iustice ;

Le chappitre Nostre Dame de Paris ;

La Saincte Chapelle ; les aumosniers et chantres du Roy ; Sainct Mari, et autres colleges qui ont accoustumés de marcher deuant ceulx du dict chappitre, comme Sainct Germain de l'Auxerrois, Sainct Honoré et Saincte Opportune. Ceulx du dict chappitre de Nostre Dame de Paris entremeslez avec ceulx de la Saincte Chappelle allans à la droicte main, et ceulx de l'Université à la senestre : en maniere que le doyen de la dicte eglise, et le recteur, marchoyent d'un mesme pas, l'un d'un costé, l'autre de l'autre.

Les deux preuosts de l'hostel, à cheual, pour aller çà et là, ainsi qu'il en estoit besoin, leurs archers à pied ;

Le capitaine de la porte auec ses portiers à pied ;

Les cent suisses auec leur enseigne ;

Les deux cents gentils-hommes avec leurs enseignes ;

Les officiers du commun du dict feu Roy ;

Ceulx de la bouche ;

Chambre aux deniers, contrerolleur et clercs d'offices ;

Vallets de garderobbe, chirurgiens, vallets de chambre et médecins ;

Huissiers de salle, la teste nüe, et leurs chapperons aualez ;

Les gentils-hommes seruans, et maitre d'hostel, marchans à droicte, et la chambre des comptes à senestre ;

Le premier vallet trenchant, portant le panon ;

Les haults bois et trompetes, la teste nüe et le chapperon aualé ;

Les armuriers et sommeliers d'armeures ;

Le chariot d'armes, couuert d'un grand drap poille de veloux noir, croisé de satin blanc et enriçhy de seize escussons d'armoirie de riche broderie ;

Douze paiges vestus de veloux noir, la teste nüe, auec le chapperon de drap aualle, montez sur douze grans coursiers, couuerts et houssez de veloux noir, croisé de satin blanc ;

L'escuyer de despense de la grande escuyrie, à cheual ;

Un autre escuyer à cheual, portant les esperons ;

Un autre escuyer, aussi à cheual, portant les gantelets ;

Un autre le heaulme ou armet ;

Un autre portant l'escu ;

Le premier escuyer portant la cotte d'armes :

Les archeuesques et euesques sacrez et non sacrez, auec chappes noires, et mitres de damas blanc en nombre de quarante (8) ;

Apres venait l'effigie de monseigneur d'Orléans, portée par les gentils-hommes qui feurent de sa maison ; puis celle de monseigneur le Daulphin, portée semblablement par les gentils-hommes qui feurent de sa maison ;

Le cheval d'honneur, couuert et houssé de veloux violet, azuré comme dict a été, mené par deux vallets de pied, vestus de veloux noir, la teste nüe, chapperon de drap aualé ;

Monsieur le grand escuyer sur un coursier couuert et houssé de veloux noir, croisé de satin blanc, auec l'espée royale, garnie de veloux bleu, semée de fleurs de lis en écharpe, et à ses costez deux héraults à pied ;

A costé de monsieur le grand escuyer, monsieur le cardinal du Bellay, euesque de Paris, en chappe de cardinal, auec deux assistans en chappes noires ; un caudataire et un chappelain portant sa crosse.

Apres venoit l'effigie du Roy, portée par les gentils-hommes de la chambre.

Et autour de la dicte effigie estoit la court de parlement en robes d'escarlate, et les quatre présidens d'icelle portoyent les quatre coings du drap mortuaire de drap d'or.

Apres marchoit mon dict sieur l'Admiral à cheual, et aupres de lui estoit à pied M. le comte de Villars, portant la grand banière de France.

Puis venoit le ciel poille, à fons de drap d'or frizé, et les gouttières de veloux cramoisi violet azuré, semé de fleurs de lis de broderie, porté depuis le dict lieu de Nostre Dame des Champs iusques à la porte Saint Iacques par six escuyers d'escuyrie, qui à la dicte porte Saint Iacques le meirent es mains des preuost des marchans et escheuins de la dicte ville, qui le porterent iusques en l'eglise de Nostre Dame de Paris. Et depuis le lendemain de la dicte eglise de Nostre Dame de Paris iusques à la porte Saint Denis, là où ils le rebaillerent aux dits escuyers.

Apres marchoyent les cinq princes du grand dueil ci deuant nommés.

Et en ce qui restoit de vuide autour de la dicte effigie de la place que tenoit mon dict sieur l'Admiral et baniere de France, le dict ciel poille et les dicts cinq princes portans le grand dueil, marchoyent messieurs les cardinaux des deux costez, selon leur ordre et dignitez. Le premier desquels et plus prochain de l'effigie du Roy, estoit monsieur le cardinal Saint George, légat du pape, ayant sa croix deuant lui.

Les dicts cinq princes du grand dueil et cardinaulx à cheual ;

Les vingt et quatre archers de la garde du corps dudict feu Seigneur, vestus de dueil sur leurs hocquetons d'orfauerie ;

Les ambassadeurs du Pape, de l'empereur, d'Angleterre, Escosse, Venise, Ferrare et Mantoue, chascun d'eux conduict par un prelat à cheual;

Les princes, seigneurs et cheualiers de l'ordre;

Les huissiers de chambre, la teste nüe et le chapperon auallé, avec leurs masses d'argent;

Les gentils-hommes de la chambre du dict feu Seigneur:

Les quatre cens archers de la garde, auec leurs enseignes. Auquel ordre marchoyent tous les dessus dicts iusques à l'eglise Nostre Dame de Paris, laquelle feut parée en la forme qu'il sera cy apres dict.

Premierement en la rencontre de la dicte eglise, sur le hault portail, aux deux anges qui y sont, feurent mis et allumés deux grans cierges, de chascun dix liures. Au bas et contre chascune des portes de bois y eut attaché sur taffetas noir deux grans escussons de broderie contenans, avec l'ordre et la couronne impériale, une aulne et demie de diamètre.

La nef, chœur, croisez et toute l'enceinte de la dicte eglise, feut tendue de drap noir, et par dessus un lez de velous noir semé d'armoiries, portans l'ordre et la couronne imperiale de fin or.

Tout le chœur paué et couuert de drap noir; les chaises tant haultes que basses aussi entierement couuertes de drap noir, et par dessus deux lez de velous noir, semés sur l'assemblage de deux lizieres d'escussons de riche armoirie de fin or.

Le grand autel et autres autels de la dicte eglise garnis de paremens hault et bas de velous noir, croisez de satin blanc, et enrichis d'escussons de riche broderie de fin or.

Toute la dicte eglise entre les piliers et circuit d'icelle, chargée d'une innumé quantité de cierges et luminaires, et pour l'assiette et receuil des dictes trois effigies, y auoit au milieu du chœur une grande et singuliere chappelle ardant, de quinze pieds en carreure, l'amortissement de laquelle montoit à six toises de hault, garnie de treize clochers, tous croisez et recroisonnez, auec une extresme quantité de luminaire.

Les quatre peignons de la dicte chappelle couuerts et enrichis de quatre grans armoiries de riche broderie, d'une aulne et demie de diametre. L'enuiron veloux noir, frangée de soye et de la dicte chappelle garny d'une pente d'un lez de fin or, et chargée en semence de douze escussons de riche armoirie de broderie.

Soubs la dicte chapelle ainsi parée feurent posées et assises les dictes trois effigies, c'est à sçavoir celle du Roy au milieu, celle de Monseigneur le Daulphin à sa dextre, et celle de Monseigneur d'Orléans à sa senestre.

A la teste de la dicte effigie du Roy feut assis mon dict sieur l'admiral, et près de luy monsieur le comte de Villars, tenant la baniere de France. Au pied de la dicte effigie, aussi hors le dessoulx de la dicte chappelle, estoit assis monsieur le grand escuyer, ayant à ses deux costez deux roys d'armes. Et devant luy, sur une longue selle plus basse que celle sur quoy il estoit assis, estoyent les gentils hommes escuyers porsans le panon, les esperons, l'escu la cotte d'armes, le heaulme et gantelets.

L'assiette des assistans estoit telle. Les cinq princes portans le grand dueil assis au hault des haultes chaizes, du costé de la chaize de l'euesque de Paris.

Suiuant iceulx, les ducs et autres princes. En après les cheualiers de l'ordre. Et après eulx en ce qui restoit de ces mêmes chaizes, certain nombre de ceulx de la Chambre des comptes.

De ce même costé, et aux basses chaizes, à l'endroict où estoyent assis les dicts princes du grand dueil, y auoit assis deux des capitaines des gardes, auec leurs enseignes, et un capitaine des cent gentilshommes, aussi auec leur enseigne.

Et en suiuant ce rang, les maistres d'hostel du dict feu Seigneur, et parmy eux quatre chanoines de la dicte église, pour faire le seruice.

Vis à vis du dict grand dueil, aux chaizes haultes estoyent les ambassadeurs. Et suiuant iceulx la court de Parlement. Et après le recteur, et certain nombre de ceulx de l'Uniuersité.

Aux chaizes basses, au dessous des dicts ambassadeurs, deux autres capitaines des gardes, celuy des Suisses, et un capitaine des cent gentils-hommes auec leurs enseignes. Et plus bas de ce rang, ceulx de la ville de Paris, et parmy eulx quatre autres chanoines de la dicte église.

Au grand autel Monsieur le cardinal du Bellay, euesque de Paris, auec ses assistans. Et pour la dernière Messe du lendemain matin feut assisté et seruy d'euesques et notables prelats.

Au costé droict du dict grand autel estoit assis en une chaize à part monsieur le légat du Pape, son caudataire à ses pieds, et son porte-croix deuant, sur un petit siége.

Suiuant et joignant la dicte chaize, y auoit une longue forme sur laquelle estoyent assis cinq de messieurs les cardinaulx, leurs caudataires à leurs pieds.

Derrière monsieur le Légat, et mes dicts sieurs les cardinaulx, sur un petit banc à part, estoyent assis monsieur de Xaintes, estant de la maison de Vendosme, et Messieurs de Reims et de Troyes, estans de la Maison de Lorraine.

Et sur une longue forme, au dessous d'eulx, et de ce mesme rang, à un pied et demy de distance, estoyent assis partie des archeuesques et euesques ; et derrière eulx encore, certain nombre desdits eues- et prelats. Et derrière eulx sur un banc les gentils-hommes de la Chambre.

Et au côté senestre dudict grand autel, et uis-à-uis de mesdicts sieurs le légat, et cardinaulx, estoyent assis six autres cardinaulx ; et derrière eulx, en deux rangs de siéges, archeuesques, evesques, et autres prelats, tous en chappes et mittres en la teste. Et dernière eulx encore gentils -- hommes de la chambre et autres gentils-hommes seruans.

Le lendemain, iour de lundy uingt troisiesme iour dudict mois de may le seruice se continua en la forme accoustumée, et la dernière messe dicte et célébrée par monsieur le cardinal du Bellay, comme dict est. Et quand se veint à l'offerte, l'un des maistres des cérémonies alla querir le premier prince du grand deuil, pour mener à l'offrande. Lequel quand il feut prest à baiser la platine, preint de la main d'un roy d'armes un cierge de cire blanche, auquel estoyent plantez quatre escus d'or. Et puis ramené par le dict maistre des cérémonies en son siege, marchant deuant le dict premier prince, les quatre autres en pareille cérémonie et conuoy l'un après l'autre en firent autant, fors que à chascun de leurs cierges n'y auait que deux essus plantez.

La dicte offerte parachevée, commença l'oraison funèbre, faicte et prononcée par monsieur l'euesque de Mascon qui dura environ une heure. Et après la dicte dernière grand'messe, chacun se despartit pour aller disner.

Et enuiron midy, les processions, et tous autres estats, tant de la ville de Paris que de la Court et suite du roy, princes, cardinaulx; et tous autres notables personnaiges partirent de la dicte églige de Notre-Dame de Paris, au mesme ordre, rang et forme qui auait esté tenus pour venir à Nostre-Dame des Champs, iusques au dict lieu de Nostre-Dame de Paris. Et en cest estat cheminèrent iusques à Saint-Lardre, là ou chascun peult monter à cheval pour le soulaigement de sa personne iusques à la croix qui penche près Sainct-Denys, là où Monsieur le Cardinal de Bourbon, abbé du dict Sainct-Denis, vient recueillir les corps des dictes Effigies de la main de mon dict sieur le Cardinal du Bellay, éuesque de Paris. Et là les quatre Présidens de la Court repreindrent les quatre coings du draps mortuaire de l'Effigie du dict feu roy. Aussi les escuyers d'escuyrie qui auoyent porté le dict ciel poille depuis la porte Sainct-Denys iusques au dict Sainct-Ladre, le repreindrent à la dicte croix penchante pour le porter iusques à la dicte église Saint-Denys (9), laquelle feut trouuée en tout tel accroustrement et appareil, tant en chapelle ardant, luminaire, tenture, que tout autre ornement, comme celle de Nostre-Dame de Paris, sans en rien défaillir ne excepter. Les assiettes quant aux siéges de la dicte église, toutes pareilles et correspondantes à celle de la dicte église de Nostre-Dame de Paris (10).

Les vespres y feurent dictes, monsieur le cardinal Bourbon officiant. Et pareillement à la dernière grand messe du lendemain au matin, assisté et seruy d'archeuesques et notables éuesques.

Et quand se veint à l'offerte, les cinq princes du grand dueil y allèrent auec cierges blancs, et tout ainsi qu'ils auoyent faict à Nostre-Dame de Paris. Après laquelle offerte monsieur l'euesque de Mascon continua l'oraison funèbre par luy commencée à Nostre-Dame de Paris.

Après laquelle messe dicte, mon dict sieur cardinal de Bourbon veint pres de la fosse et voulte préparée pour recevoir le corps dudict seigneur et de mes dicts seigneurs ses enfans.

Et premièrement fut mis et apporté celuy de mon dict seigneur d'Orléans par ses gentilshommes, en un sarcueil couuert de veloux noir, croisé de satin blanc et garny de quatre écussons de broderie, de l'armoirie du dict seigneur, et mis en la dicte voulte, à la main seuestre.

Celuy de monseigneur le daulphin pareillement apporté par ses gentilshommes en un sarcueil, couuert aussi de veloux noir, croisé de satin blanc, et garny de ses armoiries, mis en la dicte voulte à la main droicte.

Ce faict, feut apporté le corps du dict Seigneur roy par les gentils-hommes de sa chambre en un sarcueil pareillement couuert et armoyé. Et aprés les deprecations, oraisons et ceremonies faictes par mon dict sieur le cardinal de Bourbon, son corps feut mis en la dicte fosse, au milieu de ceulx de mes dicts Seigneurs, ses enfans. Et lors le principal et plus ancien des dicts roys d'armes commença à crier à haute voix, Roys d'armes venez faire vostre office (11). Et aprés ce cry despoüillerent leurs cottes d'armes et les meirent sur la fosse. Et continuant le dict Roy d'armes dist à haute voix, monsieur de Sedan, apportez l'enseigne de la garde des Suisses. Lequel incontinent l'apporta, et la meit sur la fosse. Monsieur de Chauuigny, apportez l'enseigne des cent archers de la garde dont vous auez la charge. Monsieur le Seneschal d'Agenois, apportez l'enseigne des cent archers de la garde. Monsieur de Nancy, apportez l'enseigne des cent archers de la garde dont vous auez la charge. Monsieur de Lorges, apportez l'enseigne des cent Escossois de la garde, dont vous auez la charge. Monsieur de Canaples, apportez l'enseigne des cent gentils-hommes, dont vous auez la charge. Monsieur de Boisy, apportez l'enseigne des cent gentils-hommes dont vous auez la charge. Lesquels tous au mesme ordre et rang qu'ils apportoyent les dictes enseignes, ils les mectoyent bas sur la fosse. Et continuant le dict herault, cria à haulte voix, messieurs les escuyers la Bosse, et de Puygrifficr, apportez les esperons. Monsieur l'escuyer de Nonuille, apportez les gantelets. Monsieur l'escuyer Pothon, apportez le heaulme. Monsieur l'escuyer chevalier, apportez l'escu royal. Monsieur le premier escuyer, apportez la cotte d'armes. Lesquels esperons, gantelets, heaulme, escu et cotte d'armes, à mesure qu'ils estoyent apportez, estoyent pris par un herault qui estoit dedans la voulte et mis en icelle. Monsieur le premier vallet tranchant, apportez le panon. Ce qu'il fait, et le mit bas sur la fosse. Monsieur le grand escuyer, apportez l'espée. Lequel en meit le bout dedans la fosse, et reteint la courroye pour la relever à son rang. Monsieur le grand maistre, devant lequel marchoyent les maistres d'hostel, lesquels arrivez à la dicte fosse, iecterent leurs bastons dedans, et le dict grand maistre ne meit que le bout du sien, pour le reprendre. Le personnaige duquel grand maistre representoit monsieur l'admiral. Puis continua le dict herault à dire, monsieur d'Annebault, chef et conducteur de ce conuoy, apportez la banniere de France. Ce qu'il feit et en meit le bout dedans la fosse. Puis recommencea à dire le dict herault, Seigneur Orace de Farnese, apportez la main de Iustice. Ce qu'il fait, et la bailla au herault pour la mestre sur le sarcueil du Roy. René, monsieur de Lorraine, apportez le sceptre royal. Ce qu'il feit, et feut baillé au herault pour le mectre sur le dict sarcueil. Monsieur le chevalier de Lorraine, apportez la couronne. Ce qu'il feit, et la bailla au dict herault, pour la mectre sur le sarcueil du dict Seigneur. Et ce faict, feut dict par monsieur l'admiral, le Roy est mort. Et continué par le dict herault par trois fois à haulte voix, le Roy est mort. Et apres mon dict sieur l'admiral releva la banniere de France, criant vive le Roy Henry deuxiesme de ce nom. Et le herault dict aussi par trois fois, vive le Roy Henry deuxiesme de ce nom, à qui Dieu doint bonne vie. Puis apres monsieur l'admiral representant le grand maistre, repreint et leua son baston. Monsieur le grand escuyer, l'espée. Le premier vallet trenchant, le panon. Monsieur de Boysi, l'enseigne des anciens gentils-hommes de la maison. Monsieur de Canaples, l'enseigne de la seconde bande des dicts gentils-hommes. Monsieur de Lorges, l'enseigne de la garde escossoise. Monsieur de Nancey, la plus ancienne enseigne des gardes françaises. Monsieur le Seneschas d'Agenois, la seconde. Monsieur de Sedan, celle de la garde des suisses.

Et ce faict, chascun se retira pour disner au disner solemnel qui feut faict en la grande salle de mon dict sieur le cardinal de Bourbon, et en deux autres salles prochaines, toutes tendues de noir. Après lequel disner, monsieur le cardinal de Lenoncourt ueint dire graces; lesquelles acheuées, pour l'absence de monsieur l'Admiral qui devoit représenter le grand maistre, qui se trouuoit tres fort malade, le premier maistre d'hostel dict à la compagnie : Messieurs, nostre maistre est mort, et pour ce que chascun se pouruoye, car la maison est rompue. (Et en un signe de cela il rompit le baston.) Nous avons un Roy, en la bonté duquel nous debuons auoir grande espérance, et lequel ne fauldra point à nous recueillir et bien traicter, en la bonne et saincte memoire du feu Roy son père.

Les maistres des ceremonies desdits conuoy, pompe funebre et obseques feurent, selon l'ordre qu'ils sont nommez en la commission du Roy à present regnant, le seneschal d'Agenois, capitaine des cent archers de la garde et gentil-homme de la chambre dudit feu Roy; le sieur de la Bourdaiziere, tresorier de France; le sieur de Lahargerie, maistre d'hostel ordinaire dudict feu Seigneur; et le sieur de la Roche de Posay, aussi son maistre d'hostel ordinaire; lesquels, apres auoir projecté et ordonné les choses dessus dictes, ainsi qu'elles ont esté executées, se departirent en la maniere qui s'ensuit. C'est à sçavoir que les dicts de la Bourdaiziere et de la Roche de Posay partiroyent une heure ou deux deuant chascun des logemens des lieux de Saint Cloud, eglises de Nostre Dame des Champs et de Paris, pour aller veoir, appresler et dresser toutes les choses necessaires à la reception des corps, effigies, sieges des princes, cardinaulx, notables personnaiges du conuoy, et autres ceremonies et appareils à ce necessaires. Et les dicts sieurs le seneschal d'Agenois et de Lahargerie demoureroyent derriere, pour respondre et satisfaire aux difficultez qui pouoyent sourdre en tel cas, et faire marcher et tenir les rangs qui auoyent esté ordonnez.

NOTES

SUR LES OBSÈQUES DE FRANÇOIS Ier.

(1) P. 192.

Le corps de Charles VIII fut de même déposé à Saint-Florentin ; il resta tout le jour du dimanche 22 avril, à Notre-Dame-de-Cléry, où l'on enterra son cœur, et enfin arriva le lundi 30 à Saint-Denis. Les larmes des villages par où passait le cortège funèbre du prince attestaient l'amour des Français pour sa personne.

(2) P. 193.

Les semelles étaient ordinairement de satin cramoisi ; mais on voit qu'aux obsèques de Charles VIII elles étaient de satin bleu azuré, c'est-à-dire, bleu de ciel avec des fleurs de lis.

(3) P. 197.

Ce ne fut, comme l'on voit, que cinquante-deux jours après sa mort que François Ier fut transporté de Saint-Cloud à Notre-Dame-des-Champs. Henri III resta aussi à Saint-Cloud, mais pendant un bien plus long espace de temps, puisque il y demeura tout le temps du règne de Henri IV ; et ce ne fut qu'après la mort de ce premier roi de la famille des Bourbons qu'on fit la translation du corps de Henri III, le 22 juin 1610.

Henri III fut immédiatement descendu dans le caveau qui lui était destiné ; et ce fut le corps de Henri IV qui demeura sur les marches pour attendre que le convoi de son successeur permît qu'il fût remis dans son dernier asyle. La mythologie n'a rien de plus touchant que cette pieuse attente.

(4) P. 198.

On voit, au convoi de Henri IV, figurer pour la première fois, les trente-trois capettes ou pauvres écoliers de Montaigu, classe d'indigens, qui par leurs efforts et leurs succès ont si bien mérité des lettres et de la science.

(5) P. 201.

Au convoi de Louis XIII, au lieu de faire porter le poêle par quatre seigneurs de la cour, comme d'après l'expresse volonté du roi, cette action devait être faite sans cérémonie, ce furent quatre aumôniers du roi qui eurent cet honneur. On dit que le roi avait donné cet ordre avant de mourir, pour éviter de voir se renouveler les querelles de préséance. Ce fut peut-être encore par un semblable motif, qu'à l'enterrement de Louis XIV, les quatres coins du poêle furent portés par quatre de Messieurs du Parlement : ce furent MM. de Mesmes, premier président, de Novion, de Menas et d'Aligre, présidens à mortiers. Ce ne fut que depuis Charles VIII, que les hanouards ou porteurs de sel, n'eurent plus la prévogative de porter le corps du roi.

(6) P. 203.

Cette commission, avant et après, était dévolue aux huissiers à verges, aux gardes de l'hôtel, sergens de la masse, institués tous pour le maintien de l'ordre dans les tribunaux et dans les fêtes publiques.

(7) P. 207.

Les jurés crieurs, au nombre de 12, vêtus en noir, et ayant les armes de France par devant et par derrière, parcouraient tout Paris avec leurs clochettes sonnantes. Le cri, lors de la mort de Henri IV, fut : « Nobles et dévotes personnes, priez Dieu pour l'âme de très-haut, très-puissant et très-excellent prince Henri le Grand, par la grâce de Dieu, roi de France et de Navarre, très-chrétien, très-auguste, très-victorieux, incomparable en magnanimité et clémence, lequel est trépassé en son palais du Louvre ; priez Dieu pour qu'il reçoive son âme.

« Mardi, à deux heures après midi, le corps de sa majesté sera levé pour être porté en l'église de Paris, auquel lieu de ce même jour se diront vêpres et vigiles des morts ; et le lendemain matin ses services et prières accoutumées, pour à la fin d'icelles être porté en l'église Saint-Denis, sépulture des rois de France, et y être inhumé. Priez Dieu qu'il reçoive son âme. »

(8) P. 210.

Les prétentions du clergé, soit des différens corps de cet ordre entre eux, soit celles qu'ils élevaient sur les laïques, ont souvent arrêté le cours des cérémonies ; mais en général il fut réglé que les membres du clergé auraient la gauche des princes du sang lorsqu'ils étaient cardinaux, et des pairs et des ducs lorsqu'ils n'étaient qu'évêques.

(9) P. 217.

Nous trouvons dans la Gazette de 1715 le cérémonial de l'enterrement de Louis XIV. L'auteur fait ainsi la description de la basilique de Saint-Denis.

« Toute l'église, depuis les voûtes jusques en bas, tant au chœur qu'en la nef, estoit tendüe de drap noir avec deux lez de velours noir chargez d'escussons aux armes de France : les portaux, cloistres, réfectoires, salles et autres lieux destinés pour la réception des princes, cardinaux et ducs, ambassadeurs, archevêques, évêques, et des compagnies souveraines, tendus de même : les autels de la dite église ornés de très-riches paremens de velours noir, garni de crespine et franges d'argent, chargés d'écussons en broderie d'or, aux armes de France. Les dais tant dessus l'autel que dessus la chapelle ardente de mesme. Dans le milieu du chœur s'élevait cette chapelle ardente, aux quatre coins de laquelle estoient quatre clochers en pyramide couronnés de fleurs de lys, le pourtour orné de bandes de fleurs de lys, et garni de draps avec des lez de velours chargés d'escusson en broderie d'or, aux mêmes armes tant au dedans qu'au dehors. La dite chapelle ardente étoit éclairée de plus de quinze cent cierges ; le pourtour des voûtes, de plus de deux mille ; le tour de l'autel, la herse du chœur et le jubé, de plus de trois cents ; le milieu couvert d'un grand dôme, au haut duquel était une couronne impériale fermée par le haut d'une pyramide chargée de fleurs de lys. Au-dessous de la chapelle ardente, sur un trosne, élevé de quatre marches foncées de draps, était le corps du roi défunt, couvert de deux poêles bordés d'hermine, l'un de drap d'or, l'autre de velours noir, chargé de grands escussons croisés de bandes d'argent. Aux pieds dudit corps estait une crédence chargée de croix et de chandeliers en vermeil ; autour dudit corps seize autres chandeliers, tous garnis de cierges ; et sur le cercueil étaient posés la couronne et le sceptre de justice, couverts de crêpes, sur deux petits carreaux.

» Aux quatre coins de la chapelle étaient le roi d'armes et ses douze hérauts, et dans les côtés en-dedans de la même chapelle, douze gardes de la manche avec leurs robes et hoquetons par-dessus. »

(10) P. 217.

Avant d'entrer dans l'église, le convoi s'arrêtait; et l'abbé de Saint-Denis s'adressant à l'officiant, lui demandait, à trois reprises, si c'était véritablement le corps du roi défunt? et, sur son affirmation, l'introduisait; mais avant, ce prélat qui conduisait le convoi faisait un petit discours en latin, renfermant l'éloge du roi.

(11) P. 218.

Voici quels furent les seigneurs chargés des honneurs au convoi de Louis XIV.

« Le roi d'armes approcha du caveau, où après que le corps eust esté descendu, il jetta sa cotte d'armes et son chaperon, puis il appella ceux qui devaient porter les pièces d'honneur. Le marquis de Courtenvau apporta l'enseigne des cent Suisses de la garde, dont il est capitaine. Le duc de Charost, le duc de Villeroi, le sieur de Mallivière, lieutenant de la compagnie du maréchal de Harcourt en son absence, apportèrent les enseignes de leur compagnie; et le duc de Noailles, capitaine de la compagnie des gardes
» Écossaises, apporta celle de la sienne. Quatre escuyers
» du roy portèrent les esperons, les gantelets, l'escu et la cotte d'armes. Le sieur de Saussoy, en l'absence du marquis de Berringhen, premier escuyer, apporta le heaume, timbré à la royale. Le sieur de la Chesnaye, premier tranchant, apporta le panon du roy. Le grand escuyer de

France apporta l'épée royale. Le duc d'Albret, grand chambellan, apporta la bannière de France. Le duc de Brissac apporta la main de justice. Le duc de Luynes apporta le sceptre; et le duc d'Uzès la couronne royale. Toutes les pièces d'honneur furent postées sur le cercueil. Puis le duc de la Trémouille, faisant la fonction de grand-maître de France, mit son bâton dans le caveau, et les maistres d'hostel rompirent les leurs. »

EXPLICATION

DES PRINCIPALES CÉRÉMONIES

PRATIQUÉES AUX FUNÉRAILLES DES ROIS.

―――

« La religion chrétienne, n'envisageant dans
» l'homme que des fins divines, a multiplié les
» honneurs autour du tombeau; elle a varié les
» pompes funèbres selon le rang de la victime...
» A-t-elle à s'occuper des funérailles de quel-
» ques puissances de la terre, ne craignez pas
» qu'elle manque de grandeur, » a dit l'écrivain
qui a le mieux connu le génie du christianisme,
qui a le plus noblement expliqué ses augustes
cérémonies; mais c'est surtout dans la solennité
des obsèques de nos rois que le culte étale ses
pompes, et offre à la fois des coutumes ingénieuses et touchantes. Au soir d'une journée ora-
geuse, on se demande comment ce cèdre, qui,
hier encore, cachait son front dans les nues, a
pu céder à la tempête et être déraciné par le
souffle des vents? Comment cet homme qui, naguère, le sceptre à la main, le front couronné,
commandait à tant d'autres hommes, a pu fléchir
sous les coups *de la puissance pour qui les autres*

puissances ne sont rien? Comment est-il descendu dans le cercueil? En voyant ce prodige, a-t-on droit de s'écrier avec l'apôtre : *O mort, où est ta victoire? où est ton aiguillon?* Mais si cette mort n'est qu'un sommeil ; mais si l'esprit de Dieu peut souffler de nouveau et ranimer la poussière éteinte; mais si l'homme, ainsi que l'Éternel, peut vaincre la puissance du tombeau; alors animés par l'esprit divin, couverts du bouclier de la foi, appuyés sur l'ancre de l'Espérance (1), vivant d'amour dans le sein du père de la vie, alors dédaignant la mort, nous pourrons insulter à son triomphe, et lui dire : *Montre-nous ta victoire.*

La religion ne se borne pas à nous parler ce langage sublime dans les Écritures, qui sont la voix de l'esprit saint; elle se plaît encore, dans toutes les cérémonies dont elle entoure le culte des tombeaux, à nous rappeler ses vérités sacrées. C'est surtout dans l'appareil qui accompagne les obsèques des rois, qu'elle montre avec plus de force le néant de la gloire et des grandeurs.

Parcourons donc rapidement les détails de *l'étiquette royale* observée à la mort des rois; étudions-en *l'esprit*; saisissons le motif des pieuses pratiques qu'a consacrées la religion de nos

---

(1). *Spes nixa fides, ardet amor.* Prosp.

pères; pénétrons le mystère! que l'allégorie se dévoile! au symbole substituons le langage de la morale qu'il nous cachait!

Le roi meurt; son corps reste pendant plusieurs jours dans la chambre du trépas, reposant sur un lit de parade, et la face découverte. Il est ainsi exposé sur ce lit à la vue de son peuple, tandis que dans le ciel le Dieu qui juge les rois, l'assigne à son tribunal. Le jugement de la foule empressée s'exerce à son égard. Le recueillement, des pleurs, une tristesse profonde, furent pour Henri IV et Louis XII, pour François Ier et Louis XVIII l'écho de l'opinion de tous.

Cette coutume d'exposer ainsi les rois ne rappelle-t-elle pas cet usage des Égyptiens, qui après la mort jugeaient les rois ? Chez ce peuple dont les cadavres antiques et desséchés sont répandus sur toute la terre comme des *échantillons* de la mort, ce jugement précédait la sépulture; et, redouté, il était sur le trône *le frein de la vie*.

L'usage des embaumemens (1) se perd dans

---

(1) Il n'y a pas jusqu'aux substances employées dans les embaumemens qui ne puissent recevoir une explication plausible de leur usage : le sel dont on se sert abondamment dans ces circonstances, a toujours été regardé par les gymnosophistes comme désignant l'alliance du ciel et

la nuit des temps ; partout il a été pratiqué, partout il a eu son mystère, partout on a voulu dérober à une destruction absolue les objets de l'amour, de la vénération : la bienfaisance a créé le souvenir ; la reconnaissance le perpétue et trompe la douleur. En France, à toutes les époques de la monarchie, on a éternisé ainsi les dépouilles des princes qui ont régné sur elle. Pendant que la tombe s'ouvre pour recevoir et conserver les corps ainsi préparés,

---

de la terre, comme l'emblème de l'immortalité et de la sagesse : « Le sel, disent les Indiens, ne se perd pas ; il se dissout ; mais ce n'est que pour se reproduire. »

Saint Léon a dit en parlant de l'offrande des mages au Dieu enfant : « Ils lui offrent l'or, parce qu'ils le reconnaissent pour roi d'un royaume invisible ; l'encens, parce qu'ils savaient que c'était un dieu, qu'ils adoraient sous une enveloppe humaine ; enfin, ils lui présentent la myrrhe, qui est utile aux embaumemens : » Et nous aussi nous offrons l'or ; nous le renfermons dans le tombeau, pour marque du souvenir d'un règne éteint ; nous offrons le baume et la mirrhe, parce que nous ne pouvons, après la triste preuve que nous en avons sous les yeux, nous refuser à l'idée que la puissance n'a pas été assez forte pour la défendre de la mort : la religion regarderait comme un culte profane, comme une idolâtrie coupable, l'offrande de l'encens, qui n'est dû qu'à Dieu ; mais elle ne défend pas à la piété filiale d'offrir le sel, emblème à la fois ingénieux et moral de l'union de la sagesse et de l'immortalité. »

le ciel *souffre la violence*, et s'ouvre pour la prière touchante qui de toutes parts s'élève vers lui.

La prière pour les morts est salutaire; elle se nourrit d'un sentiment religieux qui la commande; elle apaise la colère du ciel. Cependant tandis que le cercueil reste dans la chambre du trépas, la croix, bannière de la mort, présente l'image d'un Dieu qui pardonne; elle est placée au pied du lit funéraire et semble dire : *Avec ce signe vous serez victorieux.* Les cierges dont le corps est entouré contrastent, par leur vive clarté, avec le lugubre appareil; c'est la lumière apparaissant au sein de la nuit. L'eau lustrale qui ôte toute souillure, vient fréquemment arroser le cercueil chargé des insignes de la grandeur; de riches coussins montrent cette *couronne veuve*, cette épée oisive, cette main de justice, ce sceptre, qu'un autre prince recueillera comme l'attribut de son pouvoir.

Pendant huit à dix jours, le corps ainsi placé, est l'objet de la vénération de tous; depuis le monarque qui lui succède, jusqu'au plus simple de ses sujets, tous viennent s'humilier et prier. Il y a dans la présence de deux rois, de celui qui dort d'un sommeil éternel, et de celui qui commence son règne, du néant et de la grandeur, une de ces harmonies religieuses qui s'emparent de l'homme pour l'arracher à lui-même et le porter tout entier vers Dieu. Quelle ne doit pas être la pensée du nouveau roi, lorsque jetant sur le corps de son prédécesseur l'eau bénite, il reconnaît que, succédant à sa puissance, il doit craindre les erreurs pour lesquelles il demande le pardon à l'auteur de tout don, au père de toutes les miséricordes.

En quittant la chambre du trépas, près de ce lieu sacré, une salle d'honneur richement décorée présente à l'œil ému le spectacle de la magnificence et de l'éclat qui, naguère encore, étaient le cortége du prince. Les mêmes honneurs sont rendus à son effigie, comme ils l'étaient au prince lui-même; une cour nombreuse se range autour de l'effigie; et les mêmes cérémonies retracent, pendant plusieurs jours, et prolongent, pour ainsi dire, la vie du prince.

La religion chrétienne, indulgente pour la faiblesse, a conservé quelques-uns des rites païens; mais elle les a empreints de son sceau, pour leur ôter tout ce qu'ils avaient de profane; ainsi dans cette circonstance imposante on retrouve les cérémonies de l'apothéose, telles que l'historien Dion et Hérodien les ont décrites; témoins oculaires de la déification de l'empereur Pertinax, ils nous apprennent comment son effigie, artistement préparée, était couchée sur un lit triomphal; elle montrait le prince revêtu des habits et de tous les ornemens de la dignité impériale. Il semblait reposer, et, de peur de l'éveiller, un enfant richement paré, chassait les mouches avec un éventail de plumes de paon. Pendant plusieurs jours, les médecins faisaient leur service accoutumé, tâtaient le pouls de l'effigie, et rédigeaient un bulletin de santé. Les repas, les conseils, se tenaient comme à l'ordinaire; le prince était censé y participer.

A la mort de Constantin le Grand, on observa le même rite, avec cette différence, qu'au lieu d'invoquer le ciel, les chrétiens priaient pour l'homme à qui le juge redoutable demandait plus, parce qu'il lui avait été plus accordé. Saint Eusèbe veut qu'en continuant de rendre au prince ces honneurs, on y eût été déterminé à cause des grands services que ce premier empereur chrétien avait rendus à la religion, lesquels, aussitôt après sa mort, l'avaient fait comprendre au rang des saints. Pourquoi ne pas y voir plutôt cette condescendance admirable de la religion, qui permet ce qu'elle croit n'être pas un mal en soi-même, qui pour s'accommoder à notre faiblesse, a voulu que le culte en esprit et en vérité, empruntât la majesté des pompes et se revêtit des formes des grandeurs humaines.

Le deuil du nouveau roi est en violet. Celui de la reine, autrefois en blanc, fut porté en noir par Anne de Bretagne, pour prouver la douleur qu'elle ressentait depuis la mort de Charles VIII. C'était, disent les auteurs du seizième siècle, d'une couleur *tannée*. Le deuil d'Anne d'Autriche fut porté en brun; et, depuis cette époque, aucune reine n'a été appelée à revêtir, à la mort de son époux, ce costume de la douleur.

Un auteur plein d'érudition, doué de cette patience laborieuse, de ce goût, auquel on doit les bons livres, expliquera dans celui qu'il prépare sur le sacre des rois, les causes du deuil porté en violet. Il résulterait d'une explication ingénieuse, que le roi ne portait le deuil en violet, couleur mixte, que pour lui rappeler que, quelle que fût sa douleur, il en devait assez être le maître, pour ne pas oublier que, chargé du gouvernement d'un grand peuple, il lui fallait trouver au milieu de sa tristesse des forces suffisantes pour vacquer aux devoirs de la royauté.

Une chronique juive a dit que David pénitent, ayant les cheveux couverts de cendre, arrosant son lit de ses pleurs, ne cessa jamais de rendre la justice. Cette obligation s'étend sur tous les magistrats. Le chancelier de France ne porte jamais le deuil. Le parlement, les cours souveraines n'ajoutent aucune marque de deuil aux costumes qui les distinguent, parce que la justice est éternelle.

Le jour de l'inhumation s'approche. Des crieurs publics parcourent les rues dès la veille, pour réannoncer la mort du roi et la translation de son corps; dans le double but de donner au peuple les moyens de rendre au prince les derniers devoirs, et de faire tendre en noir les rues et les carrefours par où doit passer le lugubre cortége.

Le jour où le corps sort de la chambre ardente où il a reposé, il est conduit à l'église métropolitaine, où on lui rend les mêmes honneurs, où l'on pratique les mêmes cérémonies que celles qui, le lendemain, auront lieu dans la basilique des tombeaux, dans l'église royale de Saint-Denis.

Partout les douleurs publiques ont emprunté pour l'écho du deuil national, des crieurs, des hommes chargés d'annoncer les grands événemens; et c'en est un que la perte d'un monarque, le père d'un grand peuple. C'est de l'Asie que nous est parvenu cet usage; les prophètes en laissent des traces dans leurs lamentations. Mais dans l'antiquité, les vêtemens déchirés, les cheveux couverts de cendres, donnaient encore à cet appareil une sorte de tristesse qui n'est plus dans la légèreté de nos mœurs. Bruce nous dit qu'en Abyssinie les pleureurs publics assiégent encore le palais du roi, pour accomplir le devoir imposé au prince, d'écouter les cris de l'affligé, et de ne point fermer son cœur aux plaintes de l'opprimé.

La marche du convoi, ce mélange d'autorités civiles et judiciaires, cet appareil militaire, cette réunion de tous les grands corps, parlent assez aux yeux, pour n'avoir besoin que de quelques mots qui puissent en fixer le sens et le motif. A la tête du cortége l'on trouve le clergé, les prêtres, les uns avec l'aube d'une éclatante blancheur, les autres avec la chape du deuil. C'est l'harmonie du double sentiment de crainte et d'espérance qui émeut l'âme en cet instant. La religion doit présider à cette fête ; elle a pris *l'homme au berceau, elle l'a accompagné dans la vie, elle le conduit à la tombe.* Ce cortége de pauvres a quelque chose de tendre ; ils viennent en ce moment apprendre à moins redouter leur misère. Tous les corps s'empressent d'augmenter le cortége, parce que tous ont reçu de la volonté du roi, et leurs droits et leur existence.

C'est près du tombeau que se font surtout ces cérémonies, qui parlent aux yeux, et qui cachent un sens moral.

Le jour de l'inhumation, aussitôt que le saint sacrifice de la messe est achevé, on dit le *De pro-*

fundis; pendant ce temps les maîtres des cérémonies, paraissant craindre qu'on ne confonde les honneurs de la royauté avec les dépouilles mortelles du prince, vont les recueillir dans la chapelle ardente, et les remettent à trois ducs et pairs, avec injonction de les garder. Le corps est levé, le caveau ouvert le reçoit; tout à coup le roi d'armes quitte son siége, ôte son chaperon, dépouille sa cotte d'armes, et les jette dans le caveau; il s'écrie ensuite avec force : *Héraults d'armes de France, venez faire vos offices.* Un d'eux pénètre dans le caveau, pour ranger les honneurs à mesure qu'ils sont jetés.

Voici l'ordre dans lequel furent jetés ces honneurs aux obsèques de Louis XIII.

L'enseigne des cent suisses de la garde du roi.
L'enseigne des gardes du roi.
L'enseigne des archers de la garde. Il y en avait trois parce que les archers de la garde étaient au nombre de trois cent, partagés en trois compagnies.
Les éperons.
Les gantelets.
L'écu du roi.
Le panon.
Le heaulme.
L'épée royale.

La bannière de France.
La main de justice.
Le sceptre royal.
La couronne royale.

Tous ces honneurs sont jetés dans le caveau. Celui qui porte l'épée n'en descend que la pointe, et elle est relevée, pour être remise au nouveau roi.

Les mêmes motifs font retenir la bannière, la main de justice, le sceptre et la couronne.

Le roi d'armes reçoit sur des oreillers de velours noir les honneurs conservés.

Ainsi le roi meurt, et avec lui meurt la force qui l'a fait régner; à peine est-il descendu dans sa demeure dernière, qu'on fait disparaître en même temps tous les insignes de son pouvoir. Le bâton de commandement est brisé sur son tombeau; toutes les pièces d'honneur sont renfermées dans le cercueil; mais la main de justice ne fait que s'incliner vers la tombe, elle est conservée comme la portion la plus précieuse de l'héritage de son successeur; l'épée royale, qui doit soutenir les droits de la couronne, touche à peine le marbre du froid monument; aiguisée, retrempée dans tout ce qu'avait de gloire et de vertu celui qui la porta, elle est remise au nouveau monarque; à peine l'étendard des lis a-t-il touché le cercueil, qu'il se relève avec fierté, pour rappeler aux Français que son triomphe est éternel.

Après cette triste cérémonie, tous les officiers de la maison civile jettent les marques de leurs commandemens. Le grand-maître des cérémonies avance le sien comme pour le jeter aussi; mais il le retient; il regarde dans le caveau, et dit à voix basse : *Le roi est mort.*

Le roi d'armes recueille ces paroles et répète trois fois au peuple : *Le roi est mort*; à la troisième fois il ajoute : *Prions tous Dieu pour son âme.* L'on s'agenouille et l'on prie. Le roi d'armes, après cette prière, s'écrie : *Vive le roi!* Et il proclame le nom du monarque régnant.

Une musique de fête se fait entendre; on va ensuite à la salle du festin; à la fin du repas, pour annoncer à tous les officiers de la maison du feu roi que leurs charges n'existent plus, le grand-maître brise son bâton de commandement, et dit à tous les convives : *Pourvoyez-vous, messieurs; je vous recommanderai à sa majesté.*

Les poêles et dépouilles des rois et reines, portés à leurs obsèques, appartiennent aux abbés et religieux de Saint-Denis.

En 1501, après la mort de Charles VIII, un arrêt du 9 juillet, rendu au parlement, les chambres assemblées, l'a décidé ainsi. Les grands écuyers et chefs des écuries ayant réclamé les linges, les mules, mulets et harnais, il fut décidé par arrêt, que tous ces objets appartiendraient aux religieuses hospitalières de la Maladrerie de la Saulsaye, à Villejuif.

———

Une partie des recherches suivantes est due aux soins de de M. C.-J.-R. Billard.

RECHERCHES HISTORIQUES

SUR LES DERNIERS JOURS

DES ROIS DE FRANCE.

TROISIÈME PARTIE.

ABBAYE DE SAINT-DENIS.

Si la France pouvait être jamais soumise par des armes étrangères, et qu'un vainqueur nous proposât de quitter la patrie, nous ne pourrions pas répondre comme ce peuple à Alexandre : « Irons-nous dire aux ossemens de nos » pères : levez-vous, pour nous suivre en de loin- » tains climats? » Car nous n'avons pas respecté les sépultures de nos pères, et nous avons livré leurs cendres aux vents, pour être dispersées dans les airs ; comme si nous avions été destinés à accomplir cette prophétie de Jérémie : « On

» chassera de leurs sépultures les ossemens des
» rois de Juda, de ses princes, de ses prêtres et
» de ses prophètes. Privés des honneurs de la
» tombe, ils seront répandus ignominieusement
» sur la surface de la terre (1). »

Depuis les premiers temps de la monarchie, l'abbaye de Saint-Denis était célèbre dans toute la chrétienté. Renommée entre toutes les filles de l'église par la sagesse de ses chefs, la richesse des reliques qu'elle devait à la dévotion des plus grands potentats de l'Europe, et les miracles du martyr qui attiraient les pèlerins des bords lointains à son tombeau, les rois de France l'avaient choisie pour y faire leur dernière demeure. Depuis Dagobert, le premier qui y fut enterré, jusques à Louis XIV, dont le cercueil attendit si long-temps son successeur, assis sur la pierre de ces voûtes, où dorment, sous la protection de la religion, trois siècles de majesté et de gloire, les deux dernières races des souverains de la France y furent inhumées. Grandes et nobles sépultures, les Français y venaient verser une larme au nom du monarque dont ils chérissaient le plus

---

(1) *Ejicient ossa regum Juda et ossa principum ejus, ossa sacerdotum et ossa prophetarum et ossa eorum qui habitaverunt Jerusalem, de sepulchris : non colligentur, non sepelientur, in sterquilinium supra faciem terræ erunt.* Jérém. ch. 8.

la mémoire. La valeur fidèle y méditait pour le roi et pour la patrie sur le monument de Duguesclin ou de Turenne. La piété s'agenouillait sur la tombe de saint Louis. Les ministres des rois y étudiaient, près du sage et modeste Suger, par quelles vertus le titre de père de la patrie est mérité. Les fils de France y apprenaient que la royauté n'est que la charge si sacrée du bonheur des peuples (1). Les chrétiens de toutes les nations y affluaient pour visiter cette maison favorisée de la puissance de la terre et du ciel; et, en admiration devant les brillans souvenirs de notre histoire, ils se retiraient exaltés des merveilles de ce pays, dont Saint-Denis leur laissait l'idée, répétant avec saint Grégoire : « Ce » royaume est réellement le premier parmi les » autres royaumes de ce monde. »

---

(1) Ici fleurit l'école où l'humaine sagesse
Des héritiers du trône instruisait la jeunesse.

TRENEUIL. TOMBEAUX DE ST.-DENIS.

Indè reges, principes, cæterique nobiles ad dicendum Dei timorem cum litteris, liberos suos monachis intrà claustra tradiderunt instituendos.

LANGIUS, *in chronico citizenci.*

Les rois, les princes et la noblesse du royaume confièrent long-temps aux moines de Saint-Denis le soin d'instruire leurs enfans, et de les former, dans le cloître, à la crainte de Dieu.

C'est en effet quelque chose de bien remarquable que cette abbaye de Saint-Denis, monument de la piété héréditaire de nos rois, où semblent être renfermées les annales de notre histoire. Située sous leurs regards, aux portes de Paris, son église devint bientôt l'auguste et touchant asile de la puissance au moment où elle n'est plus rien. Nos rois y venaient confier à la religion leurs débris, témoignages du néant des grandeurs d'ici-bas, et placer tout ce qui demeure de nous après notre mort, sous la protection du saint qu'ils avaient, durant leur vie, invoqué pour le sort du royaume.

Ce berceau de leur antique dévotion, humble et simple oratoire, élevé sur le champ même où fut massacré ce saint des Gaules, dont l'apostolat fut couronné d'un martyre, modeste basilique sous sainte Geneviève, agrandie au sixième siècle, sous Dagobert, relevée de ses ruines par la main de Charlemagne, rebâtie sous Louis VI, par les soins de Suger, achevée sous saint Louis, s'embellit enfin de tout ce que les arts et l'orgueil des monarques ont de splendeur et de magnificence, s'enrichit de nombreux et brillans présens reçus de toutes parts, et devint l'étonnement de toute la terre.

L'antique croyance de nos pères, qu'il faut respecter, parce qu'elle les conduisait à bien, attribuait aux reliques qu'on y révère le pouvoir des miracles. Les souverains de la deuxième dynastie surtout s'y faisaient transporter quand ils étaient malades. Plusieurs y furent rendus à la santé. Le saint martyr devint donc l'objet de leur vénération toute particulière. Combien ne fut-elle pas vive la foi de tous ces rois pour le saint de la France! Depuis Pepin et Charlemagne, qui construisent l'église souterraine, jusqu'à Louis XVIII, qui la relève de ses ruines, où elle était tombée sous les coups de la révolution, quels tributs de leur dévotion ne lui apportent-ils pas! A peine ont-ils obtenu les honneurs du sacre, qu'ils appellent ses regards sur leur nouvelle couronne. Un de leurs premiers actes, à leur avénement au trône, est de confirmer, par respect pour sa mémoire, les priviléges accordés à son abbaye. Clovis II, au synode de Clichy, déclare qu'en son honneur seul il a rassemblé les évêques. Pepin lui consacre une église nouvelle; et, quand elle est achevée, Charlemagne y assiste à sa dédicace. Louis le Débonnaire y prend, de la main de ses prêtres, les insignes de l'empire. Charles le Chauve se fait gloire d'ajouter à ses titres de roi et d'empereur, celui d'abbé de Saint-Denis. Louis le Jeune y veut mourir sous les habits d'un moine. Louis le Gros, saint Louis, Philippe V, arrachés à une maladie violente, lui rendent grâces, sur son tombeau, de leur guérison, dont ils lui attribuent le prodige. Philippe Auguste, Philippe de Valois, élèvent vers lui des actions de reconnaissance, parce que la présence de ses restes consacrés ont sauvé leurs enfans que la mort menaçait! Louis le Jeune veut porter lui-même son corps à la solennité de la translation des martyrs; Philippe Auguste, à l'exemple de Charles le Chauve, lui apporte de l'Orient des reliques fameuses entre toutes les reliques de la chrétienté. Louis IX, dans son émigration pieuse, ne marche pas sans quelqu'un de ses ossemens sanctifiés. Philippe V, Philippe de Valois, Louis IX, Charles VI, Louis XI, Henri II, Charles VII, Henri III, dans des processions solennelles, promènent en pompe, quelques-uns d'eux les pieds nus, sa châsse, objet d'un public hommage, et placent les destinées de l'État sous l'influence de son intercession tutélaire. Charles VI, comme Charlemagne, Louis le Gros, Philippe Auguste, St. Louis, au milieu de ses chevaliers, y lève sur son mausolée l'oriflamme (1), qu'il a con-

---

(1) C'était une espèce de *gonfanon* de simple tafetas rouge ou couleur de feu, sans broderie ni figure, fendu par en bas en trois différens endroits, ce qui formait trois queues, entouré de houppes de soie verte, et suspendu au bout d'une lance dorée. L'origine de ce mot, si l'on en

quis à la Terre-Sainte. Charles VIII, avant son départ pour Naples, afin de le rendre favorable à ses armes, lui fait un vœu que, à son retour, sa fidélité accomplit. Louis XII dépose sur son autel

---

croit Ducange, se tire également de l'or de la lance, de la couleur du taffetas, et du nom général de ces sortes de bannières, qu'on appelait flammes, nom qu'on donne encore aujourd'hui à certains pavillons de nos vaisseaux. On lit dans nos vieilles histoires que l'oriflamme fut apportée du ciel à Clovis ou à Charlemagne, et qu'elle y remonta du temps de Charles VII. Ce sont de ces petits contes apocriphes, dignes des siècles où ils furent imaginés, siècles d'ignorance et de superstition.

L'oriflamme, dans son origine, n'était autre chose que la bannière qu'on portait aux processions de Saint-Denis, et dans les guerres particulières que les moines de cette abbaye avaient contre ceux qui voulaient usurper les biens de leur église. Les comtes du Vexin, protecteurs, vidames, ou, comme on parlait alors, avoués des religieux, allaient la prendre sur l'autel des saints martyrs, lorsqu'ils partaient pour quelque expédition militaire, et la rapportaient en grande pompe quand la campagne était finie. Philippe Ier ayant réuni ce comté à la couronne, nos rois, par cette réunion, contractèrent les mêmes engagemens envers cette abbaye. Si même on en juge par les termes dont use en cet endroit l'abbé Suger, il paraîtrait qu'en vertu de cette acquisition ils étaient devenus comme feudataires de Saint-Denis. Mais ils ne faisaient point hommage; leur qualité de souverains les dispensait de cette servitude. La coutume était de recevoir ce saint étendard des mains de l'abbé à

les étendards qu'il a enlevés aux Vénitiens. Henri IV le prend à témoin de l'abjuration de ses hérésies. Louis XIII va mourir, et il se console en pensant qu'il reposera à l'ombre de ses sacrés

genoux, sans chaperon ni ceinture, après avoir fait ses dévotions à Notre-Dame de Paris, et dans l'église de l'apôtre de France. Quelquefois le monarque le portait lui-même autour de son cou, sans le déployer.

Louis-le-Gros est le premier de nos rois qui l'ait été prendre en cérémonie sur l'autel de Saint-Denis. Ses successeurs insensiblement s'accoutumèrent à s'en servir, et peu à peu il devint leur principale enseigne, ce qui n'empêchait pas qu'on ne portât en même temps la bannière de France. C'était, dit-on, un velours violet ou bleu céleste à deux endroits, semé de fleurs de lis d'or, plus plein que vide, carré, et sans aucune découpure par le bas. L'un et l'autre étendard n'étaient confiés qu'aux plus renommés chevaliers. On ne les portait que dans les grandes expéditions. Il y en avait un beaucoup moins grand pour les petites guerres que nos monarques eurent à soutenir pendant près de deux cents ans contre les comtes et les ducs; quelquefois même contre de simples gentilshommes.

Si l'oriflamme ne parut point dans les armées de Charles VII, c'est que ce prince ne put l'aller prendre à Saint-Denis, qui était au pouvoir des Anglais. Les victoires qu'il remporta sans elle accoutumèrent insensiblement à s'en passer. Elle tomba enfin dans l'oubli, et demeura ensevelie dans la poussière. On assure qu'en 1594, lors de la réduction de Paris, on la voyait encore au trésor de cette abbaye, mais à demi-rongée des mites.

débris; Louis XIV, prêt à atteindre la majorité royale, tremblant pour le bonheur du peuple qu'il va gouverner, vient lui offrir cet avenir de gloire qu'il prépare au royaume, et lui demande de bénir ses travaux, qui devaient immortaliser son siècle. Louis XVIII, après vingt-quatre ans de ruine et de solitude, rend à l'antique dévotion son corps sauvé de la fureur des infidèles; et, depuis les premiers temps de cette dévotion si fervente, jusqu'aux jours où l'impiété l'exila de son temple, la France entière, dans ses momens d'alarmes comme au temps de ses fêtes de triomphe, le salue dans ses hymnes et dans ses prières du nom de son protecteur.

A l'exemple des rois de France, les princes étrangers rendirent à saint Denis d'éclatans honneurs. Parmi ces princes, on remarque surtout Edgar, roi d'Angleterre; Roger, roi de Sicile; David, roi d'Écosse; l'empereur Henri II; et ce fut une chose digne de l'attention de l'histoire, et bien honorable pour la loyauté de François Ier, que la présence de Charles-Quint à Saint-Denis, dont le monarque de France lui montrait les merveilles (1).

Les papes favorisèrent aussi ce monastère.

---

(1) Un tableau de la sacristie, peint par Gros, représente ce sujet.

Étienne III y vint sacrer Pepin, bénit ses autels, et laissa aux religieux son pallium et ses clefs d'or. Eugène III y consacra, avec Louis le Jeune, la fête de Pâques. Innocent II y trouva un asile que sa gratitude n'oublia jamais. Pascal III y vint réclamer de Philippe Ier son secours contre l'empereur Henri; et Calixte II, pour honorer Suger, confirma les priviléges et les franchises que Zacharie, Étienne, Alexandre, Léon et Pascal lui avaient accordés.

Cette maison religieuse était digne de tant de faveurs. Son chapitre y était célèbre entre tous les chapitres. Elle eut parmi ses religieux des saints, des princes, des ministres, des ambassadeurs, des savans, de grands hommes; elle compta des rois pour abbés, et des abbés parmi les régens du royaume; et ce n'est pas sans un juste orgueil qu'elle nomme Fulrad, ce digne ami de Pepin, Suger et Mathieu de Vendôme (1),

---

(1) Suger, abbé de Saint-Denis, avait été élevé avec Louis le Jeune à Saint-Denis. Ce dernier se lia avec Suger d'une étroite amitié. Lorsque ce roi quitta la France pour aller conquérir la Terre Sainte, il le nomma régent du royaume. Son administration fut si sage, qu'elle lui mérita le titre de *père de la patrie*. Sa probité était si parfaite, que le roi d'Angleterre le prit pour juge dans une contestation qu'il avait avec la France. Il mourut en 1152. Louis le Jeune voulut honorer de sa présence ses obsèques. Il fut

dont l'un laissa après lui l'exemple d'une vie où il n'y a rien à reprendre, tout au contraire, à louer; et l'autre fut jugé par saint Louis digne de gouverner l'état en son absence.

L'abbaye de Saint-Denis jouissait de grands priviléges, qu'elle devait à la faveur des rois et des papes; elle ne relevait point de la juridiction de l'évêque de Paris; elle avait droit de haute et de basse justice; l'abbé était membre du parlement; enrichie des donations de Charlemagne, de Charles le Chauve, de Louis le Gros, de Philippe Auguste, de Louis le Jeune, de saint Louis et de Louis XI, elle possédait des terres, des paroisses, le revenu de divers monastères, une fortune prodigieuse. Parmi les fidèles qui venaient lui apporter leur tribut, les reines, les saints, les évêques, les seigneurs, répandaient sur elle à profusion leurs largesses. Les rois qui y étaient inhumés y laissaient les magnifiques insignes de leur pouvoir, brillantes dépouilles qui, confiées à des mains destinées à soigner

---

enterré dans l'épaisseur de la croisée de l'église, du côté du midi, avec cette simple inscription : *Hic jacet Sugerius abbas*. Il ne put voir mettre en terre le corps de ce cher et fidèle ministre, sans témoigner devant tout le monde l'excès de sa douleur par ses soupirs et par ses larmes.

leur sépulture, semblaient ne les pas quitter et protéger leurs tombeaux. Toutes ces choses, et mille autres présens, témoignages de la foi des fidèles à saint Denis, allaient s'entasser dans le trésor, une des merveilles de la France.

Le nom de Saint-Denis est mêlé aux plus brillans souvenirs de notre histoire; ses reliques et sa bannière accompagnèrent long-temps nos armées. Sur le tombeau du martyr reposait l'oriflamme chère à nos antiques preux, étendard de la religion et de la gloire, témoin de hauts faits d'armes, et qui, dans la Palestine, au milieu du malheur, rendait nos chevaliers au courage, parce qu'avec lui ils retrouvaient la patrie et qu'ils espéraient pour leurs armes la protection du ciel. Philippe Auguste et saint Louis, à l'ombre de ce drapeau sacré, y reçurent des mains des religieux le bourdon et l'écharpe, marques du pèlerinage des croisés. Louis le Gros, Louis le Jeune, Philippe Auguste saint Louis, Philippe de Valois, Charles VI, Charles VIII, Louis XII, Henri II, Louis XIV, y vinrent sous sa banderole généreuse faire bénir leurs épées avant de marcher au combat. Au retour de leur expédition, Philippe Auguste, saint Louis, qui avait triomphé dans la terre sainte, Philippe le Bel, qui fut heureux dans sa guerre de Flandre, Charles VII, qui délivra le royaume des Anglais, Charles VIII, qui conquit l'Italie, Louis XII, qui repoussa les Vénitiens, y accoururent remercier le ciel de leurs victoires; nobles imitateurs de Charlemagne qui, revenu de Jérusalem, déposa sur l'autel de saint Denis, dans la reconnaissance de ses succès guerriers, cette couronne qui depuis ceignit au sacre le front de nos rois. Long-temps Saint-Denis a renfermé dans son sein les restes de Duguesclin, de Turenne, de Condé. Après y avoir offert à Dieu pour sa patrie alarmée le sacrifice de sa vie, la vierge de Domrémy s'élança de ce lieu, pour repousser les Anglais de nos rivages; et le cri de *saint Denis, Montjoye et saint Denis*, si long-temps celui de la France, décide le triomphe de Philippe Auguste à Bouvines.

Saint-Denis avait vu sacrer vingt-neuf reines, plusieurs rois, l'exil de Thierry III, l'abjuration de Henri IV; et les sépultures si magnifiques de rois, de reines, de princes, de princesses, qu'il ne faut pas apprécier par le nombre, car ce serait assez pour sa gloire de pouvoir citer Charles le Sage, Louis XII, François Ier, Henri IV, et surtout ce Louis IX, dont le nom sanctifié fait baisser les yeux, et dont la mémoire chère au peuple fait battre son cœur de reconnaissance et d'amour, tant lui sourit l'image naïve du chêne de Vincennes.

Ce fut pourtant peu de chose contre la fureur révolutionnaire que cette foule de nobles et généreux souvenirs. Les tyrans sans honneur de cette époque, pour laquelle il est plus aisé de trouver des pleurs qu'une dénomination, n'avaient pas assez, pour leur insatiable besoin de nuire, du malheur des vivans. Ils auraient trop souffert que ces rois, dont pendant leur vie la sagesse avait veillé au repos de la France, sommeillassent en paix dans l'asile qui, chez aucun peuple, ne fut jamais impunément troublée; mais alors un crime de plus ne comptait pas. Ces tombeaux, qu'auraient dû protéger et l'orgueil national et l'ombre de vingt rois, furent violés par des mains destinées à gagner un parricide salaire (1). Ces souverains, dont un regard, au temps de leur

---

(1) En vain le grand Louis, paré par la victoire,
Repose environné des rayons de la gloire ;
Le hasard le premier le présente à vos coups.
Barbares ! contre lui que peut votre courroux ?
L'orgueil de vos cités, ces siéges, ces batailles,
Les palmes de Denain, les lauriers de Marsailles,
Ces arts, d'un doux loisir nobles amusemens,
Vos ports, vos arsenaux, voilà ses monumens !
Et contre tous ces rois que votre espoir dévore,
De leur royal débris vous vous armez encore.

Poëme de l'Imagination, Chant VII.
Délille.

puissance, comprimait la révolte ou la moindre des témérités, furent levés de leurs cercueils, au milieu de la dérision du siècle. Leurs ossemens ont été avec mépris traînés dans la poussière; et pour que rien ne restât du passé des rois, leur cendre a été livrée aux vents. Dieu l'a permis, sans doute, afin que leurs débris, comme ceux des autres créatures, arrivassent à ce dernier terme dont parle Bossuet, qui n'a pas même un nom.

Saint-Denis, veuve de ses tombeaux, n'a plus été la glorieuse; mais comme cette femme de l'Écriture-Sainte, la déserte et la désolée; la solitude a erré dans l'enceinte du cloître. Le silence a remplacé sous les ogives la prière et les chants perpétuels; les orages et les pluies ont déchiré sa toiture; la plante a développé ses rameaux à travers ses pierres déjointes; les oiseaux ont bâti leurs nids au milieu de ses murs en ruines; et le Français qui, en songeant aux infortunes de la fille exilée de Louis XVI, allait visiter cette église, s'étonnait de n'entendre que le bruit de son horloge, qui, comme le temps insensible, et dans les profondeurs de ces caveaux déserts, allait disant : L'heure de la mort sonne pour tous, aussitôt pour les rois que pour le reste de leur peuple.

Cependant, ce que Dagobert, Sainte-Geneviève, Charlemagne et Saint-Louis avaient achevé sous l'inspiration de la religion, cet homme qui, dans ces derniers temps ne craignait pas de faire d'une épée enlacée de lauriers le sceptre des despotes, le renouvela à leur exemple, par un excès d'orgueil. Il pensait que la gloire pouvait faire pardonner l'injustice d'une usurpation odieuse, et que les Bourbons étaient à jamais éteints pour le trône comme pour notre amour et notre bonheur. Dans l'ivresse de ses triomphes payés des larmes de tant de mères, alors qu'en mesurant l'avenir de sa carrière, il apercevait ce terme où nous arrivons tous, il élevait ses regards sur Saint-Denis et ses tours gothiques. Il se disait : « Ces rois ont disparu à jamais pour faire place à ma cendre; » et comme s'il n'y avait plus de souvenirs pour la France, ni d'espoir pour les sujets fidèles, il rétablit pour lui seul Saint-Denis, et y marqua sa place (1).

---

(1) Dès 1810, MM. Garnier, Gérard, Girodet, Gros, Guérin, Landou, Lebarbier l'aîné, Ménageot, Meynier, Monthau, avaient été nommés pour décorer la sacristie de Saint-Denis, de tableaux dont le sujet avait été pris dans l'histoire de cette abbaye.

On dit que Bonaparte avait dessein de faire élever, dans les côtés latéraux, des autels expiatoires en l'honneur du martyre de Louis XVI. Il était jaloux d'apprendre par-là aux peuples, qu'un front revêtu du diadême est sacré.

Mais au pied de quel arbre, oublié dans un désert, est-il venu se reposer, celui qui ne trouvait pas les tombeaux de nos rois, environnés d'assez de gloire et d'images de puissance !

Qui n'admirerait ici la justice de la providence ! Le bras de Dieu avait précipité Buonaparte du haut de ce trône au pied duquel étaient tombés tant de sceptres et de couronnes ; et, au moment où Saint-Denis rouvrait ses portes, le pavillon blanc, parsemé de lis, sous la protection de l'arc aux sept couleurs, si cher aux matelots, flottait sur l'Océan. Un vaisseau nous rapportait le royal exilé, qui, si long-temps, en soupirant, appela de tous ses vœux la France ; et sur nos rivages tressaillant d'allégresse, mille cris d'amour et d'enthousiasme saluaient Louis-le-Désiré, digne fils de saint Louis, qui, dans sa vie, devait nous rappeler sa haute sagesse, et se placer dans la tombe, à l'ombre de son monument.

Ainsi, ne le semble-t-il pas ? la main divine qui a veillé sur la couronne de France pendant tous ses malheurs, a aussi protégé Saint-Denis. Saint-Denis appelle aujourd'hui les regards de l'Europe par ses tristes et pompeuses solennités ; et chacun de nous se rappelle le temps où sa destruction avait été proposée, parce qu'on ne trouvait pas à le vendre. Les ennemis de Dieu voulaient rappeler dans le temple les marchands qu'une main divine en avait autrefois chassés. Qui le croirait? On délibérait froidement si l'on ne ferait pas une halle pour le peuple, d'un asile où erraient encore les ombres de nos rois!

ÉDIFICATION DE SAINT-DENIS.

AU QUATRIÈME SIÈCLE.

L'histoire de l'édification de Saint-Denis n'est pas sans intérêt. Félibien, qui a écrit sur cette abbaye, raconte les causes qui ont déterminé sa construction :

« L'église de Saint-Denis a été bâtie sur le champ même où fut enterré ce principal apôtre du christianisme dans les Gaules. Les actes de son martyre nous apprennent que, chargé par le saint-siége de prêcher l'Évangile aux peuples, il se rendit vers Paris (1). Les nombreuses conversions qu'obtinrent son zèle excitèrent une persécution cruelle contre lui et les nouveaux chrétiens. L'édit en ayant été bientôt après publié dans les Gaules, saint Denis fut arrêté avec Rustique, prêtre, et saint Éleutère, diacre. On les interrogea, et ils confessèrent généreusement le nom et la foi de Jésus-Christ. On leur fit ensuite souf-

---

(1) Les prédications de saint Denis par Monsiau, dans les Gaules, forment le sujet d'un tableau exposé au Louvre en 1814, et qui était destiné à la sacristie de Saint-Denis.

frir d'autres supplices; mais leur constance fut plus forte que leur plus cruel tourment. Ils eurent enfin la tête tranchée, et méritèrent de recevoir ainsi tous trois la couronne du martyre (1).

Les bourreaux avaient reçu l'ordre de jeter leurs corps dans un endroit profond de la Seine; mais une dame, païenne encore, du nom de *Catulle*, les invita à manger, et sut si bien les amuser, qu'ils ne pensèrent plus qu'à profiter du bon repas préparé à leur appétit. La dame cependant dépêcha de ses domestiques qui emportèrent les corps des martyrs, et les enterrèrent dans un champ prêt à être ensemencé, à six lieues de Paris. On y sema en effet aussitôt, afin de mieux cacher le lieu de leur sépulture. Les choses restèrent ainsi, jusqu'à ce que l'ardeur de la persécution se fût un peu ralentie. Alors la même dame, qui ne se souvenait plus précisément de l'endroit où étaient les corps des

---

(1) La fable de saint Denis qui, après son massacre, porta sa tête dans sa main, et fit encore un long trajet, n'est pas rapportée par Félibien; elle est trop connue, pour qu'elle soit racontée ici. Un évêque la répétait gravement à madame Du Deffand. — « Pourquoi non? répondit-elle. Dans ces sortes de choses, il n'y a que le premier pas qui coûte. »

martyrs, fit fouiller dans le champ où ils avaient été enterrés ; et les ayant découverts, elle fit construire un tombeau sur leur sépulture. Les chrétiens, selon le même auteur, bâtirent depuis, en la même place, une basilique superbe que Dieu honora de plusieurs miracles.

C'est au troisième siècle qu'il faut placer l'édification de Saint-Denis. Depuis, durant la confusion des guerres civiles, elle avait été démolie, ou était tombée en ruines. Sainte Geneviève conçut le désir de la relever. Mais, pauvre bergère de Nanterre, elle manquait de bien des choses ! Comment trouvera-t-elle de quoi fournir aux frais nécessaires ? Qu'advint-il ? les Parisiens, qui l'aimaient, s'empressèrent de seconder ses vœux. Elle obtint d'eux, aisément, de contribuer à l'exécution de son pieux dessein ; et vers la fin du quatrième siècle, un nouvel édifice s'éleva à la même place où une basilique avait été achevée en l'honneur du saint martyr. La chronique religieuse raconte les miracles de la vierge à cette occasion ; ils sont assurément très-beaux. Mais à quoi bon ces touchans récits ? de quel intérêt seraient-ils pour nous, qui repoussons, avec tant de dédain, les naïvetés de ce temps de crédulité et de douces et de sublimes vertus.

D'après de vieilles traditions que révéraient la

crédulité de nos pères, la réédification de Saint-Denis fut due à la reconnaissance de Dagobert envers le martyr qui pour lui n'épargna pas les prodiges. Un moine, auteur de sa vie, rappelle à ce sujet des choses merveilleuses; mais telle est la profusion des lumières du siècle, qu'au milieu de nos regrets, nous sommes assez malheureux pour ne pas ajouter une foi entière à ce qu'il raconte.

Quoi qu'il en soit de ces miracles, dont le récit du moins peut étonner un instant une oisive curiosité, Dagobert, dans le sixième siècle, fit reconstruire l'église de Saint-Denis. Il la décora de tapisseries brillantes d'or et de perles. Elle fut pavée de marbre; sa toiture, dit-on, couverte en argent. Il la nomma *son église;* et ce roi qui avait marqué la place où il voulait être inhumé, l'enrichit par ses donations. Comme il avait tout changé dans cette réédification, et que son corps y reposait (1), les moines se plurent à le nommer leur fondateur. Il est à remarquer,

---

(1) Les funérailles de Dagobert sont le sujet d'un tableau composé en 1812, pour la sacristie de Saint-Denis, par M. Garnier. Le corps avance vers le lieu de la sépulture. Les deux enfans, Clovis et Sigebert, ouvrent la marche, conduits par Éga, maire du palais; il est accompagné par e saint prélat Arnould, évêque de Metz.

cependant, que déjà précédemment Chilpéric y avait fait enterrer un de ses fils, dont le corps avait été, du château de Braine dans le Soissonnais, apporté à Saint-Denis.

Depuis ce temps cette église fut consacrée à la sépulture des rois de France.

Le roi Pepin la fit reconstruire ; elle ne fut entièrement terminée, cependant, que sous Charlemagne, qui assista à la bénédiction qu'en fit l'abbé Fulrad, dans le courant de septembre 775 (1). Suger, devenu régent de France, la fit reconstruire sur un plan plus vaste. Il respecta les ouvrages de Pepin et de Charlemagne, laissa ce qui forma depuis une église souterraine, et fit élever cette église haute, appelée depuis le *chevet de l'église*. Ce nouvel édifice fut décoré avec magnificence et avec autant de goût que le permettait le peu de perfection des arts. Il y employa avec profusion les peintures, les sculptures, l'argenterie ciselée, les mosaïques, l'orfévrerie, merveilles de ces temps.

On y remarqua long-temps les peintures des vitraux saphiriés, qui retraçaient des scènes des croisades et de l'Ancien Testament; son portail gar-

---

(1) Sujet d'un tableau de la sacristie de Saint-Denis, par M. Meynier, exposé en 1812. Tous les ans, on célébrait l'anniversaire de cette dédicace, à Saint-Denis.

ni des statues des rois de France qui avaient régné avant Louis le Jeune, et représentant sculpté sous l'arc de l'ogive le massacre de saint Denis, d'Éleutère, de Rustique, et surtout les portes en fonte, ciselées et dorées d'or moulu, qui servaient d'ornemens au portique ; elles portaient en différens cartouches de demi-relief, l'histoire de la passion de notre Sauveur, David jouant de la harpe, un zodiaque et les travaux des douze mois de l'année. C'était un présent de Suger. Un Christ d'or massif, pesant quatre-vingt marcs, reposant sur une croix émaillée et ayant à ses pieds les quatre évangélistes : des tableaux d'or travaillé, une table de quarante-deux marcs en pierres précieuses, hyacinthes, rubis, saphirs, émeraudes, perles, et autres tables d'une égale richesse, étaient les nouveaux dons que cet abbé y ajouta. La dédicace de l'église fut une fête brillante pour la cour. Le roi Louis VII, la reine, la reine mère, les princes, les évèques, s'y rendirent; et le 13 juin 1144 se fit la consécration des autels (1).

Saint Louis avait une piété trop vive pour que cette église ne reçût pas les témoignages parti-

---

(1) Cette consécration était peinte sur un des vitraux du chevet. Elle est grossièrement exécutée, mais avec vigueur.

culiers de sa haute dévotion. Il la fit réparer avec soin ; et c'est à lui qu'est due la pensée de réunir à Saint-Denis toutes les images des rois de la race Capétienne ; il la décora de ce que les arts d'Orient avaient apporté de gracieux en France; mais sous Philippe-le-Hardi, seulement en 1280, sous l'administration de Vendôme, fut achevée la nef qui avait été commencée sous la régence de la reine Blanche.

Sous Louis XII et sous François Ier, qui y fut sacré, Saint-Denis reçut de nouveaux embellissemens.

Il paraîtrait, d'après Montfaucon, que les peintures sur verre qui y représentent huit scènes de la mort et des miracles de saint Louis, sont de ce temps. Ses monumens semblent marquer que les vitres ont été faites au 14e. siècle, avant que ce siècle fût fort avancé, et dans un temps où il pouvait y avoir encore des vieillards qui se souvenaient de saint Louis. Il y en aura, ajoute-t-il, qui soutiendront que ces peintures ont été faites dans un temps plus bas, fondés sur ce que, dans une de ces peintures, on voit sur la tête des fils de saint Louis l'écu de France chargé seulement de trois fleurs de lis. Or, suivant l'opinion ci-devant reçue, l'écu de France, qui était au commencement chargé de fleurs de lis sans nombre ne fut réduit à trois que du temps de Charles VI ; mais l'on a découvert et l'on découvre tous les jours des écus bien plus anciens, réduits à ce nombre de trois. On en a trouvé de Charles V, du roi Jean, de Philippe de Valois, et peut être en trouve-t-on d'autres dans les temps les plus reculés ; ce qui me ferait croire que ces vitres ont été peintes avant 1350, c'est que je vois dans ces vers des lettres dont l'usage avait cessé avant ce temps là (1).

Alors cette église était trop riche et trop magnifique pour qu'elle pût subir aucun changement ; elle n'avait plus à craindre le pillage des Normands, qui l'avaient obligée plusieurs fois de se fortifier ; elle ne redoutait plus les agitations de ces guerres civiles dont

---

(1) Il y a sur les vitres de Saint-Denis quatre tableaux pour la première croisade. Le premier représente la fuite des Arabes, battus par les chrétiens, et se retirant à Ascalon, selon l'inscription : *Arabes victi in Ascalon fugiunt*. Le deuxième qui est en dessous, représente le duc de Normandie Robert, abattant d'un coup de lance un des chefs ennemis, avec cette inscription : *Robertus dux Normanorum Parthium prosternit*. Le troisième, un duel entre Robert comte de Flandre, et un soldat parthe, avec cette inscription : *Duellum Parthi*, et *Roberti Flandrensis Comitis*. Le dernier, la bataille des croisés contre les soudans d'Égypte, où on lit : *Bellum ami*. Il faut lire : *Bellum amiravisi*.

elle fut plus d'une fois troublée. Le pieux monastère jouissait en paix de ses trésors et de la renommée de ses vertus, lorsque la révolution de France éclata. Ses monumens, qui faisaient sa richesse, lui furent enlevés. Son abbaye fut détruite. Elle resta douze ans sans couverture. Ses murs tombèrent en ruines, endommagés de toutes parts. Bonaparte en ordonna la restauration, par une loi du 20 février 1806; elle fut consacrée à la sépulture des souverains. Mais les travaux commencés avant 1814 ne furent pas alors trouvés suffisans; ils ont été recommencés sous la direction de M. Debret.

Saint-Denis a retrouvé son antique gloire, car elle a retrouvé les restes de nos rois. Ses murs se sont relevés à la voix de celui qui a paru parmi nous pour y faire revivre tout ce qui mérite le respect des hommes; et les arts et la piété royale se sont empressés de lui apporter leurs tributs pour décorer ses autels.

TABLEAU
DES ROIS QUI N'ONT PAS ÉTÉ ENTERRÉS
A SAINT-DENIS.

Première race.

Pharamond.

Clodion, mort en 447, enterré à Cambrai.

Mérovée, mort en 458.

Childéric I*er*, mort en 481, enterré à Tournay.

Clovis, mort en 511, enterré à Sainte-Geneviève, qui s'appellait l'église de Saint-Pierre et de Saint-Paul.

Clodomir, mort en 525.

Théodebald, mort en 532, massacré.

Thierry, mort en 534.

Théoderic, mort en 537.

Théodebert, mort en 548.

Théodebald, mort en 555.

Childebert, mort en 558, enterré à Saint-Germain-des-Prés.

Clodoard.

Clotaire I*er*, mort 561, enterré à Soissons, dans l'église de Saint-Médard.

Charibert, mort en 570, enterré à Saint-Germain-des-Prés.

Chilpéric I, mort en 584, assassiné à Chelles en Brie.

Clotaire II, mort en 628, enterré à Saint-Germain-des-Prés.

Childéric II, mort en 673, enterré à Saint-Germain-des-Prés.

Thierry, mort en 691, enterré à Saint-Vaast d'Arras.

Clovis III, mort en 694, à Saint-Étienne de Choisy sur Aisne, près Compiègne.

Childebert II, mort en 711.

Dagobert II, mort en 716.

Chilpéric II, mort en 720, enterré à Noyon.

Chilpéric III, mort en 751, enterré à Saint-Bertin, à Saint-Omer.

Seconde race.

Carloman, mort en 771, enterré à Saint-Remy de Reims.

Charlemagne, mort en 814, enterré à Aix-la-Chapelle.

Louis le Débonnaire, mort en 840; enterré dans l'abbaye de Saint-Arnould, à Metz.

Charles le Gros, mort en 888, enterré au monastère de Richenove, dans une île du lac de Constance.

Charles le Simple.

Raoul, mort en 936, enterré à Sainte-Colombe de Sens.

Louis IV, mort en 954, enterré à Saint-Remy.

Lothaire, mort en 983, enterré à Saint-Remy.

Louis V, mort en 986, enterré dans l'église de Saint-Corneille, à Compiègne.

Troisième race.

Philippe Ier. mort en 1108, enterré à l'abbaye de Saint-Benoit sur Loire.

Louis VII, mort en 1180, enterré à l'abbaye de Barbeaux, près Melun.

Louis XI, mort en 1483, enterré à Notre-Dame de Cléry.

Observations sur les rois enterrés à Saint-Denis.

Première race.

Cinq rois de la première race seulement, ont été enterrés à Saint-Denis. Dagobert, Clovis II, Clotaire III, Thierry IV, et Charles Martel.

Deuxième race.

Pepin le Bref, Charles II, Louis III, et Carloman et Eudes ont été enterrés à Saint-Denis, les autres rois choisirent une autre sépulture.

Troisième race.

Il n'y a que trois de nos rois de la troisième race qui n'aient pas été enterrés à Saint-Denis Philippe Ier, Louis le Jeune, et Louis XI.

TABLEAU
DES SÉPULTURES ROYALES
DANS L'ÉGLISE DE SAINT-DENIS, AVANT 1793.

Dans le sanctuaire du côté de l'épître, le tombeau du roi Dagobert Ier. *Dans la croisée du chœur du côté de l'épître, le long des grilles*, le tombeau de Clovis II, celui de Charles Martel, père de Pepin, celui de Pepin son fils, premier roi de la deuxième race, à côté, celui de Berthe ou Bertrade, sa femme, morte en 783. *Du côté de l'évangile le long des grilles*, le tombeau de Carloman, fils de Pepin, et frère de Charlemagne, et celui d'Hermentrude, femme de Charles le Chauve, à côté, laquelle mourut en 869. *Du côté de l'épître*, le tombeau de Louis III, fils de Louis le Bègue, et celui de Carloman, frère de Louis III. *Du côté de l'évangile*, les tombeaux d'Eudes le Grand, oncle de Hugues Capet, de Henri I, de Louis VI dit le Gros, et de Philippe, fils ainé de Louis, de Constance de Castille, seconde femme de Louis VII, dit le Jeune, morte en 1159.

Tous ces monumens étaient en pierre, et avaient été construits sous le règne de saint Louis, au treizième siècle. Ils contenaient chacun deux petits cercueils de pierre, d'environ trois pieds de long, recouverts d'une pierre en dos d'âne, où étaient renfermées les cendres de ces princes et princesses. Tous les monumens qui suivaient étaient de marbre, à l'exception de deux. Ils avaient été construits dans le siècle où ont vécu les personnages dont ils contenaient les cendres. *Dans la croisée du chœur du côté de l'épître.* Le tombeau de Philippe le Hardi; et celui d'Isabelle d'Aragon, sa femme, morte en 1272. Ces deux tombeaux étaient creux et contenaient chacun un coffre de plomb, d'environ trois pieds de long, sur huit pouces de haut; ils renfermaient les cendres de ces deux époux. Celui de Philippe IV, dit le Bel. *Côté de l'évangile.* Louis X, dit le Hutin, et celui de son fils posthume, Jean, aux pieds de Louis le Hutin, Jeanne, reine de Navarre, sa fille, morte en 1349. *Dans le sanctuaire, du côté de l'évangile.* Philippe V, dit le Long, avec le cœur de sa femme Jeanne de Bourgogne, morte le 21 janvier 1329: Charles IV, dit le Bel, et Jeanne d'Évreux sa femme, morte en 1370. *Chapelle de Notre-Dame la Blanche, du côté de l'épître.* Blanche, fille de Charles le Bel, duchesse d'Orléans, morte en 1392, et Marie sa sœur, morte en 1341; plus bas, deux effigies de ces princesses, en pierre, adossées aux piliers de l'entrée de la chapelle.

Dans le sanctuaire de cette chapelle du côté de l'évangile. Philippe de Valois et Jeanne de Bourgogne, sa première femme, morte en 1348. Blanche de Navarre, sa deuxième femme, morte en 1398 ; Jeanne, fille de Philippe de Valois et de Blanche, morte en 1373 ; plus bas, deux effigies en pierre de Blanche et de Jeanne, adossées aux piliers du bas de la dite chapelle. *Chapelle de Saint-Jean Baptiste dite des Charles.* Charles V, surnommé le Sage, et Jeanne de Bourbon sa femme. Charles VI et Isabeau de Bavière, sa femme. Charles VII et Marie d'Anjou, sa femme. Revenus dans le sanctuaire du côté du maître autel, le roi Jean, mort prisonnier en Angleterre. Au bas du sanctuaire et des degrés, du côté de l'évangile, le massif du monument de Charles VIII dont l'effigie et les quatre anges qui étaient aux quatre coins avaient été retirés en 1792, a été démoli le 8 août 1793. Dans la chapelle de Notre-Dame la Blanche, étaient les deux effigies en marbre de Henri II et de Catherine de Médicis, sa femme, l'un et l'autre revêtus de leurs habits royaux, couchés sur un lit recouvert de lames de cuivre doré, aux chiffres de l'un et de l'autre et ornés de fleurs de lis. Dans la chapelle des Charles le tombeau de Bertrand Duguesclin, mort en 1380.

TABLEAU

DES SÉPULTURES DE LA MAISON DE BOURBON

DANS L'ÉGLISE SOUTERRAINE, DEPUIS HENRI IV

Avant la révolution il existait, comme il existe aujourd'hui, une église souterraine, semblable à toutes les cryptes du temps des premières dynasties, placée sous l'église même de Saint-Denis; cette crypte d'une architecture lombarde, à voûtes arrondies, reste des constructions de Pepin et de Charlemagne; mais dont les chapiteaux ainsi que les piliers destinés à supporter de grandes masses, sont des ouvrages de Suger, était devenue depuis Henri IV, la métropole de nos rois.

Les rois, les reines, les dauphins, les dauphines et les autres princes et princesses de la dynastie des Bourbons, étaient placés dans cette crypte souterraine, réservée à leur sépulture, dans l'ordre suivant :

A la droite. Henri IV ; Louis XIII; Marie de Médicis, deuxième femme de Henri IV; Anne d'Autriche, épouse de Louis XIII; Marie-Thérèse d'Espagne, épouse de Louis XIV; Marie de Pologne, épouse de Louis XV; Marie-Anne-Christine-Victoire de Bavière, épouse de Louis dauphin; Louis dauphin, fils de Louis XIV; Louis, duc de Bourgogne, fils de Louis dauphin; Marie-Adélaïde de Savoie, épouse de Louis dauphin; N... de France, duc de Bretagne, premier fils de Louis, duc de Bourgogne; Louis, duc de Bourgogne; Marie-Thérèse, infante d'Espagne, épouse de Louis dauphin (sur la même ligne de ces derniers, les cœurs de Louis dauphin de France et Marie-Joseph de Saxe, dauphine); Xavier-Marie-Joseph de France, duc d'Aquitaine leur fils; Marie-Zéphirine de France, fille de Louis dauphin et de Marie-Joseph de Saxe, dauphine; Marie-Thérèse de France, fille de Louis dauphin et de Marie-Thérèse infante d'Espagne; N... d'Anjou, fils de Louis XV; Anne-Henriette de France, première dame de France; Louise-Marie, deuxième dame de France; Louise-Élisabeth de France, duchesse de Parme; Louis-Joseph-Xavier de France, duc de Bourgogne, fils de Louis dauphin et de Marie-Josephe de Saxe; Charles de France, duc de Berry, petit-fils de Louis XIV; Marie-Louise-Élisabeth d'Orléans, fille du régent, épouse de Charles duc de Berry; Sophie de France, tante de Louis XVI, sixième fille de Louis XV; N... de France, dit d'Angoulême, fils du comte d'Artois; Sophie-Hélène de France, fille de Louis XVI; Louis-Joseph-Xavier, dauphin, fils de Louis XVI.

Louis XV, à l'entrée du caveau sur les marches, même un peu de côté à main droite, en entrant dans une espèce de niche dans l'épaisseur du mur. *A la gauche*, N... duc d'Orléans, deuxième fils de Henri IV; Marie de Bourbon, première femme de Gaston; Gaston duc d'Orléans, fils d'Henri IV; Marguerite de Lorraine, deuxième femme de Gaston; Henriette-Marie, fille d'Henri IV, épouse de Charles Ier, roi d'Angleterre; Henriette-Anne-Stuart, fille de Charles Ier, roi d'Angleterre, première femme de Monsieur; Anne-Marie-Louise d'Orléans, duchesse de Montpensier, fille de Gaston-Philippe de France, duc d'Orléans frère unique de Louis XIV; Élisabeth-Charlotte, palatine de Bavière; madame douarière d'Orléans; Charles de France, duc de Berry, petit-fils de Louis XIV; Marie-Louise-Élisabeth d'Orléans, épouse de Charles duc de Berry; Philippe duc d'Orléans, petit-fils de France, régent du royaume; N... d'Orléans, fils de Gaston; Marie-Anne d'Orléans, fille de Gaston; Anne-Élisabeth de France, première fille de Louis XIV; Marie-Anne, deuxième fille de Louis XIV; Philippe duc d'Anjou, fils de Louis XIV; Marie-Thérèse, fille de Louis XIV; Louis-François, duc d'Anjou, fils de Louis XIV; N... d'Orléans, fille de Monsieur; Philippe-Charles d'Orléans, fils de Monsieur; N..., fille de Charles, duc de Berry; N... duc d'Alençon, fils de Charles duc de Berry; N... fille de Charles duc de Berry.

Xavier de France; Louis, dauphin, fils de Louis XV; Louise-Marie, fille de Louis XV; Élisabeth-Charlotte de France, deuxième femme de Monsieur; Philippe d'Orléans, petit-fils de France, régent; N..., mademoiselle d'Artois.

Louis XIV était sous la représentation à l'entrée du caveau.

PROFANATION

DES TOMBEAUX DE SAINT-DENIS,

En 1793.

Hélas! toutes ces sépultures, orgueil et vénération de la France, que sont-elles devenues? la main des hommes, destructive comme celle du temps, ne les a pas respectées; les ombres qui les habitaient en paix en ont été chassées par des bras impies (1). Et tous nos rois, selon l'expression du poëte, sont descendus deux fois dans la nuit des tombeaux.

---

(1) Turenne, Duguesclin, vos ombres désolées
    Désertent en pleurant ces riches mausolées.

Turenne exhumé était complétement conservé. Il resta six mois entre les mains du gardien qui le montra pour de l'argent, jusqu'à ce qu'il fût transféré au jardin des plantes où on le vit à côté du rhinocéros.

Le 26 germinal an 7, il fut conduit aux Petits-Augustins; et de là, le 1er. vendémiaire an 9, aux Invalides.

Lorsque, placé près de la chapelle des Valois, il fut exposé à la vue du public, un soldat français coupa sa moustache avec son sabre, en disant en termes énergiques : « Désormais je n'en aurai plus d'autres; je vais me battre, » je cours à la victoire. » Il plaça cette mèche sur sa lèvre supérieure.

Tandis que la France, veuve de son roi, jetait en soupirant des yeux attendris sur Saint-Denis; asile sacré qui contenait, en silence au moins, le trésor de ses souvenirs, seul bien qui lui restait, ces hommes coupables qui avaient immolé Louis XVI, s'étaient rassemblés dans l'enceinte où ils venaient jurer haine à la monarchie. Dans le délire du crime, et l'exaspération de la fureur, ils s'étaient dit : « Ne bornons pas là notre ven-
» geance; foudroyons, jusque dans leurs tom-
» beaux, ces usurpateurs de nos droits; flétris-
» sons leur mémoire, et brisons leurs cercueils.
» Que leurs débris disparaissent à jamais englou-
» tis; et, s'il se peut, étouffons d'eux jusqu'à
» leur moindre mémoire. »

Et ces insensés applaudissent à la voix qui les convie à de nouveaux forfaits. Ils s'agitent, ils se pressent; et comme si l'ombre de Louis XVI ne devait pas planer au-dessus d'eux avec ce regard de pardon qui fait tressaillir et pleurer le coupable, ils dictent ce décret de 1793, qui ordonne à la vengeance de s'exercer jusque sur des cadavres et de fragiles ossemens.

Une horde de barbares s'arme des instrumens de la destruction; l'instinct qui les pousse est celui de la hyène, déterrant au sein des nuits les corps ensevelis dans le tombeau; le palais de la mort est troublé, le marteau retentit sous ses voûtes ; la hache attaque le cercueil ; ils brisent la couronne, signe d'un pouvoir pourtant abattu; l'inutile ciment sous leurs coups s'écarte; les monumens s'entrouvent, et la lumière vient toucher ces restes qui devaient s'éteindre à l'abri de tous les regards des hommes. Que vont-ils faire de ces restes sacrés ? Sans pitié ils les arrachent de leur séjour, ils en dispersent les touchans lambeaux. Et pourquoi tourmentent-ils ainsi la mort ? C'est pour conquérir le plomb du cercueil ; et les voilà qui, les flammes à la main, se hâtent de lui enlever ses formes funéraires, et de le liquéfier ! Méprisable victoire! Hélas ! la piété ose à peine verser sur tant de pertes une larme ; mais elle gémit en silence de ce sacrilége; car elle a cru voir sur tous les monumens ces mots écrits sur celui de Chilpéric : *Chilpéric vous prie de ne pas enlever ces ossemens de cet asile.*

Lorsque l'on parcourt le procès verbal des exhumations qui ont été faites de ces nobles morts, il est difficile de ne pas éprouver des émotions bien vives, de surprise, d'effroi, d'indignation. Ce procès verbal, rédigé par Don Poirée et Don Draon, religieux de Saint-Denis, gardiens des chartes du monastère, ne peut être suppléé par des extraits. Dans ces sortes d'événemens, c'est de détails surtout que la curiosité est avide.

EXTRACTION

Des corps des rois, reines, princes et princesses, ainsi que des autres grands personnages qui étoient enterrés dans l'église de l'abbaye de Saint-Denis en France.

Le samedi 12 octobre 1793.

ON a ouvert le caveau des Bourbons, du côté des chapelles souterraines, et on a commencé par en tirer le cercueil du roi Henri IV, mort le 14 mai 1610, âgé de 57 ans.

Remarques. Son corps s'est trouvé bien conservé, et les traits du visage parfaitement reconnoissables. Il est resté dans le passage des chapelles basses, enveloppé de son suaire, également bien conservé. Chacun a eu la liberté de le voir jusqu'au lundi matin 14, qu'on l'a porté dans le chœur, au bas des marches du sanctuaire, où il est resté jusqu'à deux heures après midi, qu'on l'a déposé dans le cimetière dit des Valois, ainsi qu'il a été ci-devant dit, dans une grande fosse creusée dans le bas dudit cimetière à droite, du côté du nord.

Le lundi 14 octobre 1793.

Ce jour, après le dîner des ouvriers, vers les trois heures après midi, on continua l'extraction des autres cercueils des Bourbons.

Celui de Louis XIII, mort en 1643, âgé de 42 ans.

Celui de Louis XIV, mort en 1715, âgé de 77 ans.

De Marie de Médicis, deuxième femme de Henri IV, morte en 1642, âgée de 68 ans.

D'Anne d'Autriche, femme de Louis XIII, morte en 1666, âgée de 64 ans.

De Marie-Thérèse, infante d'Espagne, épouse de Louis XIV, morte en 1683, âgée de 45 ans.

De Louis, dauphin, fils de Louis XIV, mort en 1711, âgé de près de 50 ans.

Remarques. Quelques-uns de ces corps étaient bien conservés, surtout celui de Louis XIII, reconnaissable à sa moustache ; Louis XIV l'était aussi par ses grands traits, mais il était noir comme de l'encre. Les autres corps, et surtout celui du grand dauphin, étaient en putréfaction liquide.

Le mardi 15 octobre 1793.

Vers les sept heures du matin, on a repris et continué l'extraction des cercueils des Bourbons par celui de Marie Leczinska, princesse de Pologne, épouse de Louis XV, morte en 1768, âgée de 65 ans.

Celui de Marie-Anne-Christine-Victoire de Bavière, épouse de Louis grand dauphin, morte en 1690, âgée de 30 ans.

De Louis, duc de Bourgogne, fils de Louis grand dauphin, mort en 1712, âgé de 30 ans.

De Marie-Adélaïde de Savoie, épouse de Louis, duc de Bourgogne, morte en 1712, âgée de 26 ans.

De Louis, duc de Bretagne, premier fils de Louis, duc de Bourgogne, mort en 1705, âgé de 9 mois et 19 jours.

De Louis, duc de Bretagne, second fils du duc de Bourgogne, mort en 1712, âgé de 6 ans.

De Marie-Thérèse d'Espagne, première femme de Louis dauphin, fils de Louis XV, morte en 1746, âgée de 20 ans.

De Xavier de France, duc d'Aquitaine, second fils de Louis dauphin, mort le 22 février 1754, âgé de 5 mois et demi.

De Marie-Zéphirine de France, fille de Louis dauphin, morte le 27 avril 1748, âgée de 21 mois.

De N. duc d'Anjou, fils de Louis XV, mort le 7 avril 1733, âgé de 2 ans 7 mois 3 jours.

On a aussi retiré du caveau les cœurs de Louis dauphin, fils de Louis XV, mort à Fontainebleau, le 20 décembre 1765, et de Marie Joseph de Saxe, son épouse, morte le 13 mars 1767.

Nota. Leurs corps avaient été enterrés dans l'église cathédrale de Sens, ainsi qu'ils l'avaient demandé.

Remarques. Le plomb en figure de cœur a été mis de côté, et ce qu'il contenait a été porté au cimetière, et jeté dans la fosse commune, avec tous les cadavres des Bourbons. Les cœurs des Bourbons étoient recouverts d'autres de vermeil ou argent doré, et surmontés chacun d'une couronne aussi d'argent doré. Les cœurs d'argent et leurs couronnes ont été déposés à la municipalité, et le plomb a été remis aux commissaires aux plombs.

Ensuite on alla prendre les autres cercueils à mesure qu'il se présentaient à droite et à gauche.

Le premier fut celui d'Anne-Henriette de France, fille de Louis XV, morte le 10 février 1752, âgée de 24 ans 5 mois et 27 jours.

De Louise-Marie de France, fille de Louis XV, morte le 27 février 1733, âgée de 4 ans et demi.

De Louise-Élisabeth de France fille de Louis XV, mariée au duc de Parme, morte à Versailles, le 6 décembre 1759, âgée de 32 ans 3 mois et 22 jours.

De Louis-Joseph-Xavier de France, duc de Bourgogne fils de Louis dauphin, frère aîné de Louis XVI, mort le 22 mars 1761, âgé de 9 à 10 ans.

De N. d'Orléans, second fils d'Henri IV, mort en 1611, âgé de 4 ans.

De Marie de Bourbon de Montpensier, première femme de Gaston, fils de Henri IV, morte en 1627, âgée de 22 ans.

De Gaston Jean-Baptiste, duc d'Orléans, fils de Henri IV, mort en 1660, âgé de 52 ans.

De Marie-Louise d'Orléans, duchesse de Montpensier, fille de Gaston et de Marie de Bourbon, morte en 1693, âgée de 66 ans.

De Marguerite de Lorraine, seconde femme de Gaston, morte le 3 avril 1672, âgé de 58 ans.

De Jean Gaston d'Orléans, fils de Gaston Jean-Baptiste et de Marguerite de Lorraine, mort le 10 août 1652, à l'âge de 2 ans.

De Marie-Anne d'Orléans, fille de Gaston et de

Marguerite de Lorraine, morte le 17 août 1656, à l'âge de 4 ans.

Nota. Rien n'a été remarquable dans l'extraction des cercueils faite dans la journée du mardi 15 octobre 1793 : la plupart de ces corps étaient en putréfaction ; il en sortait une vapeur noire et épaisse d'une odeur infecte, qu'on chassait à force de vinaigre et de poudre qu'on eut la précaution de brûler ; ce qui n'empêcha pas les ouvriers de gagner des dévoiemens et des fièvres, qui n'ont pas eu de mauvaises suites.

Le mercredi 16 octobre 1793.

Vers les sept heures du matin, on a continué l'extraction des corps et cercueils du caveau des Bourbons. On a commencé par celui de Henriette-Marie de France, fille de Henri IV, et épouse de l'infortuné Charles Ier, roi d'Angleterre, morte en 1669, âgé de 60 ans ; et on a continué par celui de Henriette-Anne Stuart, fille dudit Charles Ier, et première femme de Monsieur, frère unique de Louis XIV, morte en 1670, âgée de 26 ans.

De Philippe d'Orléans, dit Monsieur, frère unique de Louis XIV, mort en 1701, âgé de 61 ans.

D'Élisabeth-Charlotte de Bavière, seconde femme de Monsieur, morte en 1722, âgée de 70 ans.

De Charles, duc de Berri, petit-fils de Louis XIV, mort en 1714, âgé de 28 ans.

De Marie-Louise-Élisabeth d'Orléans, fille du

duc régent du royaume, épouse de Charles, duc de Berri, morte en 1719, âgée de 24 ans.

De Philippe d'Orléans, petit-fils de France, régent du royaume sous la minorité de Louis XV, mort le jeudi 2 décembre 1723, âgé de 49 ans.

D'Anne-Élisabeth de France, fille aînée de Louis XIV, morte le 30 décembre 1662, laquelle n'a vécu que 42 jours.

De Marie-Anne de France, seconde fille de Louis XIV, morte le 28 décembre 1664, âgée de 41 jours.

De Philippe, duc d'Anjou, fils de Louis XIV, mort le 10 juillet 1671, âgé de trois ans.

De Louis, duc d'Anjou, frère du précédent, mort le 4 novembre 1672, lequel n'a vécu que 4 mois et 17 jours.

De Marie-Thérèse de France, troisième fille de Louis XIV, morte le premier mars 1672, à 5 ans.

De Philippe-Charles d'Orléans, fils de Monsieur, mort le 8 décembre 1666, âgé de 2 ans 6 mois.

De N., fille de Monsieur, morte en naissant, en 1665.

D'Alexandre-Louis d'Orléans, duc de Valois, fils de Monsieur, mort le 15 mars 1676, âgé de 3 ans.

De Charles de Berri, duc d'Alençon, fils du duc de Berri, mort le 16 avril 1718, âgé de 21 jours.

De N. de Berri, fille du duc de Berri, morte en naissant, le 21 juillet 1711.

De Marie-Louise-Élisabeth, fille du duc de Berri, morte en 1714, 12 heures après sa naissance.

De Sophie de France, sixième fille de Louis XV, et tante de Louis XVI, morte le 5 mars 1782, âgée de 47 ans 7 mois et 4 jours.

De N. de France, dite d'Angoulême, fille du comte d'Artois, frère de Louis XVI, morte le 23 juin 1783, âgée de 5 mois et 16 jours.

De Mademoiselle, fille du comte d'Artois, frère de Louis XVI, morte le 23 juin 1783, âgée de 7 ans 3 mois 1 jour.

De Sophie-Hélène de France, fille de Louis XVI, morte le 19 juin 1787, âgée de 11 mois 10 jours.

De Louis-Joseph-Xavier, dauphin, fils de Louis XVI, mort à Meudon le 4 juin 1789, âgé de 7 ans 7 mois 13 jours.

Suite du mercredi 16 octobre 1793.

A onze heures du matin, dans le moment où la reine Marie-Antoinette d'Autriche, femme de Louis XVI, eut la tête tranchée, on enleva le cercueil de Louis XV, mort le 10 mai 1774, âgé de 64 ans.

Remarques. Il étoit à l'entrée du caveau, sur un banc ou massif de pierre, élevé à la hauteur d'environ deux pieds, au côté droit, en entrant, dans une espèce de niche pratiquée dans l'épaisseur du mur. C'était là qu'était déposé le corps du dernier roi, en attendant que son successeur vînt pour le remplacer, et alors on le portait à son rang dans le caveau.

On n'a ouvert le cercueil de Louis XV que dans le cimetière, sur le bord de la fosse. Le corps, retiré du cercueil de plomb, bien enveloppé de linges et de bandelettes, paraissait tout entier et bien conservé ; mais dégagé de tout ce qui l'enveloppait, il n'offrait pas la figure d'un cadavre ; tout le corps tomba en putréfaction, et il en sortit une odeur si infecte, qu'il ne fut pas possible de rester présent : on brûla de la poudre ; on tira plusieurs coups de fusil pour purifier l'air. On le jeta bien vite dans la fosse, sur un lit de chaux vive, et on le couvrit encore de terre et de chaux.

Autre remarque. Les entrailles des princes et princesses étaient aussi dans le caveau, dans des seaux de plomb déposés sous les tréteaux de fer qui portoient leurs cercueils : on les porta au cimetière ; on jeta les entrailles dans la fosse commune. Les seaux de plomb furent mis de côté, pour être portés, comme tous les autres, à la fonderie qu'on venait d'établir dans le cimetière même, pour fondre le plomb à mesure qu'on en trouvait.

Vers les trois heures après midi, on a ouvert, dans la chapelle dite des Charles, le caveau de Charles V, mort en 1380, âgé de 42 ans, et celui de Jeanne de Bourbon, son épouse, morte en 1378, âgée de 40 ans.

Charles de France, mort enfant en 1386, âgé de 3 mois, était inhumé au pied du roi Charles V, son aïeul. Ses petits os, tout-à-fait desséchés, étaient dans un cercueil de plomb. Sa tombe en cuivre était sous le marchepied de l'autel.

Isabelle de France, fille de Charles V, morte quelques jours après sa mère; Jeanne de Bourbon, morte en 1378, âgée de 5 ans; et Jeanne de France, sa sœur, morte en 1366, âgée de 6 mois et 14 jours, étaient inhumées dans la même chapelle, à côté de leurs père et mère. On ne trouva que leurs os sans cercueils de plomb ; mais quelques planches de bois pouri.

Remarques. On a trouvé dans le cercueil de Charles V une couronne de vermeil bien conservée, une main de justice d'argent, et un sceptre de cinq pieds de long, surmonté de feuilles d'acanthe d'argent, bien doré, dont l'or avait conservé tout son éclat.

Dans le cercueil de Jeanne de Bourbon, son épouse, on a trouvé un reste de couronne, un anneau d'or, les débris de bracelets ou chaînons, un fuseau ou quenouille de bois doré, à demi pouri, des souliers de forme fort pointue, en partie consommés, brodés en or et en argent.

Les corps de Charles V et de Jeanne de Bourbon sa femme, de Charles VI et de sa femme, de Charles VII et de sa femme, retirés de leurs cercueils, ont été portés dans la fosse des Bourbons ; après quoi, cette fosse a été couverte de terre, et on en a fait une autre à gauche de celle des Bourbons, dans le fond du cimetière, où on a déposé les autres corps trouvés dans l'église.

Le jeudi 17 *octobre* 1793.

Du matin, on a fouillé dans le tombeau de Charles IV, mort en 1422, âgé de 54 ans, et dans celui d'Isabeau de Bavière, sa femme, morte en 1435 ; on n'a trouvé dans leurs cercueils que des ossemens desséchés : leur caveau avait été enfoncé lors de la démolition du mois d'août dernier. On mit en morceaux leurs belles statues de marbre, et on pilla ce qui pouvait être précieux dans leurs cercueils.

Le tombeau de Charles VII, mort en 1461, âgé de 59 ans, et celui de Marie d'Anjou, sa femme, morte en 1463, avaient aussi été enfoncés et pillés. On n'a trouvé dans leurs cercueils qu'un reste de couronne et de sceptre d'argent doré.

Remarqués. Une singularité de l'embaumement du corps de Charles VII, c'est qu'on y avait parsemé du vif-argent, qui avait conservé toute sa fluidité. On a observé la même singularité dans quelques autres embaumemens de corps du quatorzième et du quinzième siècle.

Le même jour, 17 octobre 1793, l'après-dîner, dans la chapelle Saint-Hippolyte, on a fait l'extraction de deux cercueils de plomb de Blanche de Navarre, seconde femme de Philippe de Valois, morte en 1391, et de Jeanne de France, leur fille, morte en 1371, âgée de 20 ans. On n'a pas trouvé la tête de cette dernière ; elle a été vraisemblablement dérobée, il y a quelques années, lors d'une réparation faite à l'ouverture du caveau.

On a ensuite fait l'ouverture du caveau de Henri II, qui était fort petit : on en tira d'abord deux cœurs, un gros, et l'autre moindre : on ne sait de qui ils viennent, étant sans inscriptions ; ensuite quatre cercueils, 1° celui de Marguerite de France, femme de Henri IV, morte le 27 mai 1615, âgée de 62 ans; 2°. celui de François, duc d'Alençon, quatrième fils de Henri II, mort en 1584, âgé de 30 ans; 3°. celui de François II, qui n'a régné qu'un an et demi, et qui mourut le 5 décembre 1560, âgé de 17 ans; 4°. d'une fille de Charles IX, nommée Elisabeth de France, morte le 2 avril 1578, à 6 ans.

Avant la nuit, on a ouvert le caveau de Charles VIII, mort en 1498, âgé de 28 ans. Son cercueil de plomb était posé sur des tréteaux ou barres de fer: on n'a trouvé que des os presque desséchés.

Le vendredi 18 octobre 1793.

Vers les sept heures du matin, on a continué l'extraction des cercueils du caveau de Henri II, et on en a tiré quatre grands cercueils : Celui de Henri II, mort le 10 juillet 1559, âgé de 40 ans et quelques mois; de Catherine de Médicis, sa femme, morte le 5 janvier 1589, âgée de 70 ans; de Charles IX, mort en 1574, âgé de 24 ans ; de Henri III, mort le 2 août 1589, âgé de 38 ans.

Celui de Louis, duc d'Orléans, second fils de Henri II, mort au berceau.

De Jeanne de France et de Victoire de France, toutes deux filles de Henri II, mortes en bas âge.

Remarques. Ces cercueils étaient posés les uns sur les autres sur trois lignes : au premier rang, à main gauche en entrant, étoient les cercueils de Henri II, de Catherine de Médicis, sa femme, et de Louis d'Orléans, leur second fils : le cercueil de Henri II était posé sur des barres de fer, et les deux autres sur celui de Henri II.

Au second rang, au milieu du caveau, étaient quatre autres cercueils placés les uns sur les autres; et les deux cœurs, ci-dessus mentionnés, étaient posés dessus.

Au troisième rang, à main droite, du côté du chœur, se trouvaient quatre cercueils; celui de Charles IX, porté sur des barres de fer, en portait un grand (celui de Henri III) et deux petits.

Dessous les tréteaux ou barres de fer, étaient posés les cercueils de plomb. Il y avait beaucoup d'ossemens; ce sont probablement des ossemens trouvés dans cet endroit, lorsqu'en 1719 on a fouillé pour faire le nouveau caveau des Valois, qui était auparavant construit dans l'endroit même où on a déposé les restes des princes et princesses, à fur et à mesure qu'on en a découvert.

Le même jour, 18 octobre 1793, on est descendu dans le caveau de Louis XII, mort en 1515, âgé de 53 ans. Anne de Bretagne, son épouse, morte en 1514, âgée de 37 ans, était dans le même caveau, à côté de lui : on a trouvé sur leurs cercueils deux couronnes de cuivre doré.

Dans le chœur, sous la croisée septentrionale, on a ouvert le tombeau de Jeanne de France, reine de Navarre, fille de Louis X, dit le Hutin, morte en 1349, âgée de 38 ans. Elle était enterrée au pied de son père, sans caveau : une pierre creuse, tapissée de plomb intérieurement, et couverte d'une autre pierre toute plate, renfermait ses ossemens ; on n'a trouvé dans son cercueil qu'une couronne de cuivre doré.

Louis X., dit le Hutin, n'avait pas non plus de cercueil de plomb, ni de caveau : une pierre creuse, en forme d'auge, tapissée en dedans de lames de plomb, renfermait ses os desséchés, avec un reste de sceptre et de couronne de cuivre rongé par la rouille ; il était mort en 1316, âgé de près de 27 ans.

Le petit roi Jean, son fils posthume, était à côté de son père, dans une petite tombe ou auge de pierre, revêtue de plomb, n'ayant vécu que quatre jours.

Près du tombeau de Louis X., était enterré, dans un simple cercueil de pierre, Hugues, dit le Grand, comte de Paris, mort en 956, père de Hugues Capet, chef de la race des Capétiens. On n'a trouvé que ses os presque en poussière.

On a été ensuite au milieu du chœur découvrir la fosse de Charles-le-Chauve, mort en 877, âgé de 54 ans. On n'a trouvé, bien avant dans la terre, qu'une espèce d'auge en pierre, dans laquelle était un petit coffre qui contenait le reste de ses cendres. Il était mort de poison en-deça du Mont-Cenis, sur les confins de la Savoie, dans une chaumière du village de Brios, à son retour de Rome. Son corps fut mis en dépôt au prieuré de Mantui, du diocèse de Dijon, d'où il fut transporté, sept ans après, à Saint-Denis.

Le samedi 19 *octobre* 1793.

La sépulture de Philippe, comte de Boulogne, fils de Philippe Auguste, mort en 1233, n'a rien donné de remarquable, sinon la place de la tête du prince, creusée dans son cercueil de pierre.

Nous remarquerons la même chose pour celui de Dagobert.

Le cercueil de pierre, en forme d'auge, d'Alphonse de Poitiers, frère de saint Louis, mort en 1271, ne contenait que des cendres : ses cheveux étaient bien conservés ; mais ce qui peut être remarquable, c'est que le dessous de la pierre qui couvrait son cercueil étoit tacheté, coloré et veiné de jaune et de blanc comme du marbre : les exhalaisons fortes du cadavre ont pu produire cet effet.

Le corps de Philippe-Auguste, mort en 1223, était entièrement consommé : la pierre taillée en dos d'âne qui couvrait le cercueil de pierre était arrondie du côté de la tête.

Le corps de Louis VIII, père de saint Louis, mort le 8 novembre 1226, âgé de 40 ans, s'est trouvé aussi presque consommé. Sur la pierre qui couvrait son cercueil était sculptée une croix en demi-relief : on n'y a trouvé qu'un reste de sceptre de bois pouri : son diadème n'était qu'une bande d'étoffe tissue en or, avec une grande calotte d'une étoffe satinée assez bien conservée. Le corps avait été enveloppé dans un drap ou suaire tissu d'or; on en trouva encore des morceaux assez bien conservés.

Remarques. Son corps ainsi enseveli avait été recousu dans un cuir fort épais, qui était bien conservé.

Il est le seul que nous ayons trouvé enveloppé dans un cuir. Il est vraisemblable qu'on ne l'a fait pour lui que pour que son cadavre n'exhalât pas au dehors de mauvaise odeur dans le transport qu'on en fit, de Montpensier en Auvergne, où il mourut à son retour de la guerre contre les Albigeois.

On fouilla au milieu du chœur, au bas des marches du sanctuaire, sous une tombe de cuivre, pour trouver le corps de Marguerite de Provence, femme de saint Louis, morte en 1295. On creusa bien avant en terre sans rien trouver : enfin on découvrit, à gauche de la place où étoit sa tombe, une auge de pierre remplie de gravats, parmi lesquels étaient une rotule et deux petits os.

Dans la chapelle de Notre-Dame-la-Blanche, on a ouvert le caveau de Marie de France, fille de Charles IV, dit le Bel, morte en 1341, et de Blanche sa sœur, duchesse d'Orléans, morte en 1392. Le caveau était rempli de décombres, sans corps et sans cercueils.

En continuant la fouille dans le chœur, on a trouvé, à côté du tombeau de Louis VIII, celui où avait été déposé saint Louis, mort en 1270. Il était plus court et moins large que les autres; les ossemens en avaient été retirés lors de sa canonisation en 1297.

Nota. La raison pour laquelle son cercueil était moins large et moins long que les autres, c'est que, suivant les historiens, ses chairs furent portées en

Sicile : ainsi on n'a apporté à Saint-Denis que les os, pour lesquels il a fallu un cercueil moins grand que pour le corps entier.

On a ensuite décarrelé le haut du chœur pour découvrir les autres cercueils cachés sous terre. On a trouvé celui de Philippe-le-Bel, mort en 1014, âgé de 46 ans. Ce cercueil était de pierre et recouvert d'une large dalle. Il n'y avait pas d'autres cercueils que la pierre creusée en forme d'auge, et plus large à la tête qu'aux pieds, et tapissée en dedans d'une lame de plomb, et une forte et large lame aussi de plomb, scellée sur les barres de fer qui fermaient le tombeau. Le squelette était tout entier : on a trouvé un anneau d'or, un sceptre de cuivre doré, de cinq pieds de long, terminé par une touffe de feuillage, sur laquelle était représenté un oiseau aussi de cuivre doré.

Le soir, à la lumière, on a ouvert le tombeau de pierre du roi Dagobert, mort en 638. Il avait plus de six pieds de long : la pierre était creusée pour recevoir la tête qui était séparée du corps. On a trouvé un coffre de bois d'environ deux pieds de long, garni en dedans de plomb, qui renfermait les os de ce prince et ceux de Nanthilde, sa femme, morte en 642. Les ossemens étaient enveloppés dans une touffe de soie, séparés les uns des autres par une planche intermédiaire, qui partageait le coffre en deux parties. Sur un des côtés de ce coffre était une lame de plomb, avec cette inscription :

Hic jacet corpus Dagoberti.

Sur l'autre côté, une lame de plomb portait :

Hic jacet corpus Nanthildis.

On n'a pas trouvé la tête de la reine Nanthilde. Il est probable qu'elle sera restée dans l'endroit de sa première sépulture, lorsque saint Louis les fit retirer pour les placer dans le tombeau qu'il leur fit élever dans le lieu où il se voit aujourd'hui.

Le dimanche 20 octobre 1793.

On a travaillé à détacher le plomb qui couvrait le dedans du tombeau de pierre de Philippe-le-Bel. On a refouillé auprès de la sépulture de saint Louis, dans l'espérance d'y trouver le corps de Marguerite de Provence, sa femme : on n'a rien trouvé qu'une auge de pierre sans couverture, remplie de terre et de gravats.

Dans cet endroit devait être aussi le corps de Jean Tristan, comte de Nevers, fils de saint Louis, mort en 1270, quelques jours avant son père, près de Tunis en Afrique.

Dans la chapelle dite des Charles, on a retiré le cercueil de plomb de Bertrand Duguesclin, mort en 1380. Son squelette étoit tout entier, la tête bien conservée, les os bien propres et tout-à-fait desséchés. Auprès de lui était le tombeau de Bureau de la Rivière, mort en 1400. Il n'avait guère que trois pieds de long ; on en a retiré le cercueil de plomb.

Après bien des recherches, on a trouvé l'entrée du caveau de François I*er*, mort en 1547, âgé de 52 ans.

Ce caveau était grand et bien voûté ; il contenait

six corps renfermés dans des cercueils de plomb, posés sur des barres de fer : celui de François Ier ; celui de Louise de Savoie, sa mère, morte en 1531 ; de Claudine de France, sa femme, morte en 1524, âgée de 25 ans; de François, dauphin, mort en 1536, âgé de 19 ans; de Charles, son frère, duc d'Orléans, mort en 1544, âgé de 23 ans; et celui de Charlotte, sa sœur, morte en 1524, âgée de 8 ans.

Tous ces corps étoient en pouriture et en putréfaction liquide, et exhalaient une odeur insupportable ; une eau noire coulait à travers leurs cercueils de plomb dans le transport qu'on en fit au cimetière.

On a repris la fouille dans la croisée méridionale du chœur; on a trouvé une auge ou tombe de pierre remplie de gravats. C'était le tombeau de Pierre Beaucaire, chambellan de saint Louis, mort en 1270.

Sur le soir, on a trouvé, près la grille du côté du midi, le tombeau de Mathieu de Vendôme, abbé de Saint-Denis, et régent du royaume sous saint Louis et sous son fils Philippe le Hardi ; il n'avait point de cercueil de pierre, ni de plomb ; il avait été mis en terre dans un cercueil de bois, dont on trouva encore des morceaux de planches pourries. Le corps était entièrement consommé : on n'a trouvé que le haut de sa crosse de cuivre doré et quelques lambeaux de riche étoffe, ce qui marque qu'il avait été enseveli avec ses plus riches ornemens d'abbé. Il était mort en 1286, le 5 septembre, au commencement du règne de Philippe-le-Bel.

Le lundi 21 *octobre* 1793.

Au milieu de la croisée du chœur, on a levé le marbre qui couvrait le petit caveau où on avait déposé, au mois d'août 1791, les ossemens et cendres de six princes et une princesse de la famille de saint Louis, transférés en cette église de l'abbaye de Royaumont, où ils étaient enterrés ; les cendres et ossemens ont été retirés de leur coffres ou cercueils de plomb, et portés au cimetière dans la seconde fosse commune, où Philippe-Auguste, Louis VIII, François I*er*, et toute la famille avaient été portés.

Dans l'après-midi, on a commencé à fouiller dans le sanctuaire, à côté du grand-autel, à gauche, pour trouver les cercueils de Philippe le Long, mort en 1322 ; de Charles IV, dit le Bel, mort en 1328 ; de Jeanne d'Évreux, troisième femme de Charles IV, morte en 1370 ; de Philippe de Valois, mort en 1350, âgé de 57 ans : de Jeanne de Bourgogne, femme de Philippe de Valois, morte en 1348, et celui du roi Jean, mort en 1364.

Le mardi 22 *octobre* 1793.

Dans la chapelle des Charles, le long du mur de l'escalier qui conduit au chevet, on a trouvé deux cercueils l'un sur l'autre ; celui de dessus, de pierre carrée, renfermait le corps d'Arnaud Guillem de Barbazan, mort en 1431, premier chambellan de Charles VII. Celui de dessous, couvert de lames de plomb, contenait le corps de Louis de Sancerre, connétable sous Charles VI, mort en 1402, âgé de 60 ans ; sa tête était encore garnie de cheveux longs et partagés en deux cadenettes bien tressées.

On a levé ensuite la pierre perpendiculaire qui couvrait les tombeaux en pierre de l'abbé Suger et de l'abbé Troon, le premier, mort en 1151, et le second en 1221 ; on n'y a trouvé que des os presque en poussière.

On a continué la fouille dans le sanctuaire, du côté de l'évangile, et on a découvert, bien avant en terre, un grande pierre plate qui couvrait les tombeaux de Philippe-le-Long et des autres.

On s'en tint là ; et, pour finir la journée, on alla, dans la chapelle dite du Lépreux, lever la tombe de Sédille de Sainte-Croix, morte en 1380, femme de Jean Pastourelle, conseiller du roi Charles V : on n'a trouvé que des ossemens consommés.

Le mercredi 23 octobre 1793.

On a repris, le matin, le travail qu'on avait laissé la veille, pour la découverte des tombeaux du sanctuaire.

On trouva d'abord celui de Philippe de Valois, qui était de pierre, tapissé intérieurement de plomb, fermé par une forte lame de même métal, soudée sur des barres de fer, le tout recouvert d'une longue et large pierre plate : on a trouvé une couronne et un sceptre surmonté d'un oiseau de cuivre doré.

Plus près de l'autel, on a trouvé le tombeau de Jeanne de Bourgogne, première femme de Philippe de Valois ; on y a trouvé son anneau d'argent, un reste de quenouille ou fuseau, et des os desséchés.

Le jeudi 24 octobre 1793.

A gauche de Philippe de Valois étoit Charles le Bel. Son tombeau était construit comme celui de Philippe de Valois ; on y a trouvé une couronne d'argent doré, un sceptre de cuivre doré, haut de près de sept pieds, un anneau d'argent, un reste de main de justice, un bâton de bois d'ébène, un oreiller de plomb pour reposer la tête : le corps était desséché.

Le vendredi 25 octobre 1793.

Le tombeau de Jeanne d'Évreux avait été remué ; la tombe était brisée en trois morceaux, et la lame de plomb qui fermait le cerceuil était détachée ; on ne trouva que des os desséchés, sans la tête ; on ne fit pas d'information : il y avait néanmoins apparence qu'on était venu, dans la nuit précédente, dépouiller ce tombeau.

Au milieu on trouva le tombeau en pierre de Philippe le Long ; son squelette était bien conservé, avec une couronne d'argent doré, enrichie de pierreries, une agrafe de son manteau en losange, avec une autre plus petite, aussi d'argent, partie de sa ceinture d'étoffe satinée, avec une boucle d'argent doré, et un sceptre de cuivre doré. Au pied de son cercueil était un petit caveau, où était le cœur de Jeanne de Bourgogne, femme de Philippe de Valois, renfermé dans une cassette de bois presque pouri : l'inscription était sur une lame de cuivre.

On a aussi découvert le tombeau du roi Jean, mort en 1364, en Angleterre, âgé de 56 ans ; on y a trouvé une couronne, un sceptre fort haut, mais brisé, une main de justice, le tout d'argent doré. Son squelette était entier. Quelques jours après, les ouvriers avec le commissaire aux plombs ont été au couvent des Carmelites faire l'extraction du cercueil de madame Louise de France, fille de Louis XV, morte le 23 décembre 1787, âgée de 50 ans et environ 6 mois. Ils l'ont apporté dans le cimetière, et le corps a été déposé dans la fosse commune : il était tout entier, mais en pleine putréfaction ; ses habits de Carmélite étaient très-bien conservés.

Le 18 janvier 1794, le tombeau de François Ier étant démoli, il fut aisé d'ouvrir celui de Marguerite, comtesse de Flandre. Elle avait été déposée dans un caveau assez bien construit. On ouvrit son cercueil de plomb, qui était supporté par des barres de fer ; on n'y trouva que des ossemens bien conservés et quelques restes de planches en bois de châtaignier.

TRÉSOR DE SAINT-DENIS.

Le trésor de Saint-Denis, noble assemblage des dépouilles des souverains qui y étaient enterrés, et des riches présens des puissances de la terre, était une de ces merveilles qui attiraient la foule des étrangers dans son église. Les desservans du monastère les montraient aux pélerins et aux fidèles, avec autant de respect que d'orgueil ; et la piété des Français, se plaisant à voir les restes augustes de nos rois associés aux restes des plus saints martyrs, leur consacraient dans leur cœur ce double culte que réclament la religion et la royauté.

Mais que sont devenues à leur tour ces merveilles ? Les Normands ont-ils une fois encore apporté la terreur aux portes de Paris, et la ruine dans les villes voisines ? Les réformés, dans une nouvelle guerre de religion, ont-ils porté une main impie sur ce trésor sacré ?

Que sont devenues ces couronnes qui ont ceint le front de Charlemagne et celui de Louis XIV ? Qu'a-t-on fait de la main de justice de saint Louis ? Où est le manteau qui couvrit Louis XII ? Dans quelles mains est passée l'épée de Jeanne d'Arc, sous la protection de laquelle un roi fut sacré ? A-t-on respecté les reliques saintes sur lesquels nos souverains venaient jurer d'aimer la vertu et leur peuple ? Qu'a-t-on fait de ces précieuses richesses ?

A cette époque affreuse, où l'on ne saurait compter un jour sans compter un crime, le trésor de Saint-Denis a disparu.

Dans la nuit du 11 au 12 novembre 1793, par ordre émané du département, en présence du commissaire du district et de la municipalité, on procéda à l'enlèvement de ce trésor, qui était intact. Les reliques précieuses, ainsi que les ornemens d'église, furent renfermés dans de grandes caisses; et des chariots conduisirent ces richesses *à la Convention nationale.*

TOMBEAUX DE SAINT-DENIS,

AU MUSÉE DES PETITS-AUGUSTINS.

Lorsqu'en 1790 l'assemblée constituante abolit les ordres monastiques, elle décréta qu'il serait fait une recherche de tous les monumens restés dans les abbayes, afin de soustraire les chefs-d'œuvre des arts à une destruction totale. Une commission, composée de savans et d'artistes, fut chargée de la recherche de ces monumens. La réunion s'en fit dans un emplacement immense, ancien hôtel seigneurial et monastère, connu sous le nom de *Musée des Petits-Augustins*.

M. Alexandre Lenoir, qui a rendu de grands services aux arts, élève de Doyen, premier peintre de Charles X, alors M. le comte d'Artois, en fut nommé conservateur par décret du 4 janvier 1791.

Il profita avec soin des bienfaits de la loi du 3 brumaire an 2, qui défendait de mutiler les monumens publics, sous prétexte de détruire les marques de la féodalité; et le 15 fructidor de l'an 3, il ouvrit le musée célèbre que les étrangers venaient visiter en foule aux Petits-Augustins.

Le cloître, l'église, la nef, le chœur, les côtés, les cours, les jardins, toutes les parties de l'ancienne église y furent employées à présenter les ouvrages curieux de notre sculpture dans un ordre chronologique, tout à la fois utile à la connaissance des mœurs et à l'étude des arts. Admirables débris arrachés aux mains d'une ignorance barbare, restaurés par un goût éclairé, et placés avec une expérience ingénieuse, avec d'autres débris ils composaient des groupes où les Français venaient s'enorgueillir de nos grands hommes, les étrangers envier la France, et la jeunesse, amie des arts, admirer, s'éclairer, se perfectionner dans l'étude de nos chefs-d'œuvre.

Les salles étaient divisées par siècles, à dater depuis la renaissance des arts.

La salle du treizième siècle contenait le tombeau de Clovis, ouvrage de 1177, et qui avait demeuré long-temps à Sainte-Geneviève; la statue couchée de Clovis II, celle de Charles-Martel, de Pepin, de Carloman, de Louis-le-Bègue, d'Eudes, sculptures attribuées au temps de Louis XI, de Hugues Capet, de Robert, de Philippe, fils aîné de Louis VI.

La salle du quatorzième siècle renfermait les statues de Philippe-le-Bel, de Louis X, de Philippe de Valois.

Louis XI était dans la salle du quinzième siècle.

Dans la salle du seizième siècle étaient Louis XII et François Ier.

Dans la salle du dix-septième siècle, Henri III, Henri IV, Louis XIII.

Dans la salle du dix-huitième siècle, Louis XIV et Louis XV.

L'institution du musée des Petits-Augustins, par cela même qu'elle était conservatrice, était une institution recommandable. Depuis que l'église Saint-Denis était abandonnée, c'était là que venaient se réunir tous les souvenirs de la France. Mœurs, usages, coutumes, nobles faits d'armes antiques, gloire, progrès des arts, selon les époques de l'histoire, voilà ce que la génération, avide de célébrité et de grandes choses, venait chercher au musée des Petits-Augustins.

Lorsque l'Europe, tremblante au seul bruit de nos armes, s'était réunie à Paris, les étrangers y venaient admirer les mausolées de Dagobert, dont les arcs en ogives et les bas-reliefs attestent la crédulité de la dévotion qui dominait à cette époque; de Louis XII, dont la chapelle sépulcrale, monument de l'architecture sarrazine, a toute la grâce et le fini des ouvrages de la renaissance; de François Ier, dont le cénotaphe, noble composition de Philibert Delorme, rappelle par sa rare perfection le beau temps de

Raphael, où les arts étaient sublimes; de Louis XIII, de Louis XIV, dont les noms retracent tant d'images de gloire.

Qui de nous, en parcourant ces salles ennoblies par tant de prestiges, ne s'est cru au milieu des plus augustes débris des âges? Qui de nous n'a frémi devant la statue de Louis XII, où la mort est peinte avec tant de vérité, la mort qui n'a pas épargné dans ce roi tout ce que chérissait la reconnaissance des Français? Qui de nous n'a pas baisé la main de Henri IV, cette main qui portait la première épée de la chrétienté, et cherché encore, sous le froid du marbre, ce cœur dont on a tout dit, quand on a dit que c'est le cœur de Henri IV? Qui de nous n'a contemplé ce Louis XIV, dont les traits semblent respirer la royauté même, et pour qui la mort entr'ouvrit aussi son cercueil? Qui n'a croisé ses bras devant cette foule de grands hommes, brillante escorte de nos grands rois, et dont les images faisaient rêver aux illustrations de la vie, et livraient l'âme aux illusions décevantes de la renommée? Qui de nous, la vue et l'idée fatiguées de tant de grandeurs, ne s'est promené avec délice dans ce jardin, véritable élysée, comme au sein de ses amis, au milieu des Corneille, des Racine, des La Fontaine, dont les ombres semblaient errer sous les saules et s'entretenir de la gloire qu'ils avaient procurée à leur patrie? Qui de nous enfin a quitté cet asile sacré sans en emporter des sentimens de reconnaissance?

Cependant ces monumens étaient chers à la religion; elle les a reclamés; ils étaient de son domaine, car elle les avaient bénis. Le roi de France, ce fils aîné de l'église, s'est dit avec tout ce qui reste fidèle aux vrais principes de l'autel et du trône : Ce n'est pas assez pour le bonheur des peuples que le triomphe des arts; un sentiment de religion et de morale sera plus utile aux hommes que ces séduisantes mais vaines créations du génie. Alors Saint-Denis s'était relevée de ses ruines, et son antique splendeur allait lui être rendue; elle retrouvait son touchant usage; ses portes s'ouvraient pour la sépulture de nos monarques. Il ordonna donc que les monumens usurpés sur le passé des rois, et qui appartenaient à leur mémoire, seraient replacés à Saint-Denis.

Le musée des Petits-Augustins cessa d'exister. Il fut changé en une école des beaux-arts; et comme il faut que tout périsse, une foule de ses monumens particuliers lui ont été enlevés. Il ne reste de lui aujourd'hui que son souvenir, qui sera toujours cher aux amis des arts.

ÉTAT DE SAINT-DENIS

DEPUIS 1814, JUSQU'A NOS JOURS.

Bonaparte avait ceint son front d'une couronne, sa main portait le sceptre et le globe de Charlemagne, son orgueil s'était revêtu du manteau des Césars, son épée triomphait, ses drapeaux victorieux couvraient les degrés du trône où il s'était placé, et l'impiété profanait encore le sol où avaient été enfouis les restes mortels des souverains de la France. Oubli sacrilège, mais pourtant naturel, car où était-il le lien qui pût rattacher cet étranger à la mémoire de nos rois?

Il n'en devait pas être ainsi du monarque légitime. Louis XVIII, rentrant dans les états de Clovis et de Hugues Capet, venait prendre possession d'un domaine de famille. Il s'asseyait parmi les siens à son foyer; il s'inquiéta bientôt de ses frères qu'il avait salués autrefois dans la demeure du repos. Souvenir touchant, mais dans l'ordre des choses, car la destinée d'un prince de la race des Bourbons est unie à tout ce qu'il y a de généreux dans le passé des rois.

Celui qui s'était jeté, une branche de lis à la main, entre nos armées en vain menaçantes et l'Europe toute entière prête à nous accabler, devait nous réconcilier aussi avec le ciel. Sous le règne du fils de Saint-Louis ont triomphé dans la France les idées conservatrices de tout ce qui doit faire l'objet de la vénération des peuples. Les autels ont été rendus à nos temples, la pensée de la tombe est redevenue une pensée religieuse, et les ossemens ensevelis de l'homme, enveloppe brisée d'une âme immortelle, ont retrouvé leur sentiment sacré (1).

---

(1) ORDONNANCE DU 24 AVRIL 1816.

Art. Ier.

Les travaux de l'église de Saint-Denis seront de suite remis en activité.

II.

Les anciens tombeaux, les statues, les monnmens de toute espèce qui ornaient Saint-Denis, et qui depuis en ayant été enlevés, ont été mis en dépôt aux Petits-Augustins, seront rendus à l'église royale, pour y être placés suivant les dessins et les plans arrêtés.

III.

Le trésor de Saint-Denis sera rétabli, et toutes les dispositions à cet égard seront faites sans délai.

IV.

Les restes des rois, princes et princesses, dont les tombeaux ont été violés en 1793, et qui sont déposés dans deux fosses authentiquement reconnues et situées dans une partie du cimetière indiquée au plan, seront exhumés et recueillis avec les précautions convenables, et transportés dans les caveaux qui sont préparés.

Nobles et tristes débris de nos rois ! le sceptre de Louis XVIII s'est étendu pour rétablir vos cercueils qu'avait brisés la hache révolutionnaire. Vous avez été relevés de la fosse où des mains coupables vous avaient confondus dans les jours du désordre. La religion est accourue présenter son suaire pour envelopper de nouveau ces restes que le temps avait respectés, et elle est venue les recueillir comme un de ses plus chers trésors.

Nuit d'allégresse pour l'église ! nuit de joie et d'espérance pour la France ! nuit de consolation pour cette famille royale à qui nous avons besoin de faire oublier tant de malheurs (1) ! Après vingt-quatre années d'exil et d'oubli, ces nobles dépouilles sont enfin rentrées dans le palais qui leur fut si long-temps consacré ; et ces monumens, présens des arts, auxquels la protection de la re-

---

V.

Les autels expiatoires...... seront édifiés sans délai.

Signé LOUIS.

Par le Roi, Vaublanc.

(1) Le transport de ces dépouilles a été fait en présence d'une députation de la chambre des pairs, du clergé de Saint-Denis, la nuit, à la clarté de la lune, à la lueur des flambeaux, le 19 janvier 1817. M. Debret a fait de ce spectacle, par ordre du Roi, un magnifique dessin.

ligion manquait, sont venus se ranger dans la basilique, suivant l'ordre des dynasties et des temps. Saint Louis, Louis XII, Henri IV, vos débris ont cessé de demander une tombe et de réclamer nos pleurs. Ombres royales, réunissez-vous toutes! Louis XVIII, qui vous a rendu votre saint asile, vient à son tour se ranger parmi vous. Un autre fils de saint Louis va monter avec vous vers le ciel.

Si la main de l'homme eût pu choisir parmi ces ossemens ceux qui avaient appartenu à chacun des souverains, Louis XVIII aurait consacré à chacun d'eux une sépulture particulière; mais comme des amis qui ne se quitteront plus après avoir supporté ensemble une grande infortune, ces dépouilles sacrées n'ont plus été séparées, elles ont été confiées à deux monumens; dans l'un reposent les rois de France qui ont vécu avant Henri IV, dans l'autre sont ensevelis ceux qui ont vécu depuis ce roi. Avec quelle vénération la piété monarchique ne vient-elle pas lire ces noms écrits en lettres d'or sur deux tables de marbre, où la reconnaissance se plaît à ajouter l'histoire des plus nobles actions humaines!

Copie exacte des tableaux en marbre noir, qui ont été placés dans l'intérieur des caveaux de Saint Denis, et sur les tombes royales, dans lesquelles les dépouilles mortelles des rois, reines et princesses de la famille des Valois, et de celle des Bourbons, ont été réintégrées le 20 janvier 1817, par ordonnance royale du 24 avril 1816, après avoir été arrachées a leurs sépultures, les 17, 18, 19, 20, 21, 22, 23 et 24 octobre 1793, et être restées sans honneurs pendant vingt-sept ans.

PREMIER TABLEAU.

Ici reposent les dépouilles mortelles des Rois

Dagobert, premier fondateur de l'abbaye royale de Saint-Denis, mort en 638, âgé de trente-six ans.

Charles II (le Chauve), mort en 877, à l'âge de cinquante-quatre ans.

Philippe II (Auguste), mort en 1223, à l'âge de cinquante-sept ans onze mois.

Louis VIII, mort en 1226, à l'âge de trente-neuf ans deux mois.

Philippe IV (le Bel), mort en 1314, à l'âge de quarante-six ans.

Louis X (le Hutin), mort en 1316, à l'âge de vingt-six ans huit mois.

Jean Ier, mort en 1316, à l'âge de quatre jours.

Philippe V (le Long) mort en 1322, à l'âge de vingt-huit ans.

Charles IV (le Bel), mort en 1328, à l'âge de trente-quatre ans.

Philippe VI (de Valois,) mort en 1350, à l'âge de cinquante-sept ans.

Jean II (le Bon), mort en 1364, à l'âge de quarante-cinq ans.

Charles VIII, mort en 1498, à l'age de vingt-huit ans.

Louis XII (le Père du peuple), mort en 1515, à l'âge de cinquante-deux ans six mois.

François Ier (restaurateur des lettres), mort en 1457, à l'âge de cinquante-deux ans cinq mois.

Henri II, mort le 10 juillet en 1559, à l'âge de quarante ans, trois mois et dix jours.

François II, mort le 5 décembre, en 1560, à l'âge de dix-sept ans.

Charles IX, mort en 1574, à l'âge de vingt-quatre ans cinq mois.

Henri III, mort en 1589, à l'âge de trente-huit ans.

Des Reines.

Nanthilde, deuxième femme du roi Dagobert, morte en 642.

Marguerite de Provence, femme du roi saint Louis, morte en 1295.

Jeanne de Bourgogne, femme du roi Philippe VI, morte en 1348.

Jeanne de France, reine de Navarre, fille du roi Louis X, morte en 1349, à l'âge de trente-huit ans.

Jeanne d'Évreux, femme du roi Charles IV, morte en 1370.

Blanche de Navarre, deuxième femme du roi Philippe VI, morte en 1398.

Anne de Bretagne, femme du roi Louis XII, morte en 1514, à l'âge de trente-sept ans.

Claude de France, femme du roi François Ier, morte en 1524, à l'âge de vingt-cinq ans.

Catherine de Médicis, femme du roi Henri II, morte en 1589, à l'âge de soixante-dix ans.

Marguerite de Valois, première femme du roi Henri IV, morte le 27 mai 1615, âgée de soixante-deux ans.

Des Dauphins, Princes et Princesses, Enfans et Petits-Enfans de France

Philippe, surnommé Dagobert, fils du roi Louis VIII, mort en 1221.

Philippe, comte de Boulogne, fils de Philippe-Auguste, mort en 1233.

Blanche, fille du roi saint Louis, morte en 1243.

Jean, fils du roi saint Louis, mort en 1247.

Louis de France, fils du roi saint Louis, mort en 1259.

Jean, dit Tristan-de-Damiette, fils du roi saint Louis, mort en 1270.

Alphonse, comte de Poitiers, fils du roi Louis VIII, mort en 1271.

Louis et Philippe, tous deux fils de Pierre d'Alençon, fils du roi saint Louis.

Jeanne de France, fille du roi Charles V, morte en 1366, âgée de six mois et quatorze jours.

Jeanne de France, fille du roi Philippe de Valois, morte en 1371, à l'âge de vingt ans.

Isabelle de France, fille du roi Charles V, morte en 1377, à l'âge de cinq ans.

Marguerite, comtesse de Flandre, fille du roi Philippe V, morte en 1382, à l'âge de soixante-six ans.

Charles de France, dauphin, fils du roi Charles VI, mort en 1386, à l'âge de trois mois.

Charlotte de France, fille du roi François Ier, morte en 1524, à l'âge de huit ans.

Louise de Savoie, mère du roi François Ier, morte en 1530.

François, dauphin, fils du roi François Ier, mort en 1536, à l'âge de dix-neuf ans.

Charles de France, duc d'Orléans, fils du roi François Ier, mort en 1545, à l'âge de vingt-trois ans.

Louis de France, duc d'Orléans, fils du roi Henri II, mort à l'âge de deux ans.

Victoire de France, fille du roi Henri II, morte en 1556, à l'âge de deux mois.

Jeanne de France, fille du roi Henri II, morte en 1556, à l'âge d'un jour.

Marie-Élisabeth de France, fille du roi Charles IX, morte le 2 avril, en 1578, à l'âge de six ans.

François de France, duc d'Alençon, fils du roi

Henri II, mort en 1584, à l'âge de trente ans.

Louise-Marie de France, huitième fille du roi Louis XV (carmélite), morte en 1787, à cinquante ans.

Et celles de

Hugues (le Grand), duc de France et de Bourgogne, comte de Paris et d'Orléans, père de Hugues-Capet, mort en 956.

Suger, abbé de Saint-Denis, mort en 1152, à l'âge de soixante-dix ans.

Adam Troon, abbé de Saint-Denis, mort en 1221.

Pierre d'Auteuil, abbé de Saint-Denis, mort en 1229.

Pierre de Beaucaire, chambellan du roi saint Louis, mort en 1270.

Mathieu de Vendôme, abbé de Saint-Denis, mort en 1286.

Sédille de Sainte-Croix, femme de Jean Pastourelle, conseiller du roi Charles V, morte en 1380.

Bertrand-Duguesclin, connétable de France, mort en 1380, à l'âge de soixante-six ans.

Bureau de la Rivière, chambellan des rois Charles V et Charles VI, mort en 1400.

Louis de Sancerre, connétable de France, mort en 1402, à l'âge de soixante ans.

Armand Guillem de Barbazan, chambellan du roi Charles VII, mort en 1431.

Arrachées à leurs sépultures violées les 17, 18, 19, 20, 21, 22, 23, 24 octobre 1793 et 18 janvier 1794; rendues à leurs tombeaux le 20 janvier 1817.

NOTA. *Les corps de*

Philippe, surnommé Dagobert, fils du roi Louis VIII, mort en 1221.

Blanche, fille du roi saint Louis, morte en 1243.

Jean, fils du roi saint Louis, mort en 1247.

Louis de France, fils du roi saint Louis, mort en 1259.

Jean, dit Tristan-de-Damiette, fils du roi saint Louis, mort en 1270.

Louis et Philippe, tous deux fils de Pierre d'Alençon, fils du roi saint Louis.

Rapportés ci-dessus dans l'ordre chronologique de leur décès, avaient été inhumés à Royaumont; lors de la destruction de cette abbaye, en 1791, ils avaient été transférés dans l'église de l'abbaye royale de Saint-Denis.

DEUXIÈME TABLEAU.

Ici reposent les dépouilles mortelles des Rois

Charles V (le Sage), mort en 1380, à l'âge de quarante-deux ans.

Charles VI, mort en 1422, à l'âge de cinquante-quatre ans.

Charles VII (le Victorieux), mort en 1461, à l'âge de cinquante-neuf ans.

Henri IV (le Grand), mort en 1610, à l'âge de cinquante-sept ans.

Louis XIII (le Juste), mort en 1643, à l'âge de quarante-un ans sept mois.

Louis XIV (le Grand), mort en 1715, à l'âge de soixante-dix-sept ans.

Louis XV (le Bien-Aimé), mort en 1774, à l'âge de soixante-quatre ans trois mois.

Des Reines

Jeanne de Bourbon, femme du roi Charles V, morte en 1377, à l'âge de quarante ans.

Isabeau de Bavière, femme du roi Charles VI, morte en 1435, à l'âge de cinquante ans.

Marie d'Anjou, femme du roi Charles VII, morte en 1463, à l'âge de quarante-un ans.

Marie de Médicis, deuxième femme du roi Henri IV, morte en 1642, à l'âge de soixante-huit ans.

Anne d'Autriche, infante d'Espagne, femme du roi Louis XIII, morte en 1666, à l'âge de cinquante-quatre ans.

Marie-Thérèse d'Autriche, infante d'Espagne,

femme du roi Louis XIV, morte en 1683, à l'âge de quarante-quatre ans.

Marie Leczinska de Pologne, femme du roi Louis XV, morte en 1768, à l'âge de soixante-cinq ans.

Des Dauphins, Dauphines, Princes et Princesses, Enfants et Petits-Enfans de France.

N... de France, duc d'Orléans, deuxième fils du roi Henri IV, mort en 1611, à l'âge de quatre mois.

Marie de Bourbon, duchesse de Montpensier, première femme de Gaston-Jean-Baptiste, duc d'Orléans, fils du roi Henri IV, morte en 1627, à l'âge de vingt-deux ans.

Jean-Gaston d'Orléans, duc de Valois, fils de Gaston-Jean-Baptiste, duc d'Orléans, fils du roi Henri IV, mort en 1652, à l'âge de vingt-deux ans.

Marie-Anne d'Orléans, fille de Gaston-Jean-Baptiste, duc d'Orléans, fils du roi Henri IV, morte en 1656, à l'âge de quatre ans.

Gaston-Jean-Baptiste de France, duc d'Orléans, fils du roi Henri IV, mort en 1660, à l'âge de cinquante-deux ans.

Anne-Élisabeth de France, fille aînée du roi Louis XIV, morte en 1662, à l'âge d'un an douze jours.

Marie-Anne de France, deuxième fille du roi

Louis XIV, morte en 1664, à l'âge d'un an onze jours.

N... d'Orléans, fille de Philippe de France, duc d'Orléans, Monsieur, frère du roi Louis XIV, morte en 1665, à l'âge d'un mois.

Philippe-Charles d'Orléans, duc de Valois, fils de Philippe de France, duc d'Orléans, Monsieur, frère du roi Louis XIV, mort en 1666, à l'âge de deux ans.

Henriette-Marie de France, fille du roi Henri IV, femme de Charles Ier, roi d'Angleterre, morte en 1667, à l'âge de soixante ans.

Henriette-Anne Stuart, première femme de Philippe de France, duc d'Orléans, Monsieur, frère du roi Louis XIV, morte en 1670, à l'âge de vingt-six ans.

Philippe de France, duc d'Anjou, deuxième fils du roi Louis XIV, mort en 1671, à l'âge de trois ans.

Marguerite de Lorraine, duchesse d'Orléans, deuxième femme de Gaston-Jean-Baptiste, duc d'Orléans, fils du roi Henri IV, morte en 1678, à l'âge de cinquante-huit ans.

Louis-François de France, duc d'Anjou, troisième fils du roi Louis XIV, mort en 1672, à l'âge de quatre mois.

Marie-Thérèse de France, troisième fille du roi

Louis XIV, morte en 1672, à l'âge de cinq ans deux mois.

Alexandre-Louis d'Orléans, duc de Valois, fils de Philippe de France, duc d'Orléans, Monsieur, frère du roi Louis XIV, mort le 15 mars 1676, âgé de trois ans.

Marie-Anne-Christine-Victoire de Bavière, femme de Louis, dauphin, fils du roi Louis XIV, morte en 1690, à l'âge de trente ans.

Anne-Marie-Louise d'Orléans, duchesse de Montpensier, Mademoiselle, fille de Gaston-Jean-Baptiste d'Orléans, fils du roi Henri IV, morte en 1693, à l'âge de soixante-cinq ans.

Philippe de France, duc d'Orléans, Monsieur, frère de Louis XIV, mort en 1701, à l'âge de soixante ans.

N...., duc de Bretagne, premier fils de Louis, duc de Bourgogne, petit-fils du roi Louis XIV, mort en 1705, à l'âge de neuf mois dix-neuf jours.

Louis, dauphin, fils du roi Louis XIV, mort en 1711, à l'âge de cinquante ans.

N.... de Berry, fille aînée de Charles, duc de Berry, petit-fils du roi Louis XIV, morte en 1711.

Louis, duc de Bourgogne, dauphin, petit-fils du roi Louis XIV, mort en 1712, à l'âge de trente ans.

Marie-Adélaïde de Savoie, femme de Louis, duc de Bourgogne, dauphin, petit-fils de Louis XIV, morte en 1712, à l'âge de vingt-sept ans.

Louis, duc de Bretagne, dauphin, deuxième fils de Louis, duc de Bourgogne, dauphin, petit-fils du roi Louis XIV, mort en 1712, à l'âge de six ans.

Charles de Berry, duc d'Alençon, fils de Charles, duc de Berry, petit-fils du roi Louis XIV, mort en 1713, à l'âge de vingt-un jours.

Charles de France, duc de Berry, petit-fils du roi Louis XIV, mort en 1714, à l'âge de vingt-sept ans.

Marie-Louise-Élisabeth de Berry, fille posthume de Charles, duc de Berry, petit-fils du roi Louis XIV, morte en 1714, à l'âge d'un jour.

Marie-Louise-Élisabeth d'Orléans, femme de Charles, duc de Berry, petit-fils du roi Louis XIV, morte en 1719, à l'âge de vingt-quatre ans.

Élisabeth-Charlotte de Bavière, deuxième femme de Philippe de France, duc d'Orléans, Monsieur, frère du roi Louis XIV, morte en 1722, à l'âge de soixante-dix ans.

Philippe, duc d'Orléans (régent du royaume), fils de Philippe de France, duc d'Orléans, Monsieur, frère du roi Louis XIV, mort en 1723, à l'âge de quarante-neuf ans.

N... de France, duc d'Anjou, deuxième fils du roi Louis XV, mort en 1733, à l'âge de deux ans, sept mois sept jours.

Louise-Marie de France, troisième fille du roi Louis XV, mort en 1733, à l'âge de quatre ans six mois.

Marie-Thérèse, infante d'Espagne, première femme de Louis, dauphin, fils du roi Louis XV, morte en 1746, à l'âge de vingt ans.

Marie-Thérèse de France, fille du premier mariage de Louis, dauphin, fils du roi Louis XV, morte en 1748, à l'âge d'un an neuf mois.

Anne-Henriette de France, deuxième fille du roi Louis XV, morte en 1752, à l'âge de vingt-quatre ans, cinq mois sept jours.

Xavier-Marie-Joseph de France, duc d'Aquitaine, deuxième fils de Louis, dauphin, fils du roi Louis XV, mort en 1754, à l'âge de cinq mois quinze jours.

Marie-Zéphirine de France, fille aînée du deuxième mariage de Louis, dauphin, fils du roi Louis XV, morte en 1755, à l'âge de cinq ans.

Louise-Élisabeth de France, duchesse de Parme, fille aînée du roi Louis XV, morte en 1759, à l'âge de trente-deux ans, trois mois vingt-deux jours.

Louis-Joseph-Xavier de France, duc de Bourgogne, fils aîné de Louis, dauphin, fils du roi Louis XV, mort en 1761, à l'âge de neuf ans six mois.

Louis, dauphin, fils du roi Louis XV (son cœur seul a été déposé dans cette église; son corps a été inhumé à Sens), mort en 1765, à l'âge de trente-six ans.

Marie-Joseph de Saxe, deuxième femme de Louis, dauphin, fils du roi Louis XV (le cœur de cette princesse a seul été déposé dans cette église; son corps a été inhumé à Sens), morte en 1767, à l'âge de trente-cinq ans.

Sophie-Philippine-Élisabeth-Justine de France, sixième fille du roi Louis XV, morte en 1782, à l'âge de quarante-sept ans, sept mois sept jours.

N.... Mademoiselle d'Angoulême, deuxième fille de monseigneur le comte d'Artois, frère du roi Louis XVI, morte en 1783, à l'âge de cinq mois seize jours.

N.... d'Artois, Mademoiselle, fille aînée de monseigneur le comte d'Artois, frère du roi Louis XVI, morte en 1783, à l'âge de sept ans, deux mois un jour.

Sophie-Hélène-Béatrix de France, deuxième fille du roi Louis XVI, morte en 1787, à l'âge de onze mois dix jours.

Louis-Joseph-Xavier-François, dauphin, fils du roi Louis XVI, mort en 1789, à l'âge de sept ans, sept mois douze jours.

Déjà Louis XVI avait pris sa place dans cette église où ses prédécesseurs devaient bientôt rentrer ; prince si malheureux, que l'attendrissement né de son souvenir, ne permet pas à l'histoire de l'accuser ; monarque si paternel, qu'il n'aurait dû trouver dans ses sujets que des enfans dévoués et prêts à lui tendre la main dans ces ténèbres où le jeta l'aveuglement de sa bonté ; roi si vertueux, d'une piété si vraie, qu'il rappelle saint Louis. Qui de nous n'a appris à ses enfans à bénir son nom, à chérir sa mémoire et douloureuse et sainte ! Qui de nous ne s'est empressé d'accourir au spectacle d'une inhumation qui était le vœu de la France elle-même ?

Long-temps, au coin de la rue d'Anjou, à l'un des angles du cimetière de la Madeleine, un tertre de gazon orné de fleurs, une croix de bois peinte en noir, et quelques saules pleureurs furent les seuls honneurs rendus à ces royales victimes.

Ce fut une cérémonie bien digne de notre vénération et de nos larmes que celle de la translation à Saint-Denis des débris de Louis XVI et de Marie-Antoinette.

En 1815(1), le 21 janvier, à 22 ans de date du

---

(1) Le 21 janvier 1793, jour du régicide, le corps de Louis XVI, décapité sur la place Louis XV, fut porté au

jour où un roi innocent mourut comme le juste, le front ceint d'une couronne d'épines, on transporta à Saint-Denis ce qui restait de ses ossemens et de ceux de son auguste épouse. Toute la famille royale assista à cette solennité ; toutes les dignités de France s'y rendirent, et le peuple s'y porta en foule pour y verser des larmes, tant il est vrai que les Français, livrés à eux-mêmes, chérissent leurs rois; tant il est vrai aussi que la mort de Louis XVI ne fut que le crime d'un petit nombre......

Ce fut encore une cérémonie qui méritait tout notre intérêt, celle où, le 28 avril 1819, un

cimetière de la Madeleine, mis dans une bière de bois, et déposé dans une fosse de huit pieds de profondeur, que l'on recouvrit de chaux vive. A côté de lui, fut inhumée, le 16 octobre suivant, Marie-Antoinette-Josephe-Jeanne de Lorraine, archiduchesse d'Autriche, reine de France, après avoir subi le même supplice, sur le même champ de carnage. On prit à l'égard des restes de cette infortunée souveraine les cruelles et sacriléges précautions déjà employées envers ceux de son époux. L'impiété semblait prévoir les hommages tardifs, mais infaillibles, que la patrie en deuil devait un jour leur consacrer. Mais en les réduisant en cendres, elle n'a pu du moins nous cacher l'asile qui en est le dépositaire.

Du côté de la rue d'Anjou, à l'un des angles du cimetière de la Madeleine, non loin de la sépulture des braves Suisses,

vieillard, moine de l'abbaye, présenta à notre foi, si long-temps inquiète, les reliques conservées de saint Denis martyr. L'oriflamme, autrefois descendue du ciel, a flotté sur le tombeau où Philippe-Auguste obtint de Dieu pour ses soldats ce courage qui fit triompher 50,000 Français de 200,000 ennemis.

Jour de glorieux souvenirs pour la vieille France, jour de joie pour la nouvelle! Cette France, qui ne s'armera plus que pour une cause juste, redevenue confiante en la protection divine, a

---

morts pour le Roi, le 10 août 1792, et de celle des personnes qui périrent le 30 mars 1770, à l'occasion de son mariage, à l'un des angles de ce cimetière, acquis par M. Descloseaux, et converti par lui en verger, une balustrade dessine et renferme l'étroite demeure où reposent les restes de Louis XVI et de Marie-Antoinette. Un humble tertre, orné de fleurs de toutes les saisons, surmonté d'une croix de bois peinte en noir, et sur lequel les rameaux de quelques saules pleureurs s'inclinent, voilà tout ce que la fidélité la plus courageuse et la plus persévérante a pu faire durant vingt-un ans, au sein de la capitale du royaume, pour la mémoire du premier monarque et de la première souveraine de l'Europe.

Il y a environ douze ans, MADAME ROYALE, duchesse d'Angoulême, reçut, par les soins de madame la princesse de Tarente, le dessein de ce monument et des fleurs cueillies sur le tombeau sacré. Son Altesse Royale, qui les avait demandées, en conserve religieusement les débris. TRENEUIL.

tressailli par le sentiment de ses prochaines victoires sur les ennemis des rois.

Combien de fois depuis que Saint-Denis a été rendue à son antique et touchant usage, la pierre tumulaire qui ferme l'entrée du caveau s'est-elle déplacée pour livrer passage à quelques princes du sang royal! Hélas! trop tôt les rangs seront pressés dans cet asile comme ils l'étaient du temps de madame Henriette d'Angleterre, où l'on pouvait à peine les compter.

Couvrons de nos mains notre front, et gémissons, car le nom de Condé est venu se perdre tout entier dans la tombe où repose un vieillard de quatre-vingt-deux ans, le Nestor des chevaliers de France (1). Son petit-fils, son espérance si long-temps et son orgueil, tombé sous un plomb criminel, n'était pas là pour lui rendre les derniers devoirs; mais autour de son cénotaphe étaient réunis ces guerriers à cheveux blancs, vétérans de l'honneur et de la fidélité, qu'il avait conduits tant de fois à la victoire, et qui exposeraient encore le reste de leur vie pour le trône, si ce trône était menacé.

Amis des lis, pleurons, pleurons Charles-Ferdinand d'Artois, duc de Berri, l'appui des

---

(1) Le prince de Condé est mort, le 13 mai 1818, à l'âge de quatre-vingt-deux ans.

indigens, dont la pensée éveillait toujours celle de la gloire. Le fils de notre roi, si cher à tous ceux qui l'approchaient, a descendu les degrés du sépulcre. Prince d'un cœur si généreux, le peuple s'est porté en foule à la solennité de ses obsèques. Le roi a quitté son trône, et le pauvre sa cabane, pour venir le pleurer. L'un avait perdu son fils, l'autre un bienfaiteur qui lui tenait lieu de père; et tous priaient ensemble pour le petit-fils de Henri IV, qui, comme lui avait été frappé du poignard du fanatisme, et comme lui, était mort chrétien, au milieu des regrets de la France.

Apportons quelques fleurs; car, avant lui, sa fille qui n'a pas rempli son destin, Mademoiselle, n'a paru sur l'horizon de la vie qu'une aurore. Ne plaignons qu'un instant sa mère; car un rejeton de la tige royale s'élève aux doux rayons de l'amour des Français; et ce rejeton, ses sourires, son trésor, sa vie entière, suffit pour la consoler.

Apportons à notre tour l'encens, les palmes d'olivier, les lauriers de la gloire, des vers, des inscriptions inpirées par le cœur, des vœux purs et fidèles, des prières et des larmes, car Louis XVIII a désormais cessé d'être parmi les hommes. Hier encore nos regards saisissaient de lui son cercueil, placé sous la nef de l'église où les souverains de la France se donnent le rendez-vous auquel les hommes ne manquent pas. Aujourd'hui il est descendu dans le caveau que la main de la religion lui a ouvert, et la pierre du tombeau s'est refermée sur lui.

Honneur à ces mânes augustes ! Rendons-leur des hommages dignes d'eux ! Effaçons, s'il se peut, par des témoignages d'amour, le souvenir des outrages qu'ils ont reçus dans le dernier siècle ! Charmons les heures présentes de leurs successeurs par des preuves de fidélité et de zèle, et vengeons-les ainsi des horreurs du passé ! Prions pour l'âme de nos rois ! Non, ce ne sont pas de fragiles ossemens, une froide poussière qui seuls demeurent sous le marbre où sont écrits les noms de tant de fronts couronnés ; c'est la vie toute entière de ces monarques qui repose dans ces caveaux. Écoutons cette religion pour qui rien ne finit ; elle vous dit : Vos rois sont là ; n'entendez-vous pas le bruit de ces ombres royales, qui, du sein du tombeau, vont communiquant avec l'Éternel. Que les accens de la reconnaissance se fassent entendre ! car elles demandent à Dieu le bonheur de la France.

CÉRÉMONIE FUNEBRE

POUR LES OBSÈQUES DE S. A. R. LE DUC DE BERRI,

Le 22 février et le 14 mars 1820.

La translation de la dépouille mortelle du Prince à l'église de Saint-Denis eut lieu le 22 février 1820. Le cortége immense se composait de plus de vingt mille personnes de tous grades, de tous rangs, de toutes classes. Le char funèbre, d'une grande richesse, offrait des allégories ingénieuses et touchantes.

On déposa le corps dans la *chapelle de Saint-Louis*, en attendant le jour fixé par le Roi pour la cérémonie du service solennel d'inhumation.

Le 14 mars fut l'époque que S. M. indiqua. Pendant cet intervalle, nécessaire aux grands préparatifs de l'église, une affluence considérable ne cessa de se porter à Saint-Denis : on venait en pèlerinage, de 15 à 18 lieues à la ronde, payer le tribut d'une si juste douleur. Des paysans couvraient d'offrandes les degrés du cercueil : ici des couronnes, là des palmes, et partout des pleurs. Quelques-uns de ces bons campagnards avaient tracé sur le papier l'expression simple, mais énergique, de leurs vifs regrets. Ils attachaient ces écrits à la draperie mortuaire, puis ils se prosternaient et restaient long-temps en prière. On a trouvé dans plusieurs de ces épitaphes, inspirées par des cœurs vraiment français, des pensées éloquentes, sublimes, dignes des premiers poëtes.

Par une activité et des efforts presque incroyables, les grands travaux nécessaires à la solennité funèbre furent achevés dans la nuit du 13. Nous allons offrir un aperçu de cet ensemble à la fois éblouissant, majestueux et lugubre.

Description sommaire de l'Église.

La tenture du portail était enrichie de draperies à l'antique, surmontée d'un groupe de génies tenant des flambeaux renversés et soutenant l'écusson du Prince.

Dans l'église, le jour avait été soigneusement intercepté. La totalité de l'édifice était voussée de draperies noires à plusieurs rangs de litres et d'hermine, au milieu desquels étaient les armoiries de feu S. A. R..

Pour attacher la tenture de la grande nef et du chœur, on avait suspendu aux voûtes de l'église un berceau de charpente d'une construction légère et hardie sans aucun *entrait;* les piliers du petit portique gothique formant galerie de ronde, entre le premier et le second ordre d'architecture des grandes nefs, étaient tout enveloppés de noir; un ange en argent, et de grandeur naturelle, était adossé à chaque pilier, et portait un large plateau surmonté d'une forte girandole garnie de ses bougies.

Le catafalque, élevé au milieu du chœur, était de forme antique et chargé des insignes du Prince; un très-grand nombre de cierges brûlaient autour. Un dais magnifique dominait le catafalque: son couronnement touchait à la voûte, et ses riches draperies descendaient majestueusement. A droite et à gauche de l'entrée du chœur s'élevaient deux obélisques d'argent, chargés de lumière et surmontés de croix; plus loin s'élevaient encore deux colonnes pyramidales, également illuminées et soutenant des urnes cinéraires. L'intention des architectes fut de rappeler par ces deux monumens la mémoire des deux enfans que le Prince avait perdus peu après leur naissance. Deux cordons de bougies dans tout le pourtour des nefs et du chœur, un grand nombre de lampadaires suspendus aux voûtes, deux rangées de candélabres dans toute la longueur de l'Église, une grande croix ardente au fond du chœur complétaient ce pompeux luminaire; où il n'est pas entré moins de *quarante mille* lampes, cierges ou bougies.

Des tribunes en charpentes, à plusieurs rangs de degrés et drapées de noir, avaient été pratiquées dans l'ouverture de toutes les arcades. Le plus grand ordre régnait dans ces distributions.

Cérémonial et sépulture.

Le roi est arrivé à onze heures. S. M. s'est placée dans une tribune presque en face du catafalque; elle avait à sa droite le prince de Talleyrand; à sa gauche M. le duc d'Havré; et derrière elle S. E. M. le cardinal de Périgord. L'autre partie de la tribune était occupée par S. A. R. Madame la duchesse d'Orléans, douairière. MM. les maréchaux de Viomesnil et de Coigny, MM. d'Autichamp et de la Rochefoucault, se sont placés aux quatre coins du sarcophage.

A l'arrivée du Roi, un orchestre invisible et nombreux, placé au fond du chœur, derrière un voile, fit retentir cette vaste enceinte des sons les plus déchirans. Ce premier morceau était une nouvelle marche funèbre de M. Chérubini : le second, un *Miserere* en plain-chant : au troisième, commença la grand'messe de *Requiem* du célèbre compositeur que nous venons de nommer.

Après l'évangile, Mgr. le duc d'Angoulême, qui conduisait le deuil, Mgr. le duc de Bourbon et Mgr. le duc d'Orléans, suivis de leurs aides de camp, se sont rendus à l'offrande : ensuite M. de Quélen, coadjuteur de Mgr. l'archevêque de Paris, est monté en chaire pour prononcer l'*oraison funèbre*. M. de Quélen a pris pour texte ce passage de l'écriture :

Convertam, Israel, festivitates vestras in luctum, et jubila vestra in planctum.

» Je changerai, ô Israël, vos fêtes en deuil, et vos
» joies en douleurs. »

Le quatrième morceau de musique fut une marche de M. Desvignes ; le cinquième, un *De profundis* sur la tombe ; le sixième, *In Paradisum* de M. Persuis ; le septième et dernier, une marche funèbre de M. Lefèvre.

Le cercueil de l'infortuné Prince a été enlevé du sarcophage, et remis entre les mains de MM. les gardes du corps de Monsieur, qui l'ont porté silencieusement et à pas lents jusqu'à l'ouverture de la tombe royale. A ce moment, l'affliction a éclaté de toutes parts : on n'entendait plus que des sanglots, qu'accompagnait le son lugubre du bourdon de l'église.

Lorsque la dépouille mortelle de S. A. R. a passé devant les tribunes, le Roi, Madame et les princes se sont agenouillés. S. M. a appuyé sa figure sur ses mains, et des larmes ont coulé de ses yeux.

La pierre tumulaire était recouverte d'une draperie noire. Le caveau a été ouvert en présence des grands-officiers de la couronne. M. le grand-maître des cérémonies de France, placé à l'entrée de la tombe, a appelé successivement tous les officiers de la maison du Prince, qui étaient chargés des insignes de S. A. R. Ensuite, le corps a été descendu dans le dernier asile de nos Rois et de leur auguste famille. Il était trois heures vingt minutes ; vingt-un coups de canon ont annoncé cet instant fatal.

Alors M. le comte de Nantouillet prononça ces mots, en s'adressant aux officiers du Prince : « *Mgr. le duc de Berry,* » *votre maître et le mien, est mort; officiers, pourvoyez-* » *vous.* » Le roi d'armes a dit ensuite deux fois : « *Très-haut* » *et très-puissant prince, Charles-Ferdinand d'Artois, duc de* » *Berry, est mort; priez Dieu pour le repos de son âme.* » Et la pierre tumulaire a été replacée.

Ainsi finit cette cérémonie funèbre dont l'impression fut vive sur les nombreux assistans; ils en conserveront toujours le plus douloureux souvenir.

Les ENTRAILLES du Prince ont été portées à Lille par M. de Bombelles et M. le comte de Nantouillet.

Le COEUR de S. A. R., ce cœur que l'infortune sut tant de fois émouvoir, fut déposé dans la chapelle de l'hospice que S. A. R. MONSIEUR et l'auguste veuve viennent de fonder à Rosny.

CÉRÉMONIE FUNÈBRE

POUR LES OBSÈQUES DE S. M. LOUIS XVIII,

Le 23 septembre 1824.

Les portes de l'église se sont ouvertes à huit heures et demie. Les nombreuses personnes invitées étaient déjà préparées aux sensations qu'elles devaient éprouver dès leur entrée dans la ville. La porte de Paris était couverte de draperies de deuil chargées d'armoiries ; le porche construit en avant de la basilique offrait une décoration analogue. On y avait placé des écussons aux armes de France et de Navarre, et deux L. entrelacés formant le monogramme du feu Roi.

L'intérieur de l'église était également tendu en noir jusqu'aux voussures elles-mêmes, où des fleurs de lis brodées en or se détachaient symétriquement sur les tentures funèbres. La lumière du jour, interceptée complétement, était remplacée par une immense quantité de lampes, de cierges et de bougies suspendues à une multitude de candélabres, de lustres et de lampadaires. Au fond du chœur, une grande croix lumineuse complétait cet ensemble imposant.

A l'heure indiquée, on a vu d'abord arriver les grands-officiers de la couronne, de la maison du Roi, et autres ayant des fonctions dans la cérémonie.

Sont arrivées successivement les députations de la cour de Cassation, du conseil royal de l'Instruction publique, de la cour des Comptes, de la Cour royale, du corps Municipal de Paris, auquel se sont adjointes celles du corps Municipal de Saint-Denis, du tribunal de la Seine, auquel s'est joint le juge de paix de l'arrondissement de Saint-Denis, et du tribunal de Commerce de Paris; qui ont été conduits à leur place avec le cérémonial accoutumé.

A onze heures sont venus prendre séance le corps diplomatique, MM. les pairs de France, MM. les députés des départemens venant individuellement, MM. les chevaliers des Ordres, MM. les grand'croix de l'Ordre royal et militaire de Saint-Louis et de la Légion-d'Honneur. MM. les officiers généraux de terre et de mer. MM. les officiers supérieurs et officiers non supérieurs étaient déjà venus, ainsi que les différens états-majors, occuper les places qui, par ordre du roi, leur étaient réservées;

M. le comte de Villèle, président du conseil, M. le comte de Peyronnet, garde des sceaux, ministre secrétaire d'État de la justice; M. le comte Corbière, ministre secrétaire d'État de l'intérieur; M. le baron Damas, ministre secrétaire d'État des affaires étrangères; M. le marquis de Clermont-Tonnerre, ministre secrétaire d'État de la guerre; M. le comte Chabrol de Crousol, ministre secrétaire d'État de la marine.

Sont venus occuper les stales basses en face des princes, MM. les maréchaux de France.

A onze heures et demie, les princes du grand deuil, qui étaient descendus à l'abbaye, ont fait leur entrée dans l'église par la grande porte. Le cortège marchait dans l'ordre suivant:

Cent pauvres, placés sur deux lignes, sont arrivés sous le porche construit en avant du portique de l'église, et se sont ensuite rangés à droite et à gauche, cinquante de chaque côté;

Après eux venait la livrée des princes, qui s'est arrêtée à l'entrée de la nef ;

Les hérauts d'armes ;

M. Duverdier, roi d'armes, adjoint et survivancier, en l'absence de M. Delahaye, qui s'est trouvé inopinément malade ;

M. le comte Delaroche-Bousseau, aide des cérémonies, honoraire ;

M. le chancelier président de la chambre des pairs ; M. Ravez, membre de la chambre des députés, président de la chambre, à la session de 1824 ;

M. le comte Desèze, premier président de la cour de cassation ; M. le maréchal duc de Conégliano, le plus ancien de MM. les maréchaux de France; tous quatre nommés par S. M. pour porter les coins du poêle funèbre ;

Le sous-lieutenant des gardes du corps du Roi, de service près Mgr. le Dauphin ;

Deux aides de camp de ce prince ;

Un écuyer cavalcadour et un écuyer ordinaire ;

M. le duc de Guiche, l'un des premiers menins de Mgr. le Dauphin ;

Monseigneur le Dauphin ;

M. le duc de Blacas, premier gentilhomme de la chambre du Roi, de service près de Mgr. le Dauphin ;

Derrière le prince, le lieutenant des gardes-du-corps du Roi, de service près de sa personne ;

M. le duc de Damas, l'un des premiers menins de Mgr. le Dauphin ; M. le comte Melchior de Polignac, un des premiers menins de ce prince ; M. le duc de Blacas, M. le duc de Damas, et M. le comte Melchior de Polignac portant tous trois la queue de son manteau depuis l'entrée de l'église jusqu'au chœur ;

A droite et à gauche, un peu en avant de Mgr. le Dauphin, M. le marquis de Dreux-Brézé, M. le marquis de Rochemore, M. le baron de Saint-Félix et M. le vicomte de Géslin, grand-maître, maître, et aides des cérémonies;

Deux aides de camp de M. le duc d'Orléans et son premier écuyer;

S. A. R. Mgr. le duc D'Orléans, la queue de son manteau portée par deux de ses officiers jusqu'à l'entrée du chœur de l'église;

(*Nota.* Une indisposition subite a empêché S. A. R. Mgr. le duc de Bourbon de se trouver à la cérémonie.)

MM. les ducs de la Trémouille, de Chevreuse et de Brissac, pairs de France, nommés par le Roi pour porter la couronne, le sceptre et la main de justice.

Mgr. le Dauphin et Mgr. le duc d'Orléans, arrivés dans le chœur, ont salué l'autel et le corps du feu roi, et sont allés prendre leurs places.

Les quatre personnes désignées pour porter les coins du poêle funèbre, se sont rangées aux quatre angles du catafalque, savoir : 1° à droite, M. le chancelier; 2° à gauche, M. Ravez; 3° à droite, M. le comte Desèze; 4° à gauche, M. le maréchal duc de Conégliano.

Madame la Dauphine, S. A. R. Mme la duchesse d'Orléans, les princes et princesses ses enfans, et S. A. R. Mlle d'Orléans, arrivés un peu avant les princes du grand deuil, avaient été conduits dans la tribune de Mme la Dauphine, construite du côté de l'épître.

Une salve d'artillerie à laquelle a répondu une décharge de mousqueterie de toute la garnison, a annoncé le commencement de la cérémonie funéraire.

Aussitôt après l'arrivée des princes, M. le grand-aumônier de France a commencé la messe solennelle; après l'évangile, on a vu paraître dans la chaire de vérité M. l'évêque d'Hermopolis, chargé par S. M. de faire l'oraison funèbre du Roi défunt. Le discours prononcé par ce digne prélat a été entendu de tous les points de cette vaste basilique ; il est presque superflu de dire qu'il a produit la plus vive impression ; aux passages les plus pathétiques, chacun portait involontairement les yeux sur ce catafalque où reposaient pour quelques instans les dépouilles mortelles du Roi, et offrait au ciel le tribut de ses pieuses douleurs.

A la fin de l'oraison funèbre, une nouvelle salve d'artillerie et une nouvelle décharge de mousqueterie se sont fait entendre. La messe a continué.

Au moment de l'offrande, un nouveau cérémonial a frappé l'attention et excité l'édification des assistans.

Le roi d'armes adjoint a quitté sa place, s'est porté vers les marches du sanctuaire, a salué l'autel, le corps du Roi, le clergé, les princes, le corps diplomatique, les pairs chargés de porter les insignes de la royauté, la cour de cassation, la cour des comptes, le conseil royal de l'instruction publique, la cour royale, le corps municipal, le tribunal de commerce, est monté au sanctuaire et est allé près de l'autel prendre des mains de MM. les chanoines du chapitre de Saint-Denis un cierge à poignée de velours noir, chargé de treize pièces d'or; il s'est placé ensuite au bas de la dernière marche de l'autel, du côté de l'épître.

Le grand-maître des cérémonies de France a quitté sa place, a fait tous les saluts indiqués, auxquels il a été répondu par un salut de chacun des princes, et par celui des ambassadeurs et de chacune des députations.

Ensuite, se rapprochant de la personne de Mgr. le Dauphin, il est venu l'avertir par une profonde inclination que c'était le temps d'aller à l'offrande.

Mgr. le Dauphin, sortant de sa place, a fait les mêmes saluts que le grand-maître des cérémonies, qui se tenait près de lui à sa gauche, est allé à l'offrande, s'est mis à genoux sur un carreau de velours noir devant l'officiant, a baisé son anneau, et lui a remis le cierge de l'offrande, que le grand-maître des cérémonies lui avait présenté après l'avoir reçu du roi d'armes. Mgr. le Dauphin, se relevant, a fait une inclination à l'officiant; puis, descendu au bas du sanctuaire, a salué l'autel et le corps du Roi, et est retourné à sa place.

Un héraut d'armes a recommencé les mêmes saluts.

M. le marquis de Rochemore les a répétés; ensuite Mgr. le duc d'Orléans a quitté sa place et est allé à l'offrande avec le même cérémonial que Mgr. le Dauphin.

La messe finie, le célébrant et les quatre prélats désignés par le roi à cet effet, se sont approchés du catafalque. Ces prélats étaient M. de Latil, archevêque de Reims; M. de Chabons, évêque d'Amiens; M. de Forbin-Janson, évêque de Nancy; M. de la Châtre, évêque d'Iméria.

Après les absoutes, M. le grand-aumônier s'est rendu au caveau de la sépulture; les quatre autres prélats et le clergé se sont placés au bas des marches du sanctuaire.

M. le marquis de Brézé a été lever la couronne qui était posée sur le catafalque, et l'a portée sur un carreau de velours couvert de crêpe, à M. le duc de la Trémouille.

M. le marquis de Rochemore a pris le sceptre, et l'a porté sur un pareil carreau, à M. le duc de Chevreuse.

M. le baron de Saint-Félix a pris la main de justice, et l'a portée aussi sur un carreau de velours, à M. le duc de Brissac.

Ensuite, le grand-maître et le maître des cérémonies de France ont levé le poêle de la couronne; M. le chancelier,

M. Ravez, M. le premier président de la cour de cassation, et M. le maréchal duc de Conégliano, ont pris les coins du poêle depuis le catafalque jusqu'au caveau.

Douze gardes du corps ont porté le cercueil, qui a été descendu par eux dans la tombe royale.

Le prélat officiant a fait les cérémonies et prières d'usage, à la fin desquelles il a jeté sur le corps une pelletée de terre et l'eau bénite, disant : *Requiescat in pace.*

Un aide des cérémonies est allé avertir M. le duc d'Uzès, faisant les fonctions de grand-maître de France, pour qu'il se rendît au caveau, où il s'est assis sur un siége à l'opposé du prélat officiant.

Le roi d'armes est allé seul au caveau, a jeté dans la tombe son caducée, s'est dépouillé de sa toque et de sa cotte d'armes, qu'il y a jetées également, a reculé d'un pas, et crié à haute voix : *Hérauts d'armes de France, venez faire vos charges.*

Les hérauts d'armes, marchant les uns après les autres, ont jeté leur caducée, leur toque et leur cotte d'armes dans la tombe, et se sont retirés à leurs places, à la réserve de deux, dont l'un est descendu dans le caveau pour y placer les honneurs sur le corps, et l'autre s'est mis sur les premiers degrés pour recevoir les honneurs et les passer à celui qui se tenait sur les marches.

Le roi d'armes a commencé à appeler les honneurs et a dit : *Monsieur le maréchal duc de Raguse, major-général de la garde royale, apportez le drapeau de la garde royale.*

Alors M. le maréchal s'est levé de sa place, a pris le drapeau des mains de l'officier porte-drapeau, s'est avancé, a salué successivement l'autel et les deux princes. Arrivé près du caveau, il l'a salué profondément, a remis son drapeau au roi d'armes placé sur les degrés du caveau; celui-ci l'a remis à l'autre héraut; M. le maréchal s'est ensuite retiré en saluant l'autel et les princes, et est allé reprendre sa place.

Le roi d'armes a ensuite dit : *Monsieur le duc de Mortemart, capitaine-colonel des gardes à pied ordinaires du corps du Roi, apportez l'enseigne de la compagnie dont vous avez la charge.*

M. le duc de Mortemart s'est levé et a porté le drapeau à la tombe, comme l'avait fait M. le major-général de la garde royale.

Le roi d'armes a continué et a dit · *Monsieur le duc de Luxembourg, capitaine d'une des compagnies des gardes-du-corps du Roi, apportez l'enseigne de la compagnie dont vous avez la charge.*

L'étendard a été porté et descendu au caveau avec les mêmes cérémonies que les précédens.

Le roi d'armes a appelé de même M. le duc de Mouchy, M. le duc de Grammont, M. le duc d'Havré, qui ont porté leur étendard à la tombe royale, où il a été reçu de la même manière.

Le roi d'armes a appelé les autres honneurs dans l'ordre suivant :

Monsieur le comte de Peyrelongue, écuyer ordinaire de S. M., apportez les éperons du Roi ;

Monsieur le marquis de Fresne, écuyer ordinaire de S. M., apportez les gantelets du Roi;

Monsieur le chevalier de Rivière, écuyer calvacadour de S. M., apportez l'écu du Roi ;

Monsieur le vicomte de Bongars, écuyer cavalcadour de S. M., apportez la cotte d'armes du Roi;

Monsieur le vicomte de Vernon, faisant les fonctions de premier écuyer, apportez le heaume du Roi ;

Monsieur le vicomte de Saint-Priest, faisant les fonctions de premier écuyer tranchant, apportez le pennon du Roi;

Monsieur le duc de Polignac, faisant les fonctions de grand-écuyer de France, apportez l'épée royale ;

Monsieur le prince de Talleyrand, grand-chambellan de France, apportez la bannière.

Ces honneurs ont été apportés et descendus dans le caveau avec les cérémonies indiquées ci-dessus, à l'exception de l'épée et de la bannière de France ; l'épée royale a été présentée au caveau seulement par la pointe, et la bannière par son extrémité.

Le roi d'armes, reprenant la parole, a dit : *Monsieur le duc d'Uzès, faisant les fonctions de grand-maître de France, venez faire votre office.*

Alors, les maîtres de l'hôtel, les chambellans de l'hôtel et le premier maître de l'hôtel, se sont approchés du caveau, ont rompu leurs bâtons, les y ont jetés, et sont retournés à leurs places.

Le roi d'armes a appelé les personnes portant les insignes de la royauté, en disant ; *Monsieur le duc de Brissac, apportez la main de justice;*

Monsieur le duc de Chevreuse, apportez le sceptre;

Monsieur le duc de la Trémouille, apportez la couronne.

Ces trois insignes ont été descendus dans le caveau par les hérauts d'armes, ainsi que l'avaient été le drapeau et les enseignes.

M. le duc d'Uzès a mis le bout du bâton de grand-maître de France dans le caveau, en disant : *Le Roi est mort!* Le roi d'armes a reculé trois pas en arrière, et a répété à haute voix : *Le Roi est mort! le Roi est mort! le Roi est mort!* Puis se retournant vers l'assemblée, il a dit : *Prions tous Dieu pour le repos de son âme.*

A ce moment, le clergé et tous les assistans se sont précipités à genoux, ont fait une prière, et se sont relevés.

M. le duc d'Uzès a retiré son bâton du caveau, l'a relevé et a crié : *Vive le Roi!*

Le roi d'armes a répété : *Vive le Roi! Vive le Roi! Vive le roi Charles, dixième du nom, par la grâce de Dieu, roi de France et de Navarre, très-chrétien, très-auguste, très-puissant, notre très-honoré seigneur et bon maître, à qui Dieu donne très-longue et très-heureuse vie! Criez tous*, VIVE LE ROI!

Ces paroles ont à peine été entendues, tant a été grand l'empressement unanime des assistans à joindre leurs cris au premier cri de *vive le Roi!*

Le plus ancien des hérauts d'armes, qui était sur une estrade devant la tribune de l'orgue, a crié à toutes les personnes étant dans la nef : *Vive le Roi!*

Aussitôt les trompettes, les tambours, les fifres et les instrumens se sont fait entendre; leur son éclatant a été couvert par les acclamations prolongées de l'assemblée entière. Les cris de *Vive le Roi! vive Charles X!* ont retenti long-temps dans la basilique où reposent les restes de saint Louis et de ses augustes descendans.

SACRE DES ROIS DE FRANCE,

DEPUIS CLOVIS, JUSQU'A LOUIS XVI.

Louis XVIII est mort; mais le roi de France vit toujours. Les bâtons de commandement des officiers de sa maison ont été jetés près de lui dans son cercueil ; mais avec lui n'y sont pas descendus tous les insignes de son pouvoir; cette épée qui brilla assez sous l'olivier de la paix, cette main de Justice qu'il reçut de saint Louis, ce sceptre que Charles le Sage semble lui avoir réservé, vont passer dans les mains de son frère. Le roi est mort, ont dit les hérauts d'armes. Vive le roi Charles X! a ajouté la France toute entière, au milieu des concerts de l'allégresse publique.

Mais qui déposera sur les cheveux blanchis de Charles X la couronne de Charlemagne? Les religieux de Saint-Denis apprêtent-ils déjà la cotte d'armes, la tunique, l'armet timbré, les gantelets, les éperons d'or, les brodequins de velours fleurdelisés, qui serviront à ce nouveau monarque? A qui sera confiée à Reims la bannière de la France? Qui portera la cornette blanche du roi? A quels bras sera remis *l'étendard d'épée, de lance ou le dard de fin azur luisant à fleurs de lys d'or ornées* ? Qui lui donnera sa ceinture ? Qui attachera les agrafes d'or de son manteau ? Qui chaussera les éperons de ce chevalier chrétien ? Qui lui ceindra la *Joyeuse*, cette épée qui fit tant de fois triompher les lis ? Et quel évêque fera sur son front l'onction sacrée ? Voilà ce que le peuple se demande, dans sa curiosité avide de tout ce qui a rapport aux destinées de nos rois.

Le sacre est une cérémonie désirée et attendue. Elle doit lier le passé au présent et à l'avenir, et prouver à l'Europe que les Français ont retrouvé toute leur religion et toute leur monarchie. Les Français déjà confians en ce roi que, selon l'expression si heureuse et si vraie de M. de Châteaubriant, chacun voudrait avoir pour ami, applaudiront aux promesses qu'il va faire, sous la foi du serment, de les gouverner selon les règles de la justice. Ils aimeront à contempler, en communication pour ainsi dire avec le ciel, le fils aîné de l'église. Les princes de la chrétienté enverront leurs ministres saluer l'oint du seigneur ; et le pape l'appelera comme Fortunat appela Childebert, roi et prêtre, la gloire unique des pontifes. *Rex atque sacerdos, unica pontificum gloria.*

Le sacre n'est-il pas en effet, dit un historien, un sacrement particulier ? Il répandait tant de splendeur sur nos souverains, que saint Louis ayant reçu dans le Temple à Paris, les rois d'Angleterre et de Navarre, Mathieu Pâris disait, à l'occasion de son sacre : « Il était dans l'assemblée comme le roi de la terre ; c'est la raison pour laquelle il était estimé le plus digne d'entre les rois de l'univers. » *Quà propter rex Francorum omnium censetur dignissimus.*

Cette coutume du sacre est ancienne. Les payens en connaissaient l'usage, et savaient l'apprécier ; elle plaît aux Français ; ils la rattachent à l'idée religieuse que leurs rois ont quelque chose de la divinité, dogme favorable qui leur fait mêler dans leur culte ce sentiment à celui de Dieu, et qui leur fait répéter avec enthousiasme ce *Domine salvum fac regem*, auquel la France semble lier la pensée de son salut.

« Que Charles X (a dit un noble pair), en pleurant
» un frère, se souvienne qu'il est roi. Les chambres
» ou les députés des chambres qu'il peut appeler à
» Reims à sa suite, les magistrats qui grossiront
» son cortége, les soldats qui environneront sa per-
» sonne, sentiront se fortifier en eux, par une impo-
» sante solennité, la foi religieuse et monarchique. »

Oui, le sacre de Charles X est le vœu des Français qui veulent vivre au sein de la France de Clovis, de Saint Louis, de Louis XIV, qui sont chrétiens et sujets fidèles. Ils répètent avec Aldaberon, archevêque de Reims : « Le couronne-
» ment d'un roi de France est un intérêt public, et
» non une affaire privée. *Publica sunt hoc negotia,*
» *non privata* (1). »

---

(1) Flodoard.

Origine du sacre des Rois de France.

496.

Clovis, vainqueur dans les plaines de Poitiers, empressé de remplir la promesse qu'il avait faite à la reine Clotilde de se convertir au christianisme si Dieu lui accordait le triomphe de ses armes, était prêt à recevoir le baptême. Saint Rémi de Reims et les évêques rassemblés à Reims firent préparer le baptistaire, tendre les rues de tapisseries peintes, décorer l'église de draps blancs, répandre des parfums, et allumer une grande quantité de cierges. Ce fut la veille de Noël 496 que se fit cette consécration par l'onction du saint-chrême.

Les prélats et les seigneurs prêtèrent serment entre les mains du roi.

Le premier roi des chrétiens y reçut le baptême avec 4,000 de ses compagnons d'armes.

Depuis, les archevêques de Reims ont souvent sacré les rois dans leur métropole.

Des Pairs.

Dans toutes les actions civiles et criminelles, les Francs avaient douze témoins, huit du côté paternel, et quatre du côté maternel, qui tous devaient être *francs* bien *saliques*. Au sacre des rois, les huit témoins du côté paternel étaient représentés par les seigneurs principaux du royaume, *qui super se ducem non habebant*. Les quatre parens du côté maternel étaient représentés par quatre évêques, ceux de Reims, Laon, Châlons, Noyon, dont les évêchés furent créés par Clovis, pairies ecclésiastiques. Les huit pairs laïques furent conservés sous la 1re. et la 2e. race ; plus tard deux furent supprimés ; les évêques de Langres et de Beauvais les remplacèrent : alors il y eut au couronnement six pairs clercs et six pairs laïques, dont trois de ces derniers pour les duchés de Normandie, Champagne, Bourgogne, et les trois autres pour les comtés de Toulouse, Champagne, Bourgogne.

Ces seigneurs et ces évêques étaient les pairs du roi. Relever de lui immédiatement ; n'être jugé que par lui seul ; mais seulement par leurs pairs et lui, s'il s'agissait de peines capitales ou de confiscations de biens ; assembler des troupes, déclarer la guerre, battre monnaie, telles étaient leurs prérogatives.

Ils étaient considérés comme frères du roi, parenté fictive, qui leur assurait la protection du souverain, mais dont 'effet était de rendre, à défaut d'héritiers mâles, celui-ci héritier de tous leurs biens. Les pairs étaient vassaux du roi, les autres seigneurs vassaux du roi et des pairs. Les premiers *proceres regni, optimates* ; les seconds *domestici* bien inférieurs en dignité.

Sur la fin de la 1re race et au commencement de la seconde, les *optimates* furent les vrais maîtres de la monarchie, et tinrent les rênes de l'état. Les pairs laïques se trouvèrent alors de petits souverains sans couronne, et qui sans le système de la loi salique, se seraient créé des royautés indépendantes ; mais peu à peu ces puissances s'éteignirent, et les grandes pairies et les offices qui y étaient attachés appartinrent au domaine ; et les pairs chargés d'être les témoins du sacre des rois, ne furent plus que les barons du royaume.

Déjà, sous Charles V, on distinguait entre posséder une *pairie de France* et des *terres en pairie*. Les pairs *réels* étaient convoqués et priés. Les nouveaux pairs tenant *pairie* furent convoqués et mandés.

Parmi ceux qui parurent au couronnement de Charles V, l'histoire signale une femme, Marguerite, comtesse de Flandre, singularité dangereuse imitée du règne de Philippe V, où Mahaud, comtesse d'Artois, avait soutenu avec les autres pairs la couronne sur la tête du roi, exemple mal à propos cité depuis, et qu'il faut oublier, parce que s'il était renouvelé, il entraînerait après lui trop d'abus.

La Bourgogne, la Normandie, la Champagne, la Flandre, l'Aquitaine, Toulouse, par suite des salutaires effets de nos antiques lois, devinrent l'apanage du roi de France ; et les pairs, témoins du sacre du nouveau roi, ne furent plus désignés que par lui-même. Sa volonté fit loi.

Le parlement de Paris avait jugé, en 1541, que les princes du sang précéderaient les autres pairs. Les Guises, en 1547, eurent assez de pouvoir, au couronnement de Henri II, pour se faire accorder la préséance sur le duc de Montpensier, seulement aux solennités du sacre ; mais en 1551, le duc de Guise obtint une déclaration pour conserver le rang de son duché tenu en pairie, et qui était le plus ancien.

Cette déclaration n'eut plus de force en 1575, où Henri III ordonna que les princes du sang auraient la préséance, suivant leur degré de consanguinité, sur les autres princes et seigneurs pairs de France, tant aux sacres qu'aux autres cérémonies publiques.

Au mois de mai 1711, Louis XIV régla l'ordre de la représentation des pairs au sacre et couronnement des rois par un édit.

« Depuis que les anciennes pairies laïques ont été réunies à la couronne, dont elles étaient émanées, et que pour les remplacer, nos rois, nos prédécesseurs, en ont créé de nouvelles, d'abord en faveur des seuls princes de leur sang, et ensuite en faveur de leurs sujets... on attendait de nous une décision suprême, qui, fixant pour toujours le droit des pairies, pût distinguer les différens degrés d'honneur qui sont dus aux princes de notre sang, à nos enfans légitimés et aux autres pairs de France. Nous avons ordonné que les princes du sang seront honorés et distingués en tous lieux, suivant la dignité de leur rang et l'élévation de leur naissance. Ils représenteront les anciens pairs de France aux sacres de nos rois, et auront droit d'entrée, séance et voix délibérative en nos cours de parlement, à l'âge de quinze ans, tant aux audiences qu'aux conseils, sans aucune formalité, encore qu'ils ne possèdent aucune pairie. 2°. Nos enfans légitimés et leurs enfans et descendans mâles qui posséderont des pairies, représenteront pareillement les anciens pairs aux sacres des rois, après et au défaut des princes du sang. 3°. Les-ducs et pairs représenteront au sacre les anciens pairs, lorsqu'ils y seront appelés, au défaut des princes du sang et des princes légitimés qui auront des pairies. »

Cet édit fut observé sous Louis XVI, le dernier de nos rois qui ait été sacré. *Monsieur*, depuis Louis XVIII, y représenta le duc de Bourgogne ; Monseigneur le comte d'Artois y représentait le duc de Normandie ; le duc d'Orléans représentait le duc d'Aquitaine ; le duc de Chartres, le comte de Toulouse ; le prince de Condé, le comte de Flandre ; le prince de Bourbon, le comte de Champagne.

Les pairs ecclésiastiques furent MM. de la Roche Aymon, archevêque de Rheims ; de Rochechouart, évêque de Laon ; de la Luzerne, évêque de Langres ; de la Rochefoucault, évêque de Beauvais ; de Neuchelles, évêque de Châlons ; de Broglie, évêque de Noyon.

De la Sainte-Ampoule.

La sainte-ampoule est-elle un don fait par le ciel à la terre, ainsi que l'attestent Vincent de Beauvais, saint Antonin, saint Thomas d'Aquin, saint Bernard, Guillaume le Breton ? Au souvenir de Charles V, de Louis XII, de Henri IV, de Louis XVI, le cœur ne rejette pas cette croyance, et balance un instant l'incrédulité de l'esprit. Mais saint Remy, archevêque de Reims, qui dit lui-même à Clovis : « Je » vous élis aux honneurs de la Majesté Royale, et » vous ordonne Roi, par l'onction du saint-chré-

» me ; » ne parle pas du miracle de la colombe, que Dieu, disent de vieilles chroniques, envoya à cette occasion.

L'huile renfermée dans la fiole sacrée, est le signe de l'abondance. Lorsque Philippe Auguste, déjà sacré à Reims, se fit couronner une deuxième fois à Saint-Denis, par Gui, archevêque de Sens, un des chevaliers dont l'office était de rétablir le silence dans l'assemblée, frappa de sa baguette trois lampes de verre qui furent brisées ; l'huile s'étant répandue sur la tête du roi, cet accident fut interprété avec faveur, et le peuple en conçut un présage heureux, que justifia le règne glorieux de Philippe Auguste.

La sainte-ampoule était précieusement gardée dans l'abbaye et archi-monastère de Saint-Remy. Le jour du sacre des rois, des seigneurs, choisis par le monarque, venaient la chercher pour l'apporter dans l'église métropolitaine. Ils prêtaient serment de la conserver aux dépens de leur vie, se déclarant otages pour la restitution. Ils demandaient que pour plus grande sûreté il leur fût permis de l'accompagner ; cette grâce leur était accordée, et ils se mêlaient au cortège.

La marche vers l'église métropolitaine présentait un coup d'œil imposant.

Un nombreux clergé l'ouvre. Devant le dais, sont deux seigneurs otages ; le grand-prieur, monté sur un cheval blanc, présent du roi, dont deux valets de pied tiennent les rênes, porte la sainte-ampoule. Deux autres seigneurs otages suivent le dais, dont quatre chevaliers de la sainte-ampoule portent les bâtons. Les autorités de l'abbaye et de la ville grossissent le cortége que suivent les habitans du Chêne-le-Populeux et une foule de gardes de la maison du roi. Arrivé à l'église, le grand-prieur remettait la sainte-ampoule à l'archevêque, et le suppliait, selon l'ancienne coutume, de s'obliger à la rendre après que le sacre du roi serait fait. L'archevêque s'y obligeait, foi de prélat, et allait la porter sur l'autel.

Un de nos rois, Louis XI, eut une vénération particulière pour la sainte-ampoule. Accablé sous une longue et cruelle maladie, il écrivait aux religieux de saint-Remy : « Nous voudrions bien, s'il se pouvait
» faire, avoir une petite goutte de la sainte-ampou-
» le... et pour ce, enquerrez s'il se pouvait faire d'en
» tirer un peu de la fiole où elle est, sans péché ne
» danger; et ce ainsi est, vous-même apportez-nous-
» en quelque part que serons ; car plus grand plaisir
» ne me pourriez faire. »

Une bulle du pape Sixte II, leva toutes les difficultés que les moines lui opposèrent. Ses chambellans, Claude de Montfaucon et Sammeville-la-Heuse, ainsi que l'évêque de Senez, furent députés pour aller prendre la sainte-ampoule, la lui apporter, *et pour après l'avoir vue et à icelle fait à sa dévotion, la rapporter, ainsi le promettant en parole de roi et sur son honneur.*

Le parlement fut au-devant d'elle, la reçut avec cérémonie, et l'accompagna jusqu'à Notre-Dame-des-Champs.

Elle fut reçue avec transport par Louis XI.

Selon Comines, « elle fut placée sur le buffet de la
» chambre où il était malade, et elle y demeura jus-
» qu'à l'heure de sa mort, ayant dessein de s'en
» faire oindre comme le jour de son sacre, où même
» aucuns estiment par tout le corps; ce qui n'est vrai-
» semblable, la fiole étant fort petite, et n'ayant
» d'onction suffisante à cet effet. »

La sainte-ampoule de Reims ne fut pas employée à tous les sacres, et notamment à celui de Henri IV; il se fit couronner par Nicolas de Thou, évêque de Chartres, à Chartres. Quatre barons, chacun faisant porter devant soi sa bannière, allèrent chercher la sainte-ampoule de Marmoutier, que les religieux de cette abbaye avaient fait apporter avec beaucoup d'appareil, sous la garde de Gille, souverain gouverneur de Touraine.

L'origine de cette sainte-ampoule de l'abbaye de Marmoutier, qui avait servi à l'onction des rois de Paris, remonte à Gontran et à Charibert.

Jeanne d'Arc à Reims.

1429.

Lorsque Jeanne d'Arc eut avec son épée frayé au roi de France un passage à travers les ennemis, et l'eut conduit à Reims, tenant son étendard d'une main, elle accola le roi, et lui dit : « Gentil roi, or,
» est exécuté le plaisir de Dieu, qui voulait que vins-
» siez à Reims recevoir le sacre, en montrant que

» vous êtes vrai roi, et celui auquel le royaume doit
» appartenir. »

Formulaire du Sacre.

1175.

Louis le Jeune est le premier roi qui ait fait rédiger le formulaire du sacre. Il avait été sacré par le pape Innocent II. La cérémonie avait été brillante et pompeuse. Treize archevêques, deux cent soixante-trois évêques, et une foule considérable de prêtres y avaient assisté, parce qu'alors il se célébrait à Reims un concile actronel. Celle du sacre de Philippe Auguste, fut encore plus solennelle et plus magnifique. Henry, roi d'Angleterre, y vint faire ses fonctions de pair, et porta, en qualité de duc de Normandie, la couronne royale depuis la chambre du roi jusques à l'église. Le comte de Flandre, y porta l'épée de l'État.

C'est à ce règne qu'il faut rapporter l'usage de la neuvaine à Saint-Marcoul; et celui de guérir les écrouelles.

Serment de Henri IV.

Louis XI, en 1412, envoya au parlement le serment qu'il avait fait à son sacre pour y être enregistré.

Lorsque Henri IV fut sacré à Chartres, Rusé, secrétaire d'état, fut chargé de rédiger le serment fait à son sacre : il en fut remis des copies dans les archives de l'évêché, du chapitre et de l'Hôtel de Ville de Chartres.

Serment de Charles V.

1364 — 1484.

Depuis le couronnement de Charles V, l'usage avait consacré cette formule de serment : *Superioritatem, jura, et nobilitates coronæ Franciæ inviolabiter custodiam et illa nec transportabo nec alienabo.*

Sous Charles VIII, elle fut retranchée.

Chacun de nous, pris un à un, s'il pouvait être l'ami connu de Charles X, voudrait lui confier tous les intérêts de son honneur. Henri, roi d'Anglerre, ne trouvera plus un évêque de Beauvais pour le sacrer (1431), et Charles X saura maintenir les droits de la couronne; mais ce serment est digne de la monarchie et dans l'intérêt de la couronne.

Prière réservée pour le sacre.

« Dieu, qui par tes vertus conseille tes peuples, donne à celui-ci ton serviteur l'esprit de sapience ! qu'en ses jours naisse à tous équité et justice ; aux amis secours, aux ennemis obstacle, aux affligés consolation, aux élevés correction, aux riches enseignement, aux indigens pitié, aux pèlerins hospitalité, aux pauvres sujets paix et sûreté en la patrie. Qu'il apprenne (le roi) à se commander soi-même, à modérément gouverner un chacun selon son état, afin, ô Seigneur, qu'il puisse donner à tout le peuple exemple de vie à toi agréable ! »

Création des chevaliers du Sacre.

1461.

Lorsque Louis XI, à la cérémonie de son sacre, fut revêtu de ses habits royaux, on s'étonna que avant de recevoir l'onction sainte, il tirât son épée, la remît au duc de Bourgogne, en le priant de le faire chevalier, *les fils de France étant chevaliers sur les fonts.*

Louis XI y fit aussi six chevaliers; et chargea le duc de faire chevaliers près de deux cents hommes nobles qui étaient présens à cet effet.

Il avait en cela imité l'exemple de Philippe VI, qui avait fait ses fils et autres seigneurs chevaliers en 1350.

L'usage semble avoir attaché au siége de Reims le privilége de sacrer et couronner les rois de France. Ses archevêques invoquent à l'appui de cette prétention, une bulle du pape Hormidas, qui, dans le cinquième siècle donnait déjà à saint Remi le titre de son vice-légat, dans le royaume de Clovis. On rapporte même qu'au moment où Louis le Gros était déjà sacré à Orléans, les syndics de l'église de Reims se présentèrent avec des lettres adressées au prince, qui portaient que le couronnement des rois était un droit de leur métropole. Ils étaient arrivés trop tard, leur opposition ne fut pas signifiée : *Ibi muti*, dit Suger, *ad propria loquaces redierunt : aut si quid dixerunt, nihil tamen utile ; redierunt.*

Foulques, à qui Charles le Simple dut sa couronne, avait obtenu du pape le privilége de sacrer et couronner nos rois, prétention que ses successeurs soutinrent jusques à Gervais élu en 1053.

A la vérité, les annales de Reims contiennent une foule de noms augustes de rois qui sont venus y présenter leur front à l'oint du seigneur. Cependant, depuis Clovis, qui y reçoit le baptême des mains de saint Remi, jusques à Louis XVI, il en est beaucoup d'autres que l'on y cherche en vain. Ainsi furent sacrés à Limoges les successeurs de Clovis, Clotaire, Gontran, Caribert, qui possédaient les provinces entre la Garonne et la Loire.

A Soissons et à Saint-Denis, Pepin, le chef de la deuxième race, en 752, 754.

A Milan et à Rome, Charlemagne, en 754, 768, 774, 801.

A Metz, Louis le Débonnaire, en 781, 813, 816, 835.

A Metz, à Rome, à Paris, à Bourges, à Orléans, Charles le Chauve, en 848, 854, 869, 876.

A Compiègne, Louis le Bègue, en 867, 877, 879.

A Ferrière en Gatinois, Louis et Carloman, en 880.

A Compiègne, à Limoges, Eudes, en 888, 892.

A Saint-Médard de Soissons, Raoul, en 923.

A Laon, Louis d'Outremer, en 934.

A Orléans, Robert II, en 988.

A Orléans, Louis le Gros, en 1106.

A Pampelune, Philippe le Bel, en 1284, et Louis X, en 1307.

A Chartres, Henri IV, en 1594.

L'usage invoqué, dit Yves de Chartres, est sans doute une dévotion très-louable; mais une dévotion n'est pas un droit.

Abbaye de Saint-Remi.

Il est d'usage que nos rois, après la cérémonie de leur couronnement, aillent en cavalcade à l'abbaye de Saint-Remi, où ils entendent la messe.

Cette cavalcade est aussi brillante que magnifique.

Délivrance des prisonniers.

Les rois accordent un pardon général aux prisonniers qui sont renfermés dans les prisons de la ville de Reims. Tous n'ont pas part à cette grâce : les coupables de vol sur grand chemin, de duel, de rapt, d'empoisonnement, de viol, en sont exceptés.

SACRE ET COURONNEMENT

DE LOUIS XVI.

Le 11 juin 1775, les religieux de Saint-Denis avaient apporté à Reims, suivant l'usage, la couronne de Charlemagne (1); son sceptre (2); sa main de justice (3); la joyeuse (4); l'agrafe qui doit attacher le manteau royal (5); les éperons (6); et le

---

(1) Elle est d'or massif, enrichie de rubis et de saphirs, doublée d'un bonnet de satin cramoisi, brodé en or, et surmontée d'une fleur de lis d'or, chargée de 36 perles orientales.

(2) Qui est d'or massif, émaillé et garni de perles orientales; il a environ six pieds de haut.

Qui est un bâton d'or massif, orné de rubis et de perles orientales, et terminé par une main d'ivoire, ou plutôt de corne de licorne.

(4) La poignée et la garde en sont d'or, et le fourreau est de velours violet, parsemé de fleurs de lis brodée en or.

(5) Elle est en forme de losange, d'or massif, ornée de dix-huit rubis, avec quatre pointes de diamans, et bordée de perles orientales.

(6) Ils sont d'or massif, enrichis de rubis.

livre (1) qui contient les prières usitées aux cérémonies du sacre. Il étoit six heures du matin, déjà ils avoient pris place près de l'autel.

Les pairs laïques ayant pris celles qui leur étaient réservées, s'approchèrent, ainsi que les pairs ecclésiastiques, de l'archevêque, duc de Reims, et convinrent, suivant l'usage très-ancien, de députer l'évêque, duc de Laon, et l'évêque, comte de Beauvais, pour aller chercher le Roi.

Ces deux prélats, ayant auprès d'eux deux enfans de chœur en chape, portant chacun un chandelier avec un cierge allumé; et un troisième, revêtu de même, portant le bénitier, se mirent en marche, précédés du grand-maître des cérémonies. Tous les chanoines en chape, marchaient devant, en ordre de procession. La musique occupait le milieu des deux files, qui étaient terminées par le chantre et le sous-chantre. Ils passèrent par la galerie couverte; et, étant arrivés à la chambre du Roi qu'ils trouvèrent fermée, le chantre y frappa de son bâton. M. le duc de Bouillon, grand-chambellan, sans ouvrir la porte, dit : *Qui demandez-vous?* L'évêque de Laon répondit : *le Roi*. Le grand-chambellan repartit : *le Roi dort;* le chantre ayant frappé, et l'évêque demandé une seconde fois le Roi, le grand-chambellan fit la même réponse. Mais à la troisième fois, le chantre ayant frappé et le grand-chambellan ayant répondu de même, l'évêque de Laon dit : *Nous demandons*

---

(1) Ce livre est revêtu d'argent doré et orné de ciselures.

Louis XVI, que Dieu nous a donné pour roi. Aussitôt les portes de la chambre s'ouvrirent, et le grand maître des cérémonies conduisit les évêques de Laon et de Beauvais auprès de sa majesté, qu'ils saluèrent profondément. Ils étaient précédés du chantre, du sous-chantre et de l'enfant de chœur portant le bénitier.

Le Roi était couché sur un lit de parade. Il était vêtu d'une longue camisole cramoisie, garnie de galons d'or, et ouverte, ainsi que la chemise, aux endroits où sa majesté devait recevoir les onctions. Par-dessus cette camisole, le Roi avait une longue robe d'étoffe d'argent ; et sur sa tête une toque de velours noir, garnie d'un cordon de diamans, d'une plume de héron fine, et d'une double aigrette blanche.

L'évêque de Laon présenta de l'eau bénite à sa majesté, et récita une oraison. Ensuite les deux évêques soulevèrent le Roi de dessus son lit, et le conduisirent processionnellement à l'église, dans l'ordre qui suit, en chantant un répons.

Sa majesté étant arrivée à l'église, le clergé s'arrêta à l'entrée de la nef, où l'évêque de Beauvais dit une oraison, après laquelle le chantre entonna le psaume vingtième, que les musiciens continuèrent en faux-bourdon. Ce fut dans ce temps que le Roi, précédé du clergé, entra dans le chœur, accompagné des évêques de Laon et de Beauvais, et alla se mettre à genoux au pied de l'autel. Aussitôt l'archevêque de Reims se leva de son siége et dit une oraison. Ensuite sa majesté fut conduite par les mêmes évêques au fauteuil qui était sous le dais au milieu du chœur.

24

Les deux capitaines des gardes prirent leurs places à la droite et à la gauche du fauteuil du Roi. Le capitaine des cent suisses, qui avait suivi le Roi dans le chœur, prit la sienne au côté droit de l'estrade sur laquelle était sa majesté. Les six gardes écossais se placèrent plus bas, aux deux côtés du chœur; et les lieutenants, exempt, et enseigne de la compagnie des gardes écossais, restèrent auprès de la porte du chœur, pour y donner les ordres nécessaires. Ils étaient vêtus de pourpoints et de manteaux de drap d'argent et de velours blanc, et de toques chargées de plumes blanches, avec des baudriers de drap d'argent.

Le connétable, ayant à ses côtés les deux huissiers de la chambre portant leurs masses, se plaça sur le siége qui lui était destiné, derrière le Roi, et à quelque distance.

Le chancelier de France prit place derrière le connétable, et à trois pieds de distance.

Le grand-maître de la maison du roi, ayant son bâton de commandement à la main, se plaça sur un banc qui était derrière le chancelier, et sur lequel le grand chambellan de France se mit à la droite; le premier gentilhomme de la chambre et le grand maitre de la garde-robe à la gauche. Le grand écuyer de France demeura auprès et à la droite du Roi; et les quatre chevaliers de l'ordre du Saint-Esprit, nommés pour porter les offrandes, allèrent se placer dans les quatre premières hautes stalles du chœur, du côté de l'épître.

Chacun ayant pris sa place, l'archevêque présenta

de l'eau bénite au Roi et aux personnes qui avaient leurs séances dans cette auguste cérémonie. On chanta le *Veni Creator*, après lequel les chanoines commencèrent tierce. Cet office tant fini, la sainte-ampoule arriva à la porte de l'église.

Promesses et sermens du Roi.

Lorsque l'archevêque eut posé la sainte-ampoule sur l'autel, et que l'on eut chanté une antienne en son honneur, les chanoines commencèrent sexte. L'archevêque, pendant ce temps-là, alla derrière le grand autel se revêtir des ornemens pour célébrer la messe. Il en revint précédé de douze chanoines, procédans et assistans, dont six diacres qui étaient vêtus de dalmatiques; et les six sous-diacres, de tuniques. L'archevêque était encore précédé de sa crosse, et de deux chanoines en chape.

Les chanoines procédans et assistans prirent place sur des bancs derrière les quatre évêques qui devaient chanter les litanies.

L'archevêque après avoir fait la révérence à l'autel et au Roi, alla s'asseoir sur son fauteuil devant l'autel; et puis, assisté des évêques de Laon et de Beauvais, s'approcha de Sa Majesté, et lui fit la requête suivante, pour toutes les églises de France :

« Nous vous demandons de conserver les priviléges
» canoniques, les droits et la juridiction dont cha-
» cun de nous, et les églises qui nous sont confiées,
» sommes en possession ; et de vous charger de notre

» défense, comme un roi le doit dans son royaume à
» chaque évêque, et à l'église qui est commise à ses
» soins. »

Alors le Roi, sans se lever de son fauteuil, et la tête couverte, répondit ainsi :

« Je promets de conserver à chacun de vous, et aux
» églises qui vous sont confiées, les priviléges canoni-
» ques, les droits et la juridiction dont vous jouissez,
» et de vous protéger et défendre, autant que je le pour-
» rai, avec le secours de Dieu, comme il est du devoir
» d'un roi dans son royaume de protéger chaque évêque
» et l'église qui est commise à ses soins. »

Dès que le Roi eut fait cette promesse, les évêques de Laon et de Beauvais soulevèrent sa majesté de dessus son fauteuil, et lorsqu'elle fut debout, ils demandèrent, suivant l'ancienne formalité, aux seigneurs assistans et au peuple, s'ils acceptaient Louis XVI pour leur roi ? Le consentement de l'assemblée ayant été reçu par un respectueux silence, l'archevêque demanda au roi le serment du royaume. Sa Majesté, étant assise et la tête couverte, le prononça tout haut, tenant les mains sur le livre de l'Évangile :

» Je promets, au nom de Jésus-Christ, au peuple
» chrétien qui m'est soumis, 1°. de faire conserver,
» en tout temps, à l'église de Dieu, la paix par le
» peuple chrétien : 2°. d'empêcher les personnes de
» tout rang de commettre des rapines et des iniquités
» de quelque nature qu'elles soient : 3°. de faire ob-
» server la justice et la miséricorde dans tous les juge-
» mens, afin que Dieu, qui est la source de la clé-

» mence et de la miséricorde, daigne la répandre
» sur moi et aussi sur vous : 4°. de m'appliquer
» sincèrement, et de tout mon pouvoir, à exterminer
» de toutes les terres soumises à ma domination, les
» hérétiques nommément condamnés par l'église. Je
» confirme par serment toutes les choses énoncées ci-
» dessus; qu'ainsi Dieu et ces saints évangiles me
» soient en aide ! »

Après ce serment, le Roi prononça celui de chef et souverain grand-maître de l'ordre du Saint-Esprit, qui est conçu en ces termes :

» Nous Louis, par la grâce de Dieu, roi de France
» et de Navarre, jurons et vouons solennellement en
» vos mains, à Dieu le créateur, de vivre et mourir
» en sa sainte foi et religion catholique, apostolique
» et romaine, comme à un bon roi très-chrétien ap-
» partient, et plutôt mourir que d'y faillir; de main-
» tenir à jamais l'ordre du Saint-Esprit, fondé et
» institué par le roi Henri III, sans jamais le laisser
» déchoir, amoindrir ni diminuer, tant qu'il sera
» en notre pouvoir; observer les statuts et ordonnances
» dudit ordre entièrement, selon leur forme et te-
» neur, et les faire exactement observer par tous ceux
» qui sont et seront après reçus audit ordre; et par ex-
» près ne contrevenir jamais, ni dispenser, ou essayer
» de changer ou innover les statuts irrévocables. »

Le Roi prêta ensuite le serment de chef et souverain grand-maître de l'ordre militaire de Saint-Louis, en ces termes :

« Nous jurons solennellement, en vos mains, à

» Dieu le créateur, de maintenir à jamais l'ordre mi-
» litaire de Saint-Louis, fondé et institué par Louis
» XIV, de glorieuse mémoire, notre très-honoré sei-
» gneur, et par nous confirmé, sans jamais le laisser
» déchoir, amoindrir, ni diminuer, tant qu'il
» sera en notre pouvoir, observer et faire obser-
» ver les statuts et ordonnances dudit ordre, savoir :
» le statut d'union de la grande maîtrise à la cou-
» ronne de France ; celui par lequel il est dit que
» tous grands-croix, commandeurs, chevaliers et
» officiers, ne pourront être autres que catholiques,
» apostoliques et romains; et de n'employer ailleurs les
» deniers affectés aux revenus, entretènement et pen-
» sions desdits grands-croix, commandeurs, cheva-
» liers et officiers, pour quelques causes et occasions
» que ce soit ; et de porter la croix d'or pendante à
» un ruban de soie couleur de feu. Ainsi le jurons et
» le promettons sur la sainte vraie croix et les saints
» évangiles touchés. »

Enfin, le Roi prêta le serment de l'observation des édits contre les duels, et le prononça en ces termes.

« Nous, en conséquence des édits des rois nos
» prédécesseurs, registrés en notre cour de parle-
» ment, contre les duels, voulant suivre surtout
» l'exemple de Louis XIV, de glorieuse mémoire,
» qui jura solennellement, au jour de son sacre et
» couronnement, l'exécution de sa déclaration donnée
» dans le lit de justice qu'il tint le 7 septembre 1651 :
» A cette fin, nous jurons et promettons, en foi et
» parole de roi, de n'exempter à l'avenir aucune

» personne, pour quelque cause et considération que
» ce soit, de la rigueur des édits rendus par Louis XIV.
» en 1651, 1669 et 1679; qu'il ne sera par nous accor-
» dé aucune grâce et abolition à ceux qui se trouveront
» prévenus desdits crimes de duels ou rencontres pré-
» méditées ; que nous n'aurons aucun égard aux sol-
» licitations de quelque prince ou seigneur qui in-
» tercède pour les coupables desdits crimes ; protes-
» tant que, ni en faveur d'aucun mariage de prince
» ou princesse de notre sang, ni pour les naissances de
» dauphin et princes qui pourront arriver durant
» notre règne, ni pour quelque autre considération
» générale et particulière que ce puisse être, nous ne
» permettrons sciemment être expédiées aucunes let-
» tres contraires aux susdites déclarations ou édits,
» afin de garder une foi si chrétienne, si juste, et si
» nécessaire. Ainsi, Dieu me soit en aide et ses
» saints évangiles ! »

Consécration du Roi.

Dans le temps que le Roi faisait les sermens, les habits et ornemens royaux dont Sa Majesté devait être parée à son sacre, furent mis sur l'autel, savoir : la grande couronne de Charlemagne, et deux autres, dont une enrichie de pierres précieuses, et l'autre d'or, l'épée, le sceptre, la main de justice, les éperons, et le livre des cérémonies ; une camisole de satin rouge, garnie d'or, une tunique et une dalmatique, qui représentent les ornemens de diacre et de sous-diacre ; des bottines, et un manteau royal de velours violet, semé de fleurs de lis d'or, doublé d'hermine.

L'archevêque retourna à l'autel, au pied duquel le Roi fut conduit par les évêques de Laon et de Beauvais; et là, étant debout, le premier gentilhomme de la chambre lui ôta la robe longue de toile d'argent, qu'il remit entre les mains du sieur de Livry, premier valet de chambre. Le grand-maître de la garde-robe, ayant reçu la toque des mains de Sa Majesté, la remit au sieur Gentil, premier valet de chambre de la garde-robe. Le Roi resta debout, la tête découverte, et vêtu seulement de sa camisole de satin.

L'archevêque ayant fait des prières pour sa majesté, on apporta le fauteuil du Roi devant celui de l'archevêque, et sa majesté s'y étant assise, le grand chambellan lui chaussa les bottines de velours, ou sandales. Monsieur, qui représentait le duc de Bourgogne, premier pair, lui mit les éperons d'or, et les lui ôta tout de suite. L'archevêque bénit en même temps l'épée de Charlemagne, qui était dans le fourreau, la ceignit au Roi par-dessus sa camisole, la lui ôta aussitôt, et puis l'ayant tirée du fourreau, fit une prière. Après cette prière, l'archevêque remit l'épée toute nue entre les mains de sa majesté, et le chœur chanta une antienne. A l'instant où le Roi tenait l'épée la pointe levée, l'archevêque dit une oraison. Ensuite le Roi baisa l'épée, et l'offrit à Dieu, en la remettant sur l'autel. L'archevêque la reprit et la rendit au Roi. Sa majesté, l'ayant reçue à genoux, la remit entre les mains du maréchal de Clermont-Tonnerre, qui faisait les fonctions de connétable, et qui la tint haute, la pointe levée, pendant toutes les cérémonies du sacre, du couronnement et du festin royal.

Ces prières étant finies, l'archevêque se retourna du côté de l'autel, sur le milieu duquel il plaça la patène d'or du calice de saint Remi. Alors le grand-prieur de cette abbaye ouvrit le reliquaire qui renfermait la sainte-ampoule, la prit et la donna à l'archevêque, qui en tira, avec une aiguille d'or que lui présenta le grand-prieur, un peu du baume qu'elle contient, qu'il mit sur la patène. Puis ayant rendu la sainte-ampoule au grand-prieur, qui la replaça dans le reliquaire, il prit avec la même aiguille d'or, du saint-crême, et le mêla avec cette huile précieuse.

Pendant cette cérémonie, le chœur chanta un répons et un verset. L'archevêque, tourné vers l'autel, et sans mitre, dit ensuite le verset et l'oraison de saint Remi. Alors le Roi se prosterna sur un long carreau de velours violet, semé de fleurs de lis d'or. En même temps l'archevêque de Reims se prosterna à sa droite, et les évêques de Laon et de Beauvais, se tinrent debout aux deux côtés de sa majesté. Aussitôt l'ancien évêque de Limoges et les évêques de Meaux, d'Arras et de Montpellier, chantèrent les litanies, auxquelles le chœur répondit. Dès que les litanies furent achevées, les quatre évêques étant toujours à genoux, et l'archevêque, debout, sans mitre, tourné vers le Roi, qui était toujours prosterné, récita plusieurs oraisons. Après ces prières, l'archevêque, assis sur son fauteuil, le dos tourné vers l'autel, et avec sa mitre, dit plusieurs prières sur le Roi, qui s'était mis à genoux devant lui.

L'archevêque de Reims, demeurant toujours assis avec sa mitre, récita une sixième oraison, d'une voix plus élevée. Lorsqu'elle fut finie, le Roi restant toujours à genoux, l'archevêque assis, et tenant d'une main la patène d'or du calice de Saint-Remi, sur laquelle était l'onction sacrée, en prit avec le pouce droit, et commença d'oindre le Roi de la manière suivante :

1o. Sur le sommet de la tête, en faisant le signe de la croix et disant ces paroles : *Ungo te in regem de oleo sanctificato ; in nomine patris, et filii, et spiritus sancti.* « Je vous sacre roi avec cette » huile sanctifiée, au nom du père, et du fils, et du » saint-esprit. » Il répéta les mêmes signes de croix aux six onctions qui suivirent, et tous les assistans répondaient à la fin de chacune *Amen.* 2o. sur l'estomac ; les évêques de Laon et de Beauvais ouvrant les ouvertures faites à la chemise, à la camisole du Roi, et à chacun des endroits où devait se mettre la sainte onction. 3o. Entre les deux épaules. 4o. Sur l'épaule droite. 5o. Sur l'épaule gauche. 6o. Aux plis et aux jointures du bras droit. 7o. Aux plis et aux jointures du bras gauche.

Les sept onctions et les oraisons finies, l'archevêque de Reims, aidé des évêques de Laon et de Beauvais, referma les ouvertures de la chemise et de la camisole du Roi avec des lacets d'or. Le grand-chambellan revêtit ensuite sa majesté de la tunique, de la dalmatique et du manteau royal. Ces vêtemens qui représentent les trois ordres de sous-diacre, de diacre et de prêtre, sont de velours violet, parsemés de fleurs de lis en broderie d'or.

Le Roi se mit ensuite à genoux devant l'archevêque qui reprit la patène, et fit à sa majesté la huitième onction sur la paume de la main droite, et la neuvième sur celle de la main gauche. Le Roi, toujours à genoux et tenant les mains jointes devant la poitrine, l'archevêque debout et sans mitre, récita une oraison, après laquelle il bénit les gants, et les aspergea d'eau bénite ; et s'étant assis avec sa mitre, il les mit aux mains du Roi, en faisant une prière. L'archevêque ayant pareillement béni l'anneau, le mit au quatrième doigt du Roi ; après quoi il prit le sceptre royal sur l'autel, le mit dans la main gauche de sa majesté ; et enfin, la main de justice, qu'il lui mit dans la droite.

Couronnement du Roi.

Après ces cérémonies, M. de Miroménil, garde-des-sceaux de France, faisant les fonctions de chancelier, monta à l'autel, se plaça du côté de l'évangile, le visage tourné vers le chœur, et appela les pairs selon leur rang :

Monsieur, qui représentez le duc de Bourgogne, *présentez-vous à cet acte.*

Monsieur le comte d'Artois, qui représentez le duc de Normandie, *présentez-vous à cet acte.*

Monsieur LE DUC D'ORLÉANS, qui représentez le duc d'Aquitaine, *présentez-vous à cet acte.*

Monsieur LE DUC DE CHARTRES, qui représentez le comte de Toulouse, *présentez-vous à cet acte.*

Monsieur LE PRINCE DE CONDÉ, qui représentez le comte de Flandre, *présentez-vous à cet acte.*

Monsieur LE DUC DE BOURBON, qui représentez le comte de Champagne, *présentez-vous à cet acte.*

Les six pairs ecclésiastiques furent appelés de la même manière et en cet ordre, savoir : l'évêque duc de Laon, l'évêque duc de Langres, l'évêque comte de Beauvais, l'évêque comte de Châlons, et l'évêque comte de Noyon. On n'appela point l'archevêque duc de Reims parce que sa fonction était de sacrer le Roi.

Le chancelier étant descendu de l'autel, et s'étant remis à sa place, l'archevêque prit sur l'autel la grande couronne de Charlemagne, et la soutint seul, à deux mains, sur la tête du Roi sans le toucher. Aussitôt les pairs laïques et ecclésiastiques y portèrent la main pour la soutenir, et l'archevêque la tenant toujours de la main gauche, fit une prière. Ensuite il mit seul la couronne sur la tête de sa majesté, continua de prier; et après le couronnement, s'étant levé et ayant quitté sa mitre, il récita plusieurs oraisons, et donna plusieurs bénédictions.

Intronisation du Roi.

Dès que cette grande cérémonie du couronnement fut achevée, l'archevêque de Reims, précédé de son porte-croix, de son porte-crosse, et de deux chanoines en chape, prit le Roi par le bras droit, et le conduisit, en cet ordre, au trône élevé sur le jubé.

Les six héraults d'armes, qui étaient restés au milieu du chœur, commencèrent la marche, et s'arrêtèrent au bas des escaliers qui conduisaient au jubé. Les pairs ecclésiastiques montèrent par l'escalier du côté de l'épître : les pairs laïques par celui du côté de l'évangile. Le maréchal de Clermont Tonnerre, représentant le connétable, tenant l'épée nue et droite, ayant à ses côtés les deux huissiers de la chambre portant leurs masses, marchait devant le Roi, qui avait la couronne de diamans sur la tête, et qui portait en ses mains le sceptre et la main de justice. Le maréchal de Noailles et le prince de Beauveau, capitaines des gardes du corps, précédés de six gardes écossais, marchaient aux deux côtés du Roi. La queue du manteau royal était portée par le prince de Lambesc, grand-écuyer de France. Le chancelier suivait seul le Roi, et après lui le prince de Soubise, représentant le grand-maître de la maison du Roi. A sa droite était le duc de Bouillon, grand-chambellan de France, et à sa gauche le maréchal de Duras, premier gentilhomme de la chambre, et le duc de Liancourt, grand-maître de la garde-robe. Les six gardes écossais s'arrêtèrent au haut des marches du trône, trois de chaque côté.

Le Roi étant monté à son trône par l'escalier du côté de l'évangile, les pairs ecclésiastiques et laïques se placèrent, chacun selon son rang, aux deux côtés du trône, et les grands officiers occupèrent les places qui leur furent marquées. Les deux capitaines des gardes du corps se tinrent sur la marche de l'estrade à côté du fauteuil de sa majesté. Alors l'archevêque fit asseoir le Roi ; et, le tenant toujours par le bras droit, il récita les prières de l'intronisation.

Ces prières étant finies, l'archevêque quitta sa mitre, fit une profonde révérence au Roi, et le baisa, en disant tout haut et par trois fois : *Vivat rex in eternum!* (Que le roi vive éternellement)! Les pairs ecclésiastiques et laïques, ayant baisé sa majesté, en faisant à leur tour une pareille acclamation, se remirent à leurs places, et les héraults d'armes montèrent au jubé. Aussitôt on ouvrit les portes de l'église, et le peuple y entra en foule pour y contempler son souverain sur son trône, entouré de toute la pompe et de tout l'éclat de la royauté. Dans ce beau moment, le Roi conserva cet air de majesté et de bonté qui remplissent les cœurs de tous ses sujets des sentimens de respect et d'amour. Ces sentimens précieux furent exprimés par mille et mille acclamations de VIVE LE ROI! dont toute l'église et les environs retentirent. Sur-le-champ, les trompettes et les autres instrumens de musique, qui étaient dans le chœur, se firent entendre, et se mêlèrent aux cris de joie que poussèrent à l'envi tous les assistans. Quels momens pour la Reine! Si ses larmes, qu'elle ne put retenir, honorèrent son propre cœur, combien ne rendaient-elles pas plus touchante encore cette auguste cérémonie!

Les oiseleurs lâchèrent ensuite un grand nombre de petits oiseaux, qui, par le recouvrement de leur liberté, signifiaient l'effusion des grâces du souverain sur son peuple, et que jamais les hommes ne sont plus véritablement libres que sous le règne d'un prince éclairé, juste, et bienfaisant. L'artillerie de la ville célébra aussi et annonça cette grande solennité par plusieurs décharges ; et les gardes française et suisse, qui étaient rangés dans le parvis et sur la place, firent alors une triple salve de leur mousqueterie.

Pendant ces vives acclamations d'allégresse, les hérauts d'armes distribuèrent dans le chœur et dans la nef une grande quantité de médailles d'or et d'argent, qui avaient été frappées pour cette cérémonie, et qui représentent d'un côté le buste du roi avec cette inscription :

Ludovicus XVI, rex christianissimus (Louis XVI, roi très-chétien), et au revers, l'instant de son sacre avec cette légende, *Deo consecratori* (au Dieu consécrateur), et dans l'exergue, *unctio regia*, *Remis XI jun. MDCCLXXV* (onction royale, à Reims, le XI juin MDCCLXXV).

L'archevêque descendit du jubé, et lorsqu'il fut arrivé à l'autel, entonna le *Te Deum*.

Alors toute la ville retentit du son des cloches et du bruit de l'artillerie.

FIN.

TABLE.

PREMIÈRE PARTIE.

	PAGES.
Discours préliminaire	v
Clotaire Ier	4
Pepin le Bref	7
Charlemagne	8
Louis Ier	10
Louis le Gros	14
Philippe-Auguste	16
Louis VIII	17
Louis IX	18
Philippe III	22
Philippe le Bel	ibid.
Louis, dit le Hutin	24
Philippe V	ibid.
Charles IV	ibid.
Philippe de Valois	26

	PAGES.
Jean	28
Charles V	ibid.
Charles VI	31
Charles VII	32
Louis XI	37
Charles VIII	48
Louis XII	51
François Ier	53
Henri II	59
François II	62
Charles IX	68
Henri III	80
Henri IV	88
Louis XIII	93
Louis XIV	99
Louis XV	108
Louis XVI	113
Louis XVII	126
Louis XVIII	134
Testament de saint Louis	155
——— de Philippe-le-Bel	156
——— de Louis XVI	157

SECONDE PARTIE.

                                                                          Pages.

Embaumemens. 163

Tombeaux des rois de France. 173

Funérailles des rois de France 181

Obsèques de François Ier. 191

Notes sur les obsèques de François Ier. 223

Explications des principales cérémonies pratiquées aux funérailles des rois. 229

TROISIÈME PARTIE.

Abbaye de Saint-Denis 243

Édification de l'église. 261

Tableau des rois qui n'ont pas été enterrés à Saint-Denis 270

Tableau des sépultures royales avant 1793. 273

Tableau des sépultures de la maison de Bourbon depuis Henri IV. 276

Profanation des tombeaux de Saint-Denis 280

Extraction des corps des rois, reines, etc. 283

Trésor de Saint-Denis 305

Tombeaux de Saint-Denis au *Musée des Petits-Augustins*. 307

Saint-Denis depuis 1814 jusqu'à nos jours. 312

	PAGES.
Cérémonie funèbre de S. A. R. le duc de Berri. . . .	335
Cérémonie funèbre de sa majesté Louis XVIII. . . .	340

DU SACRE DES ROIS.

Du sacre des rois de France depuis Clovis jusqu'à Louis XVI.	351
Origine du Sacre.	354
Des pairs.	ibid.
De la sainte Ampoule.	358
Jeanne d'Arc à Reims.	361
Formulaire du sacre.	362
Serment de Henri IV.	ibid.
Serment de Charles V.	363
Prière réservée pour le sacre	ibid.
Création des chevaliers du sacre.	364
Abbaye de Saint-Remy.	366
Délivrance des prisonniers.	ibid.
Sacre et couronnement de Louis XVI.	367

FIN DE LA TABLE.

Legrand d'Aussy. Des sépultures nationales et part. de celles des Rois de France, suivi des funérailles des reines et princes, etc. *Paris*, 1824, 1 vol. in-8 br.   2 fr.

www.ingramcontent.com/pod-product-compliance
Lightning Source LLC
Chambersburg PA
CBHW050423170426
43201CB00008B/523